应用语言学译丛

语言规划与社会变迁

〔美〕罗伯特·库珀 著

赵守辉 钱立锋 译

张治国 审订

商务印书馆
创于1897 The Commercial Press

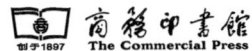

Translation from the English language edition
LANGUAGE PLANNING AND SOCIAL CHANGE
By Robert L. Cooper.

© Cambridge University Press 1989

First published 1989 by the Press Syndicate of the University of Cambridge

All rights reserved. Authorized translation from the English language edition published by the Press Syndicate of the University of Cambridge.

本书根据 Cambridge University Press 1989 年英文版译出

《应用语言学译丛》

编委会

- 顾　问　桂诗春　冯志伟　Gabriel Altmann　Richard Hudson
- 主　编　刘海涛
- 副主编　何莲珍　赵守辉
- 编　委　董燕萍　范凤祥　封宗信　冯学锋　郭龙生　蒋景阳
　　　　　江铭虎　梁君英　梁茂成　刘美君　马博森　任　伟
　　　　　王初明　王　辉　王　永　许家金　许　钧　张治国
　　　　　周洪波

目 录

出版感言（代序） ……………………………………………… i

前言 ……………………………………………………………… vii

引言 ……………………………………………………………… 1
第一章　用于探究定义的四个案例 …………………………… 3
第二章　语言规划的十三个定义 ……………………………… 36
第三章　理论框架的应用 ……………………………………… 56
第四章　几个描述性理论框架 ………………………………… 70
第五章　地位规划 ……………………………………………… 117
第六章　本体规划 ……………………………………………… 142
第七章　习得规划 ……………………………………………… 182
第八章　社会变迁 ……………………………………………… 189
第九章　总结与终论 …………………………………………… 210

注释 ……………………………………………………………… 213
参考文献 ………………………………………………………… 214
索引 ……………………………………………………………… 233

译后记 …………………………………………………………… 265

出版感言(代序)

欣闻剑桥大学出版社1989年首印的罗伯特·库珀所著《语言规划与社会变迁》一书即将出版中文版,我受邀作序,深感与有荣焉。此书问世后不久库珀就从希伯来大学退休,随后20年间其兴趣也与社会语言学渐行渐远,然而有幸接触到该书的读者仍被不断地引领进入语言政策的殿堂。我对赵守辉和钱立锋两位中国学者有意将此书翻译成中文的努力倍感赞赏,同时对商务印书馆将此书列入其系列丛书的计划深感欣慰,此番举动意味着中国社会语言学者也有机会更为方便地了解该书。

我与作者不仅私交甚笃(40余载深厚情谊),更因参与此书的孕育与他结下不解之缘。在该书的策划与撰写期间,库珀和我每周都要在耶路撒冷市中心的一家花园咖啡店见面,在树影婆娑的棕榈树下,我们边品味咖啡边畅谈写作的进度。我正是在此氛围中了解到这本著作最初框架的形成——书中所选定的四个典型案例,其相应的分析方法,以及如何以此为基础探索特定社会条件下所进行的语言管理。库珀所选四个案例正体现了语言规划的关键所在:法兰西学术院的成立,希伯来语再度成为巴勒斯坦的一种重要语言,当代社会为扭转语言性别歧视所做的努力,埃塞俄比亚所进行的大众识字运动。正是基于以上例子,库珀演绎出了典型语言规划主要进程的实质:语言变体的地位管理,为既定目的所进行的培育,语言教育政策的形成(这是他为该领域所引进的新元素)。

库珀早期接受过教育心理学训练,这无疑有利于他将教育语言学中的社会语言学特征进行定位,使人们看到语言能力需要融合进社会维度的理念,同时详尽阐明语言教育政策(即其所称的"语言习得规划")在与语言规划与管理的息息相关的社会变迁中,是如何成为一个关键因素的。

库珀的成长一直与名家相伴。他自哈佛大学本科毕业后,又在宾夕法尼亚大学取得教育心理学硕士学位,此后就跟随 R. L. 索恩戴克(R. L. Thorndike)和 W. 麦克基尼迪(W. MacGinitie)在哥伦比亚大学师范学院学习教育心理学。1966 至 1968 年间,库珀开始与约书亚·费什曼(Joshua Fishman)一起,在新泽西州的巴里奥(Barrio)从事双语教育及双语现象的划时代研究。而费什曼作为社会语言学的奠基者,在该领域至今仍无人可望其项背。库珀的经典之作《语言测试的复杂模式》正是基于上述研究经历而成稿的。该文首次明确阐述了语言测试与教学应该充分考虑到戴尔·海姆斯(Dell Hymes)所倡导的交际能力的作用,而非诺姆·乔姆斯基(Norman Chomsky)及其追随者所鼓吹的单纯语言学能力,此种语言学能力虽看似理念严整,其实极其狭隘受限。

随后,库珀获得极具前瞻性的福特基金会的赞助,赴埃塞俄比亚开展为期一年的语言研究。在那里,通过与查尔斯·弗格森(Charles Ferguson)(同费什曼一样,他也成为现代社会语言学的奠基者)、J. 唐纳德·鲍文(J. Donald Bowen)和 M. L. 本德(M. L. Bender)共事,库珀协助他们共同寻觅在一个多语社会中语言政策和语言教育的目的。虽然库珀和我都与这一研究领域的激动人心的草创之机失之交臂(关于这一经过详见 Spolsky,2011),但我们也为能与该学科的奠基者们相知共事感到荣幸。

库珀先后任教于叶西瓦大学、斯坦福大学以及加州大学,后来于 1972 年迁至以色列,再次与费什曼联手,首次对英语在世界范围内的传播进行一项重要研究。随后便留在了以色列,直至结束其学术生涯。他曾任希伯来大学的教育学及社会学教授,正是以上任职使其能在教导学生之余开展社会语言学的研究,对缩小社会语言学与教育学之间的领域差距起到了桥梁作用。

20 世纪 70 年代,我在美国西南部时,库珀和我联手共同编撰了两本双语教育论文集。我于 1980 年返回以色列时,我们开始定期会面,既有每周一次的咖啡厅聚会,也有节假日的家庭聚会等活动。就这样,作为应尽的兵役义务,我们共同参与了以色列国防军的语言测试研究项目,这明显要比一般所要求的大楼安全保卫更符合我俩的禀性。在频繁的接触中,我们共同提出并实施了一项对耶路撒冷旧城的社会语言学调查,研究结果就是牛津大学出版社出版的《耶路撒冷的语言》。随后我们又计划对一个被分离的阿拉伯村庄进行研究,但是库珀因故未能参与实际的研究。

库珀的大作《语言规划与社会变迁》建立起了社会语言学与教育语言学之间的关键联系,为这方面的研究与出版起到了极大的推动作用。此书标志着语言政策经典研究的最高点,并导夫先路,将语言规划开辟为一个研究领域,而非单单是政府的行为。

库珀隐休后,他认为自己在社会语言学领域已经尽其所能,转而开始积极策划,用了相当的时间准备一偿夙愿,追寻马克·吐温(本名 Samuel Langhorne Clemens)1895 年环游世界的足迹,旅途中尽可能搭乘船舶,寻访马克·吐温曾经演讲过的地方,并到当地图书馆收集关于他的来访的简报。库珀的此次旅程促成了由拱廊(Arcade)出版社发行的另一本书——《与马克·吐温一起环游世界》(*Around the World with Mark Twain*)。

在过去的几年中,库珀与其爱妻为了尽享天伦之乐,一直与儿孙们生活在纽约市的布鲁克林区。但他仍未放弃对新知的追求,他不避埃及社会动乱的凶险,刚刚进行了一直所渴望的尼罗河之旅,并北上参加了一个家族友人的生日聚会。库珀也依然笔耕不辍,并且闯进了最新的媒体王国,其博客"安喀塞斯(Anchises):一位老者的旅行",保持着一周三次的更新。

博纳德·斯波斯基

References

Bender, M. Lionel, J. Donald Bowen, Robert L. Cooper, and Charles A. Ferguson, (Ed.) (1976). *Language in Ethiopia*. London:Oxford University Press.

Cooper, Robert L. (1968). An elaborated language testing model. *Language Learning* (Special issue No. 7):57-72.

Cooper, Robert L. (1984). A framework for the description of language spread:the case of modern Hebrew. *International Social Science Journal* 36(1):87-112.

Cooper, Robert L. (1989). *Language planning and social change*. Cambridge:Cambridge

University Press.

Fishman, Joshua A., Robert L. Cooper, and A. W. Conrad (1977). *The spread of English: the sociology of English as an additional language*. Rowley, MA.: Newbury House Publishers.

Fishman, Joshua A., Robert L. Cooper, and Roxana Ma (1971). *Bilingualism in the barrio*. Bloomington: Research Center for the Language Sciences, Indiana University.

Spolsky, Bernard, and Robert L. Cooper, (Ed.) (1977). *Frontiers of bilingual education*. Rowley, MA.: Newbury House Publishers.

Spolsky, Bernard, and Robert L. Cooper (1991). *The languages of Jerusalem*. Oxford: Clarendon Press.

Spolsky, Bernard (2011). Ferguson and Fishman: Sociolinguistics and the sociology of language. In R. Wodak, B. Johnstone & P. Kerswill (Eds.), *The Sage handbook of sociolinguistics* (pp. 11-23). London UK: Sage Publications Ltd.

致比尔·布鲁姆(Bill Blum)

前　　言

当我开始写这本书的时候,有两个目标。第一,我希望得以展示语言规划的概貌:界定语言规划,寻找与语言规划相关的领域,确定其研究范围,梳理语言规划目标、过程及结果之间的关系。第二,我希望从更大的视角来发现语言规划与公共政策及社会变迁之间的联系。如果说这些目标在某种程度上得以实现,那是因为我较好地借鉴了诸多学者的前期研究。这些学者包括顾普塔(Jyotirindra Das Gupta)、弗格森(Charles A. Ferguson)、费什曼(Joshua A. Fishman)、豪根(Einar Haugen)、颜诺(Björn Jernudd)、克洛斯(Heinz Kloss)、诺伊斯图普尼(Jiří Neustupný)、普拉特(Clifford H. Prator)和鲁宾(Joan Rubin)。他们的研究使我受益匪浅,如果没有这些研究,本书也就无从问世。

我的受益不仅仅表现在知识层面。我首先要感谢费什曼当年给予我工作,从而使我有机会打下牢固的学术基础。1966年,我刚从研究生院毕业,便受雇与他一起共事二年,任务是完成一个由美国联邦卫生、教育与福利部资助的大型社会语言学课题,该项目的最终研究成果是专著《美国新泽西州波多黎各人社区的双语现象》(Fishman, Cooper and Ma 1971)。此后,1972年他又邀请我加入他的研究团队,共同研究一个在耶路撒冷进行的、为期两年的福特基金项目,其成果是专著《英语的传播》(Fishman, Cooper and Conrad 1977)。费什曼不仅引导我进入社会语言学、语言规划和应用语言学领域,他还带我到以色列进行了两年的研究,使得我后来在那又住了14年,共16年。不管是从私人角度还是专业角度,他对我的影响都是深远的。

对我产生重大影响的另一个人是弗格森。在费什曼的举荐下,我于1968年受雇加入了弗格森的研究团队,参与研究一个有关埃塞俄比亚语言调查的福特基金项目，最终的结项成果是编著《埃塞俄比亚的语言》(Bender, Bowen, Cooper and Ferguson 1976)。虽然我们的实地调研只有一年时间，但它教给我的东西至今受用。此外，弗格森还于 1970 年以社会科学研究委员会博士后奖学金的形式资助我在斯坦福大学从事语言学研究。我很庆幸在我职业生涯刚刚起步之时便有机会与这些名家共事，他们的引导和鼓励至关重要。我衷心地感谢他们的帮助以及后来的鼓励。

此外，我想对下面这些人的帮助表示感谢，他们是 Penny Carter, Numa P. P. Markee, Clifford Prator, Gerard K. Schuring, G. Richard Tucker 和 Brian Weinstein。他们通读了整部书稿，向我提出了很多详细的意见、批评和建议，供我修改。我还要感谢 M. Lionel Bender, Susan Laemmle, Peter H. Lowenberg, 他们阅读了我书稿的部分章节，提出了修改建议，进而减少了书中错误、晦涩和表达不当的现象。

本书主要是在我学术年假以及 1985 至 1987 学年间数次离开耶路撒冷希伯来大学期间完成的。感谢我曾经工作过的希伯来大学教育学系和社会学系所给予我的这些假期。同时我也要感谢加州大学洛杉矶分校的应用语言学专业，该专业的工作人员在这期间数次接待了我，并给我提供了颇为理想的工作环境和同事间的密切合作。

在本书第四章里，我使用了经过部分修改的已发表的论文，即书后参考文献中的 Cooper(1979) 和 Cooper(1985)。

引　言

　　1974年9月12日这一天，有一位老人站在自己皇宫的台阶上。"你们开什么玩笑？"当他看见那辆来接他的绿色大众轿车时，便向随行的士兵们大嚷道，"你们就让我坐这么一辆车走？"但这是他仅有的抗议。作为"万王之王"和"上帝之选"的他，曾经统治埃塞俄比亚50余年，此刻也只好弯下腰，钻进了那辆小轿车的后座。然后，他将被带往一幢小屋。他将被软禁起来并在那度过余生。一路上，他挥手向他从前的臣民们告别（Kapuscinski 1983：162）。

　　在那辆绿色大众轿车沿途所驶过的地方，随处可见一些令人啼笑皆非的有趣景色：赤脚的年轻牧民赶着羊群在高耸的办公大楼前走过；身着土布织物的农村人被城市繁忙的交通吓得不知所措；头顶黑水坛的妇女们行走在城市供水处与家庭所在地之间的路上。这些鲜明的对比提醒着我们：这个曾经的帝国正在经历着现代化和城市化，这些变革是该皇帝叫人引入的，也是他后来想要控制的，还是最终把他压垮的。

　　海尔·塞拉西[①]（Haile Sillase）皇帝的下台不仅标志着语言规划史上一个有趣故事的开始，也拉开了社会变革的新序幕，老皇帝在该变革中扮演着重要的角色。本书的目的之一是阐明：要了解语言规划就必须了解导致语言规划的社会变革。因此，本书将要探讨的是语言规划及其所处的变化不断的社会环境。

[①] 海尔·塞拉西一世（1892—1975）生于埃塞俄比亚南部绍阿的贵族家庭，1928年成为国王。1930年他正式加冕为帝，成为海尔·塞拉西一世。1974年9月12日海尔·塞拉西一世在宫中被政变的陆军部队逮捕，并宣布退位，于1975年在拘禁中逝世。——本书脚注均为译者所加，此后不再一一说明。

本书第一章将向读者展现有关语言规划的四个案例：法兰西学术院（Académie française）的建立、巴勒斯坦希伯来语的复兴、美国女权主义者发起的反语言性别歧视运动、埃塞俄比亚皇帝被软禁后所出现的大众识字运动。这四个典型案例揭示了语言规划的宽泛目标，而且也可用来验证语言规划的定义。一个较好的定义应该包含上述案例所反应的四个目标。要评价一个生活中找不到类似实例的定义，就有点像你首次见到一件挂在衣架上的衣服，然后要想象出穿在你身上的效果一样。所以本书将一改通常把实例放在定义后面作为佐证的做法，把语言规划的定义放在第二章。第三章指出描述性理论框架可以促进我们对语言规划定义的理解，第四章则通过对革新传播、市场营销、权力应用和决策制定的研究来推导出四个理论框架。第五至第七章分别探讨了语言规划的三种主要类型：地位规划、本体规划和习得规划。第八章将根据诸多的社会变迁理论来研究语言规划，而最后的第九章则将进行一些总结性的归纳。

第一章 用于探究定义的四个案例

本章将提供四个案例用于解释何为语言规划,这些案例发生在不同的时代和地区,它们或显性或隐性地反映了不同的语言问题。无可否认,这些例子的选择受到我个人偏见和兴趣的影响。但是,这些案例足以构成一个异质化模式(heterogeneous set),这是任何一个令人满意的有关语言规划的定义都必须包含的。

法兰西学术院②的建立[1]

因为语言学院的工作能够明显地体现语言规划的内容,所以我选择了最负盛名的法兰西学术院,作为本章四大案例中的一个,这种选择应该是适得其用的。[2] 法兰西学术院既不是世界上最古老的语言学院,也不是法国建立的第一所语言学院,但它却是世界上所有语言学院中最广为人知和受人敬仰的。一直以来,这个令人敬畏的研究院只限40名成员,能被选为其中的一员便成为法国作家或学者的最高追求。自1634年以来,法国最伟大的作家几乎都获选成为该院的院士,但也有一些不同寻常的例外,如莫里哀(Molière)就是一个。

法兰西学术院的建立很好地解释了一个有关语言规划的原则:语言规

---

② 法兰西学术院(Académie Française)是法兰西学院(Institut de France)下属的五个学术院之一,主要任务是规范法国语言,保护各种艺术。学术院由40名院士组成,当选院士是极高的荣誉,该学术院院士集中了法国学术界的最高权威。法兰西学术院由宰相、枢机主教黎塞留成立于1635年,法国国王路易十三亲下诏书予以批准,1637年在国民议会注册备案。

划的理解不能不联系其所处的社会大环境。当阿尔芒·让·迪普莱西③（Armand Jean du Plessis,1585—1642），亦即当时的黎塞留枢机主教（Cardinal de Richelieu）在1624年成为法国国王路易十三的首席大臣的时候,法国正处于被分裂的危险中。当时,法国被两个哈布斯堡（Habsburg）皇室家族④统治的两个帝国所包围,而这两个家族由于多次的皇室联姻,从而导致了历史上多次出现两个帝国的统治者属堂兄弟关系的现象,他们联手统治着欧洲。神圣罗马帝国皇帝统治着奥地利和匈牙利,并以较松散的方式控制着德意志各邦。他的堂兄则统治着西班牙、葡萄牙、荷兰、法国的弗朗什-孔泰大区（Franche-Compte）、米兰、两个西西里组成的王国⑤以及幅员辽阔的新大陆,除此之外,他堂兄还统治着意大利的大部分领土,包括罗马天主教会所控制的州郡（papal states）。可见,哈布斯堡家族的霸权统治对法国的统一构成了巨大的威胁。

　　但是法国的统一也同样受到来自内部的威胁。发生于16世纪下半叶的一连串宗教战争的结果是,遗留给法国一个组织完备的控制着150个军事要塞的新教少数派,这些要塞俨然是国中之国,挑战着国王的权威。再者,大贵族们作为他们领地的封疆大吏,享有征税、蓄养军队的权利,他们还私下为了封地进行争斗,并阴谋推翻国王的统治。法国不仅被宗教纷争和不受约束的贵族阶层分裂着,也深受农民暴动和起义的打击。被税收和农作物价格压迫得不堪其苦的农民们武装起来,向最近的城镇开进,袭击

---

　　③　即黎塞留枢机主教（1622年被提名）,法国国王路易十三的宰相（1624年开始）。黎塞留的执政方针主要涉及以下两个目标:其一,对外对抗哈布斯堡王朝,其二,对内加强法国的中央集权。尽管他是天主教枢机主教,但是为了法国的兴盛,他毅然决然地推动法国加入新教同盟,将主权至于教权之上。在国内,他通过削弱贵族和新教徒的力量加强了主权。在他任内,法国王权获得加强。

　　④　哈布斯堡家族为德意志封建统治家族。1273年,哈布斯堡家族的鲁道夫一世被选为神圣罗马帝国皇帝（1273—1291年在位）。1282年,他把奥地利和施蒂里亚分别传给两个儿子阿尔布雷希特和鲁道夫,自此哈布斯堡家族同奥地利长期结合。除统治神圣罗马帝国和奥地利帝国外,这一家族也曾是西班牙、波希米亚、匈牙利、葡萄牙等国的统治家族。

　　⑤　两西西里王国是拿破仑时期完结后,1816年费迪南多一世恢复权力的时候,其领地（包括南意大利和西西里岛）的新名字。王国的首都是那不勒斯。在拿破仑时期法国入侵前,波旁王朝统治两地,但它们形式上被分为"那不勒斯王国"和"西西里王国"。在更改王国名称之后,费迪南多成为国王费迪南多一世。

政府派来的征税官。很少有一年没有需要强力镇压的农民暴乱事件。"土地被抛荒,欧陆强权的荣耀已然陨落,国家在瘟疫和饥荒中循环往复,(法国)在被撕裂成碎片,完全的无政府状态、困惑和衰竭处处可见"(Burckhardt 1940:9—10)。

然而更糟的情况是,国王年资尚浅,常年生病,喜怒无常,郁郁寡欢,性格又非常孤僻,连把精力持久地集中到国家事务上来的能力都没有,更别提去影响他那个愚蠢而又倒向西班牙的母亲了。然而值得庆幸的是,路易十三远比他母亲有能耐。他天资聪颖,明白手中皇权的分量,而且他想成为一位伟大的国王。假如当时没有一位杰出而强有力的大臣来辅佐他的话,法国也许早就被肢解了。好在那时就有这样一位大臣出现,加上路易慧眼识才,意识到有了黎塞留的辅佐,他才能成为一位伟大的国王并使他的王国傲立于世。

在国王的支持下,黎塞留主导法国长达18年,直到他于1642年逝世。他与新教反对派斗争并解除了他们的武装,制服了大贵族阶层。他使法国团结在他开创的绝对独裁下。王室的权威历史上第一次延展到整个王国。当他一旦在国内巩固了国王的权威,下一步他就要动用各种手段与国外的对手较量了,"外交的捭阖、阴谋的伎俩、贿赂的策略、资助代理,直至亮剑而兵戎相见"(Auchincloss 1972:11)。在其弥留之际,黎塞留可以毫不夸张地告诉国王,无论是国内还是国外,法国所有的敌人都被彻底地击退了。在黎塞留的宏伟设计下,法国成为了欧洲的主宰者。他塑造了现代法国。

终其一生,黎塞留都在跟"无序"斗争,它不仅是国家的敌人也是上帝的敌人。黎塞留相信上帝拣选了路易十三作为法国的统治者,同时也拣选了自己来辅佐国王。既然无序威胁着整个王国,那么它必然也是黎塞留、国王和上帝的敌人。无序便是离经叛道,秩序则是道德的终极目的。在将秩序赋予这个处于无政府世界的斗争中,黎塞留动用了他所能调动的所有资源。他相信某些举措由个人为一己之私利来执行是非道德的,行动必须在国家利益基础上并由政府来实施才是正当的。他动用国家安全机器,寻找持不同政见者并对他们进行无情打击。他甚至操纵国家司法大案。为了维护秩序,即便错杀几个无辜,他也在所不惜。他执行权力以冷酷无情著称。他信奉国家权力必须强大到足够遏制无序,阻止人们干下愚蠢和非理性的事。

他执着于对秩序的追求,在他眼里,国家机器便是为建立和维护秩序而存在的,黎塞留便是那个时代的产物。历经八场宗教战争和内战之后,人们逐渐形成这样一个共识:失序对法国是危险的。在这些战争期间和之后的一段时间,相当多的人开始把国家视作"确切的权力机器"(Elliott 1984:43),这也是黎塞留所信奉的,国家权力必须被用来对抗私人利益,从而保卫大部分人的利益。他赞同当时的哲学家们关于人类有能力去按照自然理性去理解事物的理念。与此同时,对人类是否有能力依据其所具有的知识来行动的悲观主义论调,他也持有同样的怀疑。人们必须接受管制,以免做出违背理性以及理性的创造者上帝的事。因此,理性主义和信仰都已确认国家利益高于私人行为的合理性。

如同黎塞留认同秩序在政府运作上的重要性一样,他认为艺术领域也应该具有秩序。在他的理解中,艺术并不是次要活动而是生活的根本组成部分。既然如此,跟其他任何事物一样,艺术也必须置于国家利益下接受管制和引导。跟国王一样,黎塞留也充分意识到较之取得政治和军事胜利,统治者和政治家更可能因为其所赞助的艺术活动而名垂青史。当他慷慨赞助的艺术家们给他个人带来无上荣光的时候,他更加确信他个人的荣耀是与国家的荣耀不可分割的。"即便当他买一幅画的时候,他也是在为法国而买"(Auchincloss 1972:204)。他希望路易十三统治期间在艺术和文学领域的造诣足以与古代法国的伟大君主相媲美。黎塞留从来不把伟大的艺术和文学简单地当作产品或者权力的装饰物,相反,他把它们看作权力不可或缺的助手。一件美丽、庄严和华丽的艺术作品将会为法国的威严和壮观贡献良多。

其实艺术可以通过支持国家政策所要传达的主题来更直接地为国家服务。绘画作品可以把国王路易画得跟古罗马皇帝一样,并让黎塞留穿着古代的长袍陪侍在一旁,出神地在与法国君主制的精神进行着交流,画中的路易张开双臂向饱受欺压的加泰罗尼亚⑥(Catalonia)人民提供避难所(黎塞留曾资助加泰罗尼亚人民起来反抗西班牙国王腓利四世),艺术作品可以纪念统治期间的伟大事件,谱写成赞美诗歌颂国王和他的首席大臣,写出政论文章支持后者的外交政策——艺术家和作家们为光耀王权和政策的推广做出了巨大贡献。

黎塞留对艺术的赞助目的超越了用于个人崇拜的自身旨趣的展示,他关注的是权力和控制,他对细节求全责备。他也是一个真正热爱所有艺术门类的人。他喜欢音乐,他拥有一个由八种乐器组成的管弦乐队每天为他演奏,即便在军事行动中也不例外。他会演奏鲁特琴(lute),也喜欢芭蕾。他搜集画作和古代雕塑时显示出非凡的鉴赏能力。他喜爱文学,并且致力于收藏书籍。他曾写过诗篇和剧本。他的散文以清越、典雅和气韵非凡而著称。他以收藏、赞助以及自己的艺术创作向世人展示了其所具有的极高教养与品味。

虽然黎塞留与各个领域的艺术家都有接触,但与他关系最近的还是文人们。他有意识地把他们召集起来,通过他们对大众的观点施加影响并以此来获得他们对政策的支持。曾有一段时间,他维持着一个多达23人的文人团体。作为一个娴熟于文字的艺术家和技法纯熟的雄辩家,黎塞留对于语言的威力具有敏锐的鉴赏力。当然,如果文人们团结起来反对他也一定是十分危险的。他致力于调动他们的支持。创立法兰西学术院便是他为此而付出的诸多努力中的一种。

黎塞留发现如果能够影响文艺界是一件颇为划算的事,当时一系列事件的发展结果,也确实显示这样做是可能的。而这其中最重要的可能就是巴黎已发展成了贵族生活和文化的中心。巴黎的这个地位当时才刚刚确立

---

⑥ 加泰罗尼亚位于伊比利亚半岛东北部,是西班牙的一个自治区。同时,加泰罗尼亚也是包括了西班牙东北部的赫罗那(Girona)、巴塞罗那(Barcelona)、塔拉戈那(Tarragona)、莱里达(Lleida)的历史地理区。加泰罗尼亚从前是阿拉贡(Aragón)王国中的一个公国,它在伊比利亚半岛的历史中扮演重要角色。从17世纪起它就是独立主义者的中心。

不久。法国的宫廷从来都是蜿蜒曲折地穿过乡村,并从一个城堡延伸到另一个城堡。所以也一直没有一个卓越的高雅文化中心。大体而言,贵族们待在他们各自的庄园内。与此类似,文人和艺术家也只在他们的居住地活动。而这一切直到16世纪晚期亨利四世接掌王位后才开始有所改变。他使巴黎变成了行政中心和宫廷的永久所在地,这一政策在他的儿子兼继任者路易十三那儿得到了延续。在这两任国王统治期间,巴黎享有相对的安定并一直承担着首都的功能。由于政府机构、宫廷和王室的庇佑都集中在巴黎,封建贵族们也开始搬离其各自的庄园住到靠近宫廷的地方来。过去散布各地的贵族阶层渐渐组合成一个单一的社会,上流社会也由此应运而生。此后,为贵族服务或接受贵族阶层庇佑的艺术家和文人们也接踵而来。各省的艺术家和文人们一走而空,全部集中到了巴黎。宫廷贵族和他们所吸引和支持的文人和艺术家们组合成一个大约数千人的社会和艺术精英阶层,为17世纪的法国带来了骄人的文化成就。在这里,他们在王室庇佑和国王的首席大臣们,尤其是黎塞留的庇佑下,受到鼓舞和支持。

随着文学和艺术生活向巴黎集中,首都的相对安全和国王与宫廷提供的襄赞渐渐成为艺术创造繁荣的必备条件。当然,这还不足以解释当时艺术的发展方向和对艺术的重视,对该现象的理解必须建立在对法兰西学术院建立的理解上。以下便是四个彼此相关的因素。

第一,法国的精英们或许算是欧洲受教育程度最高的,一开始便由于受到古典作家们的影响而对形式颇为着迷。之所以如此,部分原因应归结为自16世纪便开始在贵族阶层中传统上形成的对智识成就的兴趣,还有17世纪得以扩大的中学教育,以及耶稣会士用人文理想和技法来成功地满足了贵族阶层所要求的出色教育的成功。耶稣会士重视古典作家们的成就,他们尤其注重形式。学生们"被要求接受共同的磨练,沉浸在理想和罗马文化的氤氲中,习惯于接受他们所在社区制订的严苛规则和古典范式的不断提升……他们被训练得拥有良好的品位,对他们所研究的古代经典能够融会贯通,他们也了解到创新意味着推翻前人……他们出身于拉丁文化的浸润,准备成为律师和外交官,渴望成为官僚系统扩展的人选"

(Treasure 1972:242)。

第二，对和平、法律所扮演的角色和秩序的渴求，它们产生并发展于16世纪的无政府状态，这种混乱无序使得透明、管制、纪律和古典范式下的秩序更加具有了吸引力。

第三，法语开始在一些过去只用拉丁语的场合使用。欧洲的语言的日常口语化完成得如此彻底，以至现代人会非常吃惊于拉丁语曾在那么长时间里作为一种学术语言。直到17世纪初叶，孩子们才在学校里学习读写法语。第一部用法语写出的学术作品《笛卡尔方法论讲话》[7]（*Descartes' Discourse de la Méthode*）直到1637年才问世。黎塞留本人即是第一位用法语写作的法国神学家。他开创了用法语阐释神学的惯例。不过第一部用法语而不是拉丁语写成的条约（即《拉施塔特条约》，*The Treaty of Rastatt*）却迟至1714年才出现。为使法语承担新的功能，其词汇必须扩大，一些新增用法必须加以规范。

第四，在宫廷诗人马莱布[8]（François de Malherbe,1555—1628）领导下得以推进的法语"纯净化"运动。马勒布虽然个人习惯粗野，却一生致力于孕育出纯净的法语，这可以从以下的这件轶事中看出来。在他临终之际，他还不忘去纠正护士的一个不正确的表达。他的忏悔牧师建议他下面要想的只是救主，他答复说他所想的是"至死维护法语的纯洁"（Boulenger 1963:127）。

法语的纯洁化运动，在很大程度上应该理解为新古典主义与法语词汇对丰富性的寻求之间的碰撞。在16世纪，通过从希腊语和拉丁语的借入，法国作家为了应付新的写作需求扩大了法语的文学词汇。但是他们也使用自身所居住省份的当地用语和典故来写作。这样一来的后果便是，书面语言

---

[7] 该书是笛卡儿在1637年出版的著名哲学论著，对西方人的思维方式、思想观念和科学研究方法有极大的影响。在1960年代以前，西方科学研究的方法，从机械到人体解剖的研究，基本是按照《笛卡儿方法论讲话》进行的，可见该书对西方近代科学的飞速发展起了相当大的促进作用。

[8] 即弗朗索瓦·德·马莱布，欧洲文艺复兴时期的法国诗人、批评家和翻译家。他出生于诺曼底，是亨利四世的宫廷诗人。他清晰的古典风格与早期诗人的夸饰形成对比，受到17世纪批评家的欢迎。

"富余到了恣肆汪洋的程度"(Lough 1954:244)。经典作家作品逐渐上升到了典范的地位,便出现了一种要求删减词汇中生涩表达的需要,尤其是一些太古雅的用法,来自于方言区的表达和术语。马莱布希望书面语言能够为普通人所理解,他的改革的确使书面语言的使用范围更广了。

此外,法语的纯洁化运动也反映了一种要建立一个"社会"(Le Monde)的努力,在巴黎凝聚为一个小范围的贵族社会,他们成了语言的仲裁者,这种做法肇始于马莱布并最终在17世纪中叶被接受,当然也不乏反对者。精英们的用法成了上品的阳春白雪,普罗大众的语言则被视作了引车卖浆者流。相应地,不仅仅是一些来自书面语言的生涩用法被禁止,其他一些通俗用法出于凸显品味的需要也一样被摒弃,比如用 vomir 代替 vomit 来表示"呕吐",用 cracher 代替 spit 来表示"吐口水",此外还包括另外一些被认为不合礼节的或者有可能跟没品位扯得上关系的用法。"在一个多世纪的时间里,人民大众的语言从高雅的文学语言中消失了——诸如悲剧,各种严肃的诗歌和散文,贵族阶层使用的语言占据了统治地位"(Lough 1954:246)。这样一来,来自精英阶层的法国统治者便有能力赋予语言一种高雅的文化氛围,并且能够借助语言来构建权威。

最后值得一提的是法国独有的"沙龙"⑨(the salon)现象。事实上,在17世纪的法国,当时的"沙龙"叫做 ruelle,指的是一种介于床的一侧与墙之间的空间,也就是女主人的客人所坐的地方。在那个时代,女主人接待客人时常常或坐或斜靠在她们住所一张日间使用的床上(那时候的房子并没有像今天这样依房间功能做一些划分。同一个房间既可以用来睡觉和吃饭,也可以用来待客)。那时候最负盛名和最具影响力的"沙龙"便是朗布依埃府(Hôtel de Rambouillet),由朗布依埃侯爵夫人凯瑟琳(Catherine de Vivonne,1588—1665)所主持。

这位侯爵夫人因为对亨利四世宫廷中粗鲁的社交圈子感到厌烦,带着她刚出生的女儿茱莉亚离开宫廷,回到了距王宫仅几步之遥的自己的住所。

---

⑨ 沙龙(salon)一词最早出现于1664年的法国。词源来自意大利语 salone,这个意大利词则来自 sala,即意大利豪宅中的待客厅。

在这之后的几年里,她的家成了另一种宫廷生活的中心。自1617年至少持续到1648年,她每个星期四都在家待客。作为一个美貌、有教养、诙谐、雍容的贵妇,她喜欢喧闹的实用笑话,拥有愉悦人的天赋并颇具交际能力。这些都使她的家挤满了当世的贵族和最优秀的作家,可谓星光熠熠,高朋满座。朗布依埃府给上流社会带去了颇具消遣性的对话。它的造访者必须是诙谐幽默且能娱乐的人。从前数个世纪贵族阶层所崇尚的刚毅和华丽,已不能使他们被这样一个对成员有特别要求的社团所接受。他必须能够娱乐人,富于魅力和令人愉悦。朗布依埃府把对话提升到艺术层面,在它的常客中推动对文学的鉴赏,同时也培养了有关语言及其书面表达形式的兴趣。

"诗篇和文学可以像美味珍品般欣赏把玩"(Boulenger 1963:117)。作者们大声朗读作品给那些急切想要讨论的人听,而有关文法和词藻的使用则是交谈中最严肃的话题。muscadin(花花公子)需要被读成 muscardin 吗?连词 car 有必要禁用吗?朗布依埃府也支持法语的纯洁化运动,鼓励对文雅话语和严肃文学中粗俗用法的删减芟夷,提升对语言典范的润饰和鉴赏,追求明晰精致的表达风格。

朗布依埃府的一位常客叫瓦伦丁·孔拉特(Valentin Conrart,1603—1675)。这是一个富裕和极具热情的藏书家,他于1627年出资从国王那里自捐了个宫廷幕僚的身份从而进入文艺圈。截至1629年,一群对语言和文学感兴趣的人每个星期六聚集在他位于旧炉大街(rue des Vieilles-Etuves)的住所来畅所欲言。如果其中某个人写出了点什么,在很多情况下,他就会大声地朗读出来,而其他人便会据此提供意见。但此时这个组织还称不上一个文学沙龙,而更像一家俱乐部。他们中的专业作家对能在这样一个环境遇到他们的同事感到欣喜,且不像在朗布依埃府时一样有屈尊的感受。毫无疑问他们更喜欢这样清一色的男性化的氛围。

这个俱乐部有九位创始成员,他们一直秘密聚会。但是当成员不断增加时,它便为世人所知了。曾有一个客人,被邀请来谈论他的一本书,由于在讨论中兴奋异常而把这件事告诉了黎塞留的一个门客,门客又把该情况禀告了他的主人。

黎塞留意识到这样一个机会,即把这个私人俱乐部转变成一个学院并使之服务国家。令他感到尤为不满的是,孔拉特曾评论"朗布依埃府是一个比卢浮宫对成员更精挑细选,宁缺毋滥和更为高雅的所在",而那样一个在他控制之外的文化中心必定是他所无法容忍的(Maland 1970:96)。他不能将朗布依埃府占为己有,因为他本人即是其中最才华横溢的客人之一,但他可以接管孔拉特的俱乐部。于是,他写信给俱乐部的成员,邀请他们接受政府资助转变成为一个官方社团。他们极其谨慎地回应了他的邀请。他们明白他们将因此失去隐私、随意和自由。然而,枢机主教是不可以被拒绝的,所以他们只好勉强接受了这个安排。

经过几轮有关命名的磋商,包括智者学院(Académie des beaux esprits)和修辞学院(the Académie de l'éloquence)在内,最后他们同意称呼其为法兰西学术院,并把它的院士限定为27名(后来扩大到40名),他们在每个星期一聚首,由孔拉特担任秘书。他们的第一个活动发生在1634年3月13日。

起初,巴黎的议会反对成立法兰西学术院,怀疑这个新的机构将受到黎塞留的控制。但是到1635年,巴黎议会终于通过了成立的法令,并把其职权限定在法语范围内,规定所有以法语书写的书必须提呈法兰西学术院审核。

正如人们所指出,黎塞留把一个非官方的俱乐部转变成官方的语言学院,的确是带有政治的目的。他希望调动作家们去支持他的政策。秉持这一目标,他极其严格地控制着入选法兰西学术院院士的资格(一幅当代的版画显示,诸位院士就像卫星一样环绕在黎塞留这个太阳的周围)。他们中的政治捉刀手草拟了雄辩的檄文来支持他与西班牙的战争(自1635年开始);他们中的诗人则用颂歌来赞美他和国王;他也会请个别院士帮助他校读他的演讲和文章。但他尽量把这些减少到最低限度。他希望学院的首要功能是成为法语的规范机构。他要求学院不仅仅能使法语纯净,而且能够扩展到所有帝国语言所能够涉及的领域,包括科学和其他学科。黎塞留希望法语能够代替拉丁语,因为拉丁语已经代替了希腊语成为高雅文化和政治语言。法兰西学术院的监管目标已经在其章程的第24款中清楚列明,亦即它的首要职责是"给法语制定详尽的规则并使之能够纯净、具有强大的表现力、成为一种能够表达艺术与科学的语言"。该项条款寥寥数语的规定使它在其后的300年间成为法兰西学术院的核心工作:即修辞法,语法,诗学和词典皆出其中。

有关诗学和修辞法的工作从来没以这样严肃的方式展开过。有关语法的工作,在法兰西学术院成立后不久便展开了,但很快又被放弃,直到20世纪以一本小册子的出版为标志才继续展开。虽然编纂词典的工作几乎马上就开始了,但直到1694年才出版。第一个版本(总共有八个版本,最后一版直到1930年代才最终面世)获得了巨大的成功,部分原因是它删减了很多的词汇。忠于这些创立者的理念,学院刻意地摒除了那些不受上流社会欢迎的词汇。

总的来说,如果不从其社会背景入手,法兰西学术院的建立将会很难让人理解。它是诸多因素汇流的结果,其中最重要的便是新古典主义——法国出现的新思潮,贵族阶层和文学生活向巴黎的集中,文学沙龙,对无序的厌倦,再加上枢机主教黎塞留本人的独裁个性和对秩序、纪律、规则和控制的痴迷。塞缪尔·约翰逊⑩(Samuel Johnson)曾说一个英语学院的建立必将是"非英国的"。相对而言,法兰西学术院的建立正是17世纪法国精华的体现。

巴勒斯坦希伯来语的推广

虽然罗马犹太战争⑪的蹂躏消灭了大量的巴勒斯坦犹太人,而在剩下的犹太人当中大多也在拜占庭时期改信了基督教,但仍有一小部分犹太人存活在巴勒斯坦,他们在那繁衍生息一直到现代时期。而且,他们的人数随着国外犹太人的返回而增加。出现人口回流的原因是:有些人希望找到一个

---

⑩ 塞缪尔·约翰逊(1709—1784),常称为约翰逊博士(Dr. Johnson),英国历史上最有名的文人之一,集文评家、诗人、散文家、传记家于一身,前半生名不见经传,但他花费九年时间独力编纂的《约翰逊字典》,为他赢得了文名。

⑪ 罗马犹太战争,公元66—70年发生在犹太省(今以色列巴勒斯坦地区)的犹太人反抗罗马征服者的起义,参加者主要为农民、手工业者和奴隶。

远离战争或迫害的避难所;有些人则希望能够在日常宗教祷告中经常提到的祖居地学习、祈祷和死后入土为安。然而,在19世纪之前,移进来的人还是不多,且时有时无,而再度移出去的人却不少,主要原因是巴勒斯坦糟糕的经济状况、公共卫生和人身安全(Bachi 1977:77)。

到19世纪中叶,巴勒斯坦的状况有所好转,于是,犹太人开始持续不断地回流,从1850至1880年,约有2.5万人回到巴勒斯坦。这个数字在总人口只有50万左右的1890年已经不算小了。在这50万的人口中,其中有4万是犹太人(Bachi 1977:32,77)。

19世纪中叶,日益壮大的巴勒斯坦犹太人口被分为好几个社区,它们各自使用着不同的语言。从东欧来的犹太人讲意第绪语[12](Yiddish);从巴尔干诸国和奥斯曼帝国其他地区来的犹太人说犹太兹摩语[13](Judezmo)或阿拉伯语;而从北非和西亚来的则说阿拉伯语,而且这是当地犹太人社区经常使用的一种变体(Bachi 1977:286)。可见,唯一可以团结他们的语言便是希伯来语。

虽然希伯来语作为犹太人一种日常沟通的语言早在公元200年左右便遭到抛弃,但它仍是一种书面语言,不仅用于祈祷和记载经文,而且也用于撰写法律、科学和哲学类的文本。从18世纪开始,它还成了现代文学(belles lettres)的载体。到了19世纪,在世界各地的男性犹太人中,有很大一部分人都能够阅读和理解希伯来文,其中许多人还能够书写希伯来文(拉宾 1973:42)。

诚然,游离于被抛弃还是复兴为日常口语的希伯来语虽然大体上只作为宗教语言和书面语言来使用,但偶尔也作为彼此没有其他语言可沟通的犹太人之间的共同语。直到19世纪中叶希伯来语才成为巴勒斯坦犹太人的

---

[12] 意第绪语(又译"依地语")属于日耳曼语族。全球大约有300万人在使用,大部分的使用者是犹太人。在"意第绪(语)"13至14世纪的早年发展阶段,它也是被当作"德国犹太人"的意思。

[13] 又称拉迪诺语(Ladino),也称作犹太-西班牙语(djudeo-espanyola,英语:Judaeo-Spanish)等,是一个源自于中世纪西班牙语的罗曼语言。如同其他犹太语言,拉迪诺语是濒危语言,能够流利作为母语使用者大多为老年人,许多人在20世纪移民回以色列定居,他们并没有教导自己的后代使用拉迪诺语。

共同语，但仅限于部分场合，如交易市场。此外，在巴勒斯坦讲拉迪诺语和阿拉伯语的犹太人社区，人们正在逐渐转用希伯来语，并视之为多功能的共同语(Rabin 1973:70)。因此，正如同布兰克(Blanc 1968)、费尔曼(Fellman 1973,1974)、拉宾(Rabin 1973)等人所指出的那样，希伯来语复兴这个术语其实是个误称。语言一旦退出了各种使用的场所，它就算死了。这是语言生命的一条规则，希伯来语也不例外。所谓希伯来语的"复兴"，指的是恢复其使用功能，即成为人们口头交际时使用的日常口语。

希伯来语的复兴运动始于19世纪80年代的巴勒斯坦和东欧，它受到欧洲民族主义运动的影响，这些运动都把民族语言看作是民族不可分割的组成部分。语言在这些运动中起着一种象征的作用，以便运动的发起者(protoelite)能够围绕语言创造出一种民族自觉意识，并为民族理想找到一个合乎情理的聚焦点。就犹太人这一事例来说，当时已然存在一种相当明确的从周边民族分离出来的意识。希伯来语的推广运动，并不是为了树立此前已有的民族自觉，而是为了支持政治自决。这些犹太人及其子孙使用着同一门语言，这象征着他们是团结一心的，也明示着他们是独一无二的，还强调着他们与外来的统治者是不一样的，此外，这还可使他们的自我主张以及为自治而进行的斗争合法化。可见，希伯来语的推广成了促进社会变迁的一种工具。

如拉宾(1973:69)所说，希伯来语的复兴运动不同于诸多与欧洲民族主义相关联的语言运动。后者中的不少语言运动意在扩大语言的日常口语功能，如使得某些语言可以用于表达高雅文化，而希伯来语的复兴运动旨在扩大书面语言的使用范围，如使得希伯来语也可用于日常的口头交际。欧洲民族主义运动是通过一门共同的日常口语把不同的民族团结起来，而犹太人则被不同的日常口语所分离。但他们可以通过希伯来语团结起来。

在俄国，沙皇亚历山大二世⑭(1881)被暗杀后，一系列的残酷屠杀和镇压导致了犹太人开始大规模地移出俄国，其中的一小部分去了巴勒斯坦，当

---

⑭ 亚历山大二世·尼古拉耶维奇(1818—1881,1855—1881年在位)是俄罗斯帝国皇帝，尼古拉一世的长子。在克里米亚战争失败后，亚历山大二世着手国内改革，以谋求俄国的近代化革命。

时巴勒斯坦还是奥斯曼帝国[15]的一部分。很多在那几年移居到巴勒斯坦的人是年轻的知识分子,他们受到欧洲民族主义思潮的影响,极度渴望过一种不同于他们在俄国所过的更好的生活。

这些于1880年来到巴勒斯坦的年轻的理想主义者,接受了要把希伯来语变成在各个领域都使用的日常口语的主张。该主张最早由艾利泽·本-耶胡达[16](Eliezer Ben-Yehuda)提出,他于1881年来到巴勒斯坦,是个年轻的俄裔犹太人,一个永不疲倦的希伯来语复兴推动者。使用祖辈们出生地的语言象征着犹太人对这块土地的继承,这种继承使得他们想要在那里建立一个民族家园的想法合情合法。此外,新来的定居者与传统的、"旧式的"巴勒斯坦犹太人在希伯来语的使用上存在一些差别:后者不在世俗活动中使用希伯来语。这种差别增加了新定居者追求独立斗争中领导权的合法性。

从1881到1903年,大约有两到三万犹太人来到了巴勒斯坦(Bachi 1977:79)。他们很快接受了本-耶胡达的主张——在他们自己定居点的学校里选择希伯来语为教学媒介语。于是,包括幼儿园(1898年开始)和中学(1906年开始)在内,一个希伯来语学校体系得以建立。"在1900至1910年的10年间,许多年轻人开始迈入婚姻殿堂,这些人都是在希伯来语学校接受教育,因此,他们的希伯来语流利地道。这些人生出的小孩是第一批在家中只讲希伯来语的环境中长大的后代,因而轻而易举就习得了希伯来语。他们是1700年来第一批只懂得希伯来语的人"(拉宾 1973:73)。

在现代社会,本-耶胡达是在家只说希伯来语,并让孩子们在希伯来语环境中成长的第一人。但这并不是由于他的榜样力量,才把希伯来语带到巴勒斯坦犹太人家中的。事实上,在1901年,即在他来到巴勒斯坦的第20年,耶路撒冷只有10个犹太家庭在家使用希伯来语(拉宾 1973:70)。因

---

[15] 即奥斯曼土耳其帝国,为突厥人所建立的一个帝国,创立者为奥斯曼一世。奥斯曼人初居中亚,后迁至小亚细亚。自消灭东罗马帝国后,定都君士坦丁堡(后改名伊斯坦布尔),且以东罗马帝国的继承人自居。

[16] 艾利泽·本-耶胡达(Eliezer Ben-Yehuda,1858—1922)是一位犹太籍的辞书学家及新闻编辑人员。他是推动复兴希伯来语为日常用语的灵魂性人物,希伯来语作为口语在犹太人中成功的复活主要得自他的巨大贡献。

此，人们普遍认为，学校率先采用希伯来语为教学媒介语的做法是导致许多家庭使用希伯来语的主要原因。

19世纪末和20世纪初，巴勒斯坦犹太人把希伯来语恢复为日常生活中首要语言的理念，与他们的民族主义理想是一致的。他们在思想意识上对希伯来语的使命感，一定是非常强烈的，因为他们为了把它作为日常口语，遭遇了很多困难。由于希伯来语缺乏表达一些有关日常物件和活动的词条，因此，人们要求对希伯来语的词汇进行大规模的现代化和精致化改革。当然，也有人指出，巴勒斯坦的犹太人越来越多，各自使用语言的异质性也越来越大，这就要求有一种共同语的出现，希伯来语就"顺理成章"地当选。之所以说它"顺理成章"，其中至少也有后见之明，那是因为大多数的犹太男人和许多女人当时都要接受宗教教育，而宗教教育都是通过书面希伯来语来进行的，这使得教徒们都熟悉书面希伯来语。选择任何其他语言，如意第绪语、阿拉伯语或者拉迪诺语，作为共同语，都会有一大批人需要从头学起。相比之下，更多的犹太人本来就或多或少地了解希伯来语。当然，希伯来语与使用意第绪语、阿拉伯语或拉迪诺语的社区并没有多少关联。实际上，希伯来语象征了所有犹太人的共同传统。那些反对在世俗活动中使用希伯来语的人，都是具有东欧背景的旧式的极端正统派（ultra-orthodox）。这些人几乎全讲意第绪语，所以他们没有必要与其他人拥有一种共同语。如果从语言异质性的层面去考察反对将希伯来语用作世俗用途，那么意第绪语很可能成为共同语，这是因为在三个主要的社群语言中，意第绪语拥有最广大的使用者。以此来看，反对在世俗场合使用希伯来语的人，具有语言上的同一性，而不反对使用希伯来语的人，则具有语言上的异质性。所以阵地便留给了希伯来语。

19世纪末和20世纪初，具理想主义色彩的移民，为一个现代的以色列奠定了基础，并且确保了希伯来语复兴的成功。然而，一个值得提出的问题是，如果当初那些移民少一点理想主义，并且在思想意识上少一点执着，另外再从共同语的实际需求来考虑，那么，希伯来语的复兴运动也许就不会发生了。即便是如此的话，在民族主义热忱高涨的时代，物质诱因在希伯来语的复兴过程中也仍然是重要的。

泛男性中心论和女性奥妙[3]

女神一出生,都完美无缺:阿佛洛狄忒[17]生于海中浪花,而雅典娜[18]则是从宙斯的前额跳出来。但社会运动却从来没有如此简洁的开端,它们的起源错综复杂,它们的变迁与时俱进。美国的现代女权运动也不例外,该运动自20世纪60年代起就开始冲击着国民的良知。美国女权运动的出现并不是一时心血来潮,而是具有颇为复杂的背景。

当然,我们可以指向历史上的某些重大事件。比如,1963年贝蒂·弗里丹[19](Betty Friedan)著的《女性的奥秘》(The Feminine Mystique)一书的出版。虽然该书无甚新意,但它的语言充满激情、令人折服,进而引发了巨大的反响。读过这本书的女性最终都明白:她们在生活中遇到的焦虑、挫败、绝望和狂暴并不是个人的不足所致,而是社会化带来的结果。女性总是被灌输这样的思想:她们的最大贡献便是演好妻子和母亲的角色。所以,能够较好展示女人天赋的场所是家庭,而且这种状况并不是人类刻意安排的结果,而是由不可改变的生物属性所决定的。她们就是这样接受教育的,然后又去教育自己的孩子。然而,她们并没有真正理解这些教导,否则贝蒂·弗里丹的书就不会引发任何反响了。玛丽·沃斯通克拉夫特[20](Mary Wollstonecraft)于1792年出版的《女权辩护》一书的命运也与此类似。人们

---

[17] 阿佛洛狄忒是希腊神话中代表爱情、美丽与性欲的女神。她有着古希腊最完美的身段和样貌,象征爱情与女性的美丽,被认为是女性体格美的最高象征。

[18] 雅典娜是希腊神话中的智慧女神,亦是农业与园艺的保护神、司职法律与秩序的女神,奥林帕斯十二主神之一,据说她传授纺织、绘画、雕刻、陶艺、畜牧等技艺给人类,亦是位女战神。

[19] 贝蒂·弗里丹(1921—2006),美国作家、编辑。从《女性的奥秘》出版起,弗里丹正式踏上女权运动的跑道。她不但协力建立美国全国妇女组织,更担任掌门达六年之久。1970年的横跨全美女性大罢工是她在这一组织的谢幕之作。

[20] 玛丽·沃斯通克拉夫特(1759—1797)是一位18世纪的英国作家、哲学家和女权主义者。《女权辩护》(1792年)是沃斯通克拉夫特最知名的作品;在这本书里,她提出:女性并非天生比男性低贱,只有当她们缺乏足够的教育时才会显露出这一点。她认为男性和女性都应被视为有理性的生命,并继而设想了建立基于理性之上的社会秩序。

普遍认为该书在女权主义历史上具有里程碑式的意义,曾经轰动一时,但该书也曾被责难和嘲弄。究竟是什么原因使弗里丹的书受到如此满腔热情的欢迎呢?

弗里丹著作的问世出现在重大社会变革之后,可谓恰逢其时。在第二次世界大战期间,随着美国重整军备运动的开展,许多男人不得不参军,同时,社会还创造了不少新的工作岗位,这些因素极大地推动了美国女性的就业。于是,"女子铆钉工"[21](Rosie the Riveter)这样的人物成了那个时代一首流行歌曲的女主角,她之所以受人欢迎,不仅是因为她体现了一种爱国的责任感,而且还是因为她接替了这项原本完全属于男性领域的工作。不过,妇女走出家门和参与工作所带来的经济回报和社会刺激可能是更加难以抵御的动机。

"二战"后,随着女性人口比例的下降,女性劳动力也减少了。直到1960年,才恢复到战争年代的高峰状态,那时有大约35%的美国女性在家庭外面找到工作。这个统计数字在整个20世纪60和70年代都一直居高不下,到了80年代仍在增长。截止1984年,美国有一半多的女性都要外出工作。1940年代,美国已婚妇女参加工作的比例还不到17%,但1950年增加到25%,1960年则达到32%,1963年(即弗里丹的那本书出版的那年)已经升至35%。这个百分比一直持续攀升,直至1984年达到53%。

当弗里丹出版其著作的时候,男女同工不同酬的状况并没有随着女性持续加入劳动队伍而有重大改进。在1949年,女性工人所获得的平均工资只有同等条件下的男性工人的60%(Sanborn 1964)。根据美国人口普查局资料,到1963年,亦即《女性的奥秘》一书出版那年,美国男女工资的比率并无实质性的改变(U.S. Bureau of the Census 1974:361)。

为什么在20世纪60年代之前,美国人对此种状况几乎没有抗议呢?为什么女权运动在1920年女性获得投票权后就瓦解了,而且也没有在20世纪

---

[21] "女子铆钉工"是美国的一个文化象征,代表"二战"期间600万进入制造业工厂工作的女性(这些工作传统上是由男性做的)。女子铆钉工的形象现在被当成女性主义以及女性经济力量的象征。美国开始接受女性穿裤子也被归功于女子铆钉工。

40或50年代复兴呢？根据威廉·谢夫（William Chafe 1975）的描述，这是因为要直到20世纪60年代，美国才有足够的拥有不同意识形态的反对者，他们能够组织起来反对传统观念。这里的传统观念是指女性的奥秘，即女性的首要职责和最大成就是待在家中作为妻子和母亲。已婚女性只有在帮助丈夫的前提下，才能获准进入职场工作。事实上，物价的上涨以及对美好生活的渴望，往往要求家庭夫妻都有收入。人们一旦适应了有两份薪水所支撑的家庭生活后，一般就很难再退回到一份薪水的状况了。

只要女性把当好妻子和母亲看成是自己的主要职责后，她们就会把自己在外上班的事情视作是对丈夫收入的一种补充，并认为丈夫的职业是主要的，自己的职业是次要的。但是，已婚女性大批量地进入职场后，人们对传统的夫妻之间角色的看法开始发生改变。女性能够要求更多地掌控家庭的开销，因为她们现在也给家庭带来了收入。更进一步说，她们在家庭之外工作的能力，往往依赖于他们的丈夫是否愿意承担一些家中杂务和照顾孩子的责任。家中日益扩大的两性平等最终要求家外的工作也要增加两性的平等，这也许是不可避免的。

这一要求终于在20世纪60年代广为人知，并得到尊重，不再被认为是极端主义者的叫嚣。这一现象的出现得益于非洲裔美国人在那个年代发动的民权运动。为了彻底实现民族平等的愿望，民权运动的参与者进行了游行示威、静坐抗议、法律诉讼和选民登记，并采取非暴力不合作态度。这些行动引发了人们更广泛的社会关注：如何医治包括贫穷和性别歧视在内的长期以来毒害这个国家的社会顽疾。美国黑人的抗议行为以及他们为了争取全面的公民权而付出的努力，把那些以往一直在美国被动受欺的社群给调动了起来。此外，民权运动也为20世纪60年代末蓄势而发的反越战运动树立了榜样：反战抗议者套用了民权运动中为了唤醒国人良心而使用的、行之有效的一些策略。

美国女性在民权运动和反战运动中都颇为活跃，但很多同时参与这两个运动的激进的年轻男性却明确地反对女权主义观点。他们期待女性在男性设计宏伟计划的时候能够在一旁泡咖啡和操作滚筒油印机。鲁比·罗宾逊(Ruby Robinson)是学生非暴力协调委员会的黑人创始人之一,1964年她曾经在该委员会做过一次演讲,抗议女性在运动中所处的从属地位,但与她共事的年轻男性对她的观点却冷嘲热讽(Carden 1974)。他们的看法清晰地体现在斯托克利·卡米克尔(Stokely Carmichael)所说的一句话中:"女性在学生非暴力协调委员会的唯一作用便是只干活别露脸。"这句话后来成为一句臭名昭著的歧视言论。苏珊·B.安东尼(Susan B. Anthony)本来是一位戒酒协会的职员,但她的努力却遭到男同事的傲慢对待,于是,她转向了女权主义。正如19世纪的这位女权主义者苏珊·B.安东尼一样,很多现代女性之所以转向了女权主义,也是因为她们在20世纪60年代的激进运动中遭遇到男人的反女权主义态度。

很多女性退出了这类激进运动,然后组建了她们自己的"女性解放"团体。她们的这种行为表明,仅从经济决定论的视角来看待女性运动是错误的。诚然,解决工作场所男女平等的问题是当务之急。但新女权主义的目标更为广泛,早已超越了男女雇佣机会均等和薪资一致的范畴。确切地说,她们的目标不光是女性解放,还包含男性解放,即把人类从诸多的社会局限中解放出来,因为这些局限阻碍了人类全部潜能的发展。如果女性主义运动的目标得到完全实现的话,那么我们就会目睹一场重大的社会变革。

既然性别是社会身份和社会生活得以建构和组织起来的一个基本组成部分,那么要完全消除性别偏见的确是很难做到的。不论是家长、教师、儿童书籍的作者,还是玩具制造商和大众传媒的写手,人们对于小孩的期待总是男女有别。例如,鼓励男孩要果断,女孩要顺从,并为男孩和女孩设计两套完全不同的生活目标。这些男女有别的社会期望弥漫在社会的各个角落,已然成为人们"日常生活目标"的一部分。换句话来说,人们已经把这些看作是理所当然的了。

因为语言的表达是社会化的根本媒介,所以我们有理由相信,语言也可以用来创造和强化有关男女性别的固定模式。语言中使用所谓的泛男性中心论(androcentric generics)便是很好的一例。泛男性中心论指的是用男性形式的词汇来代指男性和女性。亚历山大·薄柏②写于18世纪的《人论》(*Essay on Man*),给我们提供了一些恰如其分的例子。参考下文:

> 认识自己! 不要擅自揣测上帝,
> 人类应该研究的恰恰是人本身……
> 无论情欲! 知识! 声望,还是钱财,
> 无人愿将己之所有与邻人互相交换。
> 学者之乐,在于探索自然,
> 愚者之乐,在于知识贫乏;
> 富人之乐,在于所获丰足,
> 穷人之乐,在于有天照应。
> 你看,盲丐跳舞,跛足之人高歌,
> 醉汉妄称英雄,而疯子自封国王;
> 腹中饥馑的化学家面对他眼前的金属,
> 感到无上喜悦,一如找到灵感的诗人……
> 才子是一地鸡毛,
> 一个诚实的人是上帝创造的最佳作品。

我们在朗读这首诗的时候,而脑海里难道不会出现男性的形象吗? 难道我们不会把诗里面的化学家和诗人(还有醉汉、盲丐和跛足之人)想象为男性吗? 难道我们不会把诗中那个"诚实的人"(the honest man)也看成为男性吗? 这正是女权主义者所要争辩的。

但是这一切又何碍之有呢? 一些女权主义者指出,这些形象加强了男性是标准的、正常的和无标记的,而女性则是例外的、不正常的和有标记的。女权主义者认为这种在术语上把一半的人类排除在外的做法,不仅损害到了那些被排除者的信心,也使她们的职业期望受到影响。根据这个观点,一些诸如"主席"(chairman)、"气象预报员"(weatherman)和"制图师"

---

② 亚历山大·薄柏(Alexander Pope,1688—1744),18世纪英国最伟大的诗人。薄柏也是第一位受到欧洲大陆关注的英国诗人,他的著作被翻译成欧洲许多国家的文字。他是启蒙运动时期古典主义的代表,作品可分为田园诗、讽刺诗和哲理诗及翻译作品四大类。

(draftsman)之类的用语暗示了这些职业天生就是为男性所准备的。

人们碰到那些男性中心词时,总是倾向于把它想象成男性,而不是男女两性。另一方面,男性中心词的使用助长了人类的性别歧视。其实,这两方面不存在必然的联系。如果这些男性中心词从未出现过,性别歧视现象是否会变得少一些呢?这些男性中心词只是简单地反映,而并没有强化,生活中业已存在的性别歧视现象,难道不是这样的吗?尽管如此,避免语言中的性别偏见还是成了女权主义运动的奋斗目标。

在语言上反对性别偏见的女权主义运动,至少有三种可能的动机。第一,有些女权主义者认为,减少语言上的性别偏见有可能减少性别歧视。如果有人把强式沃尔夫假说[23](Whorfian hypothesis)——语言结构影响其使用者的行为,奉为圭臬,他们就会通过改变语言结构来影响人类的社会行为。另一个更令人信服的动机是把这场运动看作是提高人们觉悟的一种手段。该运动可以引发人们对语言中带有偏见用法的关注,从而提醒说话者和听话者注意语言中的性别歧视现象。最后一个动机是,有些人无法忍受语言中的性别歧视,正如有些人无法忍受语言中的种族歧视和民族歧视一样。

但如果这些用法让人难以接受的话,那也是有时空限制的。不信的话可以看看如下从《女性的奥秘》(299页)中节选的一段:

> 研究人类行为的科学家,对人类成长的基本需求越来越感兴趣,男人要实现各种愿望的意志是与生俱来的……各种相关的表达,诸如"权力欲望"、"自作主张"、"统御"或"独立",在通常情况下并不意味着挑衅或者竞争;这只是个体为了体现自己的权利而表明自己的存在和潜能;这是"成为个体必须拥有的勇气"。但其前提是,男人只有实现了自己的愿望并成为自己想要成为的人的时候,他们才会快乐和健康,认同自己,并没有内疚感。

---

[23] 全称萨丕尔-沃尔夫假说(Sapir-Whorf hypothesis)即语言相对论(Linguistic relativity),是一个关于人类语言的假说,由语言学家兼人类学家萨丕尔(Edward Sapir)及其学生本杰明·沃尔夫(Benjamin Whorf)所提出,是一门心理学及语言学的假说。该学说认为,人类的思考模式受到其所使用语言的影响,因而对同一事物可能会有不同的看法。

在以上这段女权主义者所发表的言论中,作者提到了独立的价值、个体主义及个体潜能的实现,但我要强调的是这段话里到处都充满了男性中心词。因此,女权主义者应该学会如何来反对男性中心词的用法。不过,她们的确是有所准备的。正如20世纪60年代,激进的黑人设法用"Black"(黑人)代替"Negro"(黑鬼)一样,激进的女权主义者也同样设法用中性的词语来代替男性中心词。

女权主义者除了打断演讲者,并建议他们使用中性词外,她们还可以做些什么来减少性别歧视的用法呢? 她们写出语言使用指导手册,向我们展示如何预防使用那些男性中心词。例如,她们要我们使用"医生和他们的配偶",而不是"医生和他们的妻子";把mankind(人类)、manpower(人力)、to man(对……人)和chairman(主席)分别换为humanity、personnel、to staff和chairperson;为了防止使用性别有定的he(他),可以将其复数化,即变成了they或者是干脆重复使用指代对象,避免使用代词。此外,她们还向各种专业团体施加压力,要求他们在各自领域的出版指南里,使用不含性别歧视的语言。例如,美国心理学会(APA)主办的各种期刊就不再考虑录用违背了该学会制定的语言性别歧视指南的稿件。

女权主义者的这些努力取得了多大成功呢? 根据我在1980年所做的一项相关研究(Cooper 1984),[4] 女权主义者在书面语的用法方面取得了很大的成功。该研究得到了美国新墨西哥大学语言学院的帮助。我们分析了一个由52.5万词汇组成的语料库,这些词汇来源于美国出版物的连续文本样本,包括从1971到1979年单数年份所出版的一些日报和发行量较大的杂志。这个语料库显示,男性中心词的使用比例发生了戏剧性的下降,从1971年每5000个单词出现12.3个男性中心词,减少到1979年的仅为4.3个,在这期间每年所出现的男性中心词数量都呈逐年下降的趋势。

调查还发现,单个的男性中心词,如man以及含有man的复合词,he以及它的各种屈折形式,在这些年的出现率也在下降。其中下降率最大的是单词man,1979年的使用比例只有1971年的16%,而下降率最小的是含有man的复合词,1979年的使用比例为1971年的55%。

为什么 man 的复合词使用的比例下降会最小呢？这可以做如下解释：可能的原因是 man 可以演变成数百个复合词，而它们很难都找到相应的替代词。例如，fireman（消防员）、fisherman（渔夫）、mailman（邮差）、mankind（人类），newsman（记者）、spokesman（发言人）、weatherman（气象播报员）和 workmanlike（技术精湛的）可以分别被 fire fighter（消防员）、fisher（渔夫）、letter carrier（邮递员）、humankind（人类）、reporter（记者）、spokesperson（发言人）、weather forecaster（气象播报员）和 skillful（熟练的）所代替。就像词汇语音的变化是通过一个一个词素的扩散逐渐实现的一样（Chen and Wang 1975），也许含有 man 的复合词使用率的减少也是通过一个一个替代词的扩散来实现的，此时这些替代词就作为规范词被人们所接受。

关于 man 的复合词下降幅度最小的另一个解释是：相比使用 man 和 he 平等地代指男女的用法和使用 man 和 he 的替代形式来代指男女的用法，前者有时显得更加协调，因为有些职业和岗位的确是由男性所主导的，我们所观察到的许多案例就属于这种现象。

当然，我们的语料仅局限于书面语，而不包含口头语。所以，我们无法证明这种改变也同样发生在口语中。本研究的另一个局限是有关语料库的代表性。当这类繁多并且大范围传播的出版物作为调查对象时，没人敢讲所选样本可以代表所有的报纸和杂志。所以，我们也无法声称，假如我们调查所有已出版的大众传媒中的任何代表性样本，我们仍可以获得同样的结论。但是，由于我们的研究样本在数量上足够大，在种类上足够多，所以，我们可以充满信心地说，女权主义运动对大众出版物的语言书面用法产生了显著的影响。

当很多女权主义者都把精力投入到反对语言性别歧视的时候，语言规划运动就首次成了女性解放斗争的一部分。这场语言战争有多成功呢？从劳动力的统计数字我们也许有所了解，但这些数据并不十分可靠（参见，Fuchs 1986；Mellor and Stamas 1982；Norwood 1985；Reskin 1984；Rytina 1982a,1982b；U. S. Bureau of the Census 1982：386）。一个不争的事实是，自从《女性的神秘》出版后，相比于同时代男性，美国女性在劳动力市场的地位的确获得了提高。男女之间工资差异缩小了,而女性在高收入职业所占的比例也在增加。但这些改变还不算大。要想有更大的社会变革,也许一代人还不够。

我们是否可以说美国所取得的成就都归功于这场反语言性别歧视运动呢? 或者说,如果没有发动反语言性别歧视这场运动,美国社会能取得同样的成就吗? 我们知道语言运动不同于妇女解放运动中的其他活动,但我们很难知道什么样的标准能够衡量出语言运动对人类行为的影响。妇女运动表明,社会运动会带来语言变化,但语言变化不一定会影响到非语言行为。在任何情况下都可得到证实的是,要改变语言的书面形式比要改变社会对女人的实践和观点更容易。换句话说,要写 chairperson(主席)这个单词容易,但要支付给"女主席(chairwoman)"和"男主席(chairman)"同等的酬金则难。[5] 如果我们能够坚持认为,语言书面形式的改变将有助于社会舆论风气的改变,并为人类的行为改变施加压力,这也就足够令人感到欣慰了。然而,在缺乏令人信服的证据状态下,上述观点与殷切的希望也无太大的差别。

一场大众识字运动[6]

海尔·塞拉西被废黜,标志着埃塞俄比亚临时军事管理委员会,通常简称为"豆格"(Derg)或临时军管会,正式掌控了权力。豆格在阿姆哈拉语(Amharic)中是"委员会"的意思。阿姆哈拉语是海尔·塞拉西统治时曾经使用和推广过的语言,而且也将是他的继任者要使用和推广的语言。但是,在革命发生的最初一段日子里,人们也许会认为前皇帝制定的阿姆哈拉语化(Amharicization)语言政策会像本国的许多其他事情一样,即随着前皇帝的倒台而被推翻。新政府成立不久便掀起了一场农村发展运动,其中包括农民识字活动,因为那时的农民几乎都是文盲。于是,数月内,五万余名学生被派往农村支教。前帝国政府规定埃塞俄比亚只能通过阿姆哈拉语来进行教学,但在新政府时期,识字工作者除了使用阿姆哈拉语外,也可使用当地较大的语言。农民要做的是学会阅读和书写他们自己所讲的语言。这项政策发生逆转的前因后果是什么呢？

首先来谈一谈前因。在埃塞俄比亚革命发生之时，该国人口大约在2600万至3000万之间。跟非洲撒哈拉沙漠以南的大多数国家一样，埃塞俄比亚也是一个语言极其多样化的国家。这里使用着70至80种不同的原住民语言，其中较大的语言包括阿姆哈拉语、奥罗莫语[24]（Oromo）和提格利尼亚语[25]（Tigrinya）。如同非洲其他国家一样，导致埃塞俄比亚语言多样性的原因之一是帝国的征服，进而把许多使用不同语言的族裔社群集中在单一的政体管制中。但是，与非洲其他国家不同的是，埃塞俄比亚的征服者不是欧洲人，而是非洲人。

创立现代帝国的埃塞俄比亚人都是些阿克苏姆帝国（Aksumite Empire）的后裔，大约在公元4世纪该帝国达到了其发展的顶峰，此时帝国的统治者也引进了基督教。帝国坐落于北埃塞俄比亚高地，阿克苏姆人从事包括橡胶、象牙、香料、调味料和奴隶在内的广泛的贸易活动，其市场则包括亚历山大、苏伊士、开罗、亚丁、吉达、大马士革和巴格达（Abir 1980）。在其黄金时期，阿克苏姆人疆土的拓展从南阿拉伯，横跨红海，直到尼罗河上游。帝国的语言是一种属于闪米特语族的吉兹语（Giiz），今天该语言已经不再作为日常口语使用了，目前仅作为一种祈祷语和埃塞俄比亚东正教的典籍用语以及写诗作词时用的一种语言。吉兹语与现代埃塞俄比亚-闪米特语族（Ethio-Semitic）有关联，尤其是与其中的阿姆哈拉语和提格利尼亚语关系密切，这两门语言分别是阿姆哈拉人和提格雷人（Tigré/Tigray）的母语。提格利尼亚语不同于提格雷语（Tigre），后者是厄立特里亚北部的穆斯林所讲的一种埃塞俄比亚-闪米特语。

---

[24] 奥罗莫语（旧称盖拉语 Galla）为一种库希特语（Cushitic），属于亚非语系库希特语族，为非洲东北部国家埃塞俄比亚中西部的通行语言。奥罗莫语也在埃塞俄比亚的北部使用并及于索马里、苏丹、肯尼亚和埃及等地区。

[25] 提格利尼亚语，是一种闪语族的语言，主要是位于厄立特里亚中部的提格里-提格利尼亚族（Tigray-Tigrinya people，一般被称为"提格利尼亚人""Tigrinya people"）使用，亦是厄立特里亚两种主流语言之一。提格利尼亚语是埃塞俄比亚的提格里州的官方语言。

到了13世纪,尽管埃塞俄比亚帝国的控制力不时地还会向北扩展,直至最北部的提格雷省——主要是影响该省及厄立特里亚的基督教民众,这些人都讲提格利尼亚语,但是,帝国的权力中心已经开始向南转移,直至阿姆哈拉,即埃塞俄比亚高原的地理中心。尽管阿姆哈拉人和提格雷人在文化上相近,又大多都是东正教信徒(虽然双方也都有一些穆斯林),但他们彼此却互相敌视。甚至尽管他们曾经立场一致——都认为自己的部落高于埃塞俄比亚其他的语言民族部落,但到了19世纪晚期,上述大多被瞧不起的族裔语言社群都被并入了由阿姆哈拉人统治的帝国的范围。当时的国王是米尼利克二世(Emperor Minilik II),他出生在高原最南端的一个阿姆哈拉人家庭,他的统治帝国不断向南和向东延伸,使得帝国的版图较之前扩大了一倍。

在这些被征服者中,最大的部落社群是奥罗莫人。在这些奥罗莫人当中,有穆斯林、基督徒以及当地传统宗教的守卫者。他们有些是半游牧的牧民,还有的则是居有定所的农民。虽然他们被划分成很多的宗派,但他们却因为讲同一种语言而得以整合,其方言之间也能互相沟通。由于当地从未进行过人口普查,也因为民族间界限并不明确,所以无法获知确定的人口数量。但是奥罗莫人一向被许多权威人士认定是埃塞俄比亚最大的语言社群,其人数大约占全国总人口的40%。但也有一些权威学者认为奥罗莫人的数量与阿姆哈拉人的旗鼓相当,各占全国总人口的三分之一。许多奥罗莫人由于改信埃塞俄比亚东正教而不得不改名换姓,并把阿姆哈拉语作为他们的主要语言,于是,这些人就阿姆哈拉化了。有些奥罗莫人大家族已经无法与阿姆哈拉贵族阶层区分开来,因为他们互相通婚已经有好几个世代了。例如,皇帝海尔·塞拉西的皇后便是一个奥罗莫公主,而皇帝本人的祖先则是奥罗莫人。

革命之前,阿姆哈拉人、提格雷人和奥罗莫人曾在国家层面一起合作,但他们各自所占的地位并不一致。军队和政府中几乎全部的高层职位都被阿姆哈拉人和提格雷人所占据。从占总人口比重的角度来看,奥罗莫人只拥有相对较少的高级职位。从全国范围来说,穆斯林的数量与基督徒一直大体相同，但穆斯林所拥有的高职位则更少。同样的不相称现象也出现在学校的入学率上，学校最多的名额分配给了阿姆哈拉人和提格雷人，而奥罗莫人和穆斯林只拥有较少的名额。虽然埃塞俄比亚也有数以百万计的贫穷的阿姆哈拉农民和提格雷农民，但绝大多数的政界和金融界精英不是阿姆哈拉人，就是提格雷人。

即便在农民当中，奥罗莫人享有的权利也要比阿姆哈拉人和提格雷人的少。很多阿姆哈拉人和提格雷人可以以集体的形式承包土地，他们可以通过以下两种方式获得土地的使用权：一是根据继承权，二是凭借自身的劳动技能来游说别人，进而获得土地的使用权。相反，奥罗莫人则经常被迫让出土地，以便作为服兵役的奖励赠给阿姆哈拉的退役军人，或者是作为政府笼络人心的一种手段赐给在外工作的阿姆哈拉达官显贵。于是，许多曾经拥有自己土地的奥罗莫人最终却成了这些土地上的佃农。对于奥罗莫人来说，阶级冲突的同时还伴随着民族冲突，因为他们的地主往往是阿姆哈拉人。相比之下，阿姆哈拉人和提格雷人往往居住在民族同质化程度较高的地区，所以，向这两个民族的农民收税的地主都是同一民族的人。

在这样一种情况下，奥罗莫人心怀怨恨便不难理解了。他们臣服于一个贪腐和毫无效率的政府，结果是中央政府控制一切，而奥罗莫人所获得的利益，如教育和医疗，却少得可怜。在革命爆发之时，埃塞俄比亚已经沦为非洲最穷的国家之一，而非洲又是地球上人类所居住的最贫穷的陆地。如果说阿姆哈拉和提格雷的群众收入甚少的话，那么大多奥罗莫人的收入就微乎其微了。

革命发生的直接原因，一方面是由于油价和食物价格的上涨，另一方面则是由于世界范围内的经济萧条，由此导致少数城市中产阶级和低级军官对经济现状的不满。几乎毫无疑问的是，导致革命爆发的根本原因，则是全国民族间权力和收入分配的极度不公平。在海尔·塞拉西统治期间，这种不公平现象随着独特的阿姆哈拉语推广活动的开展而进一步恶化。

阿姆哈拉语是埃塞俄比亚的官方语言。它是全国所有小学低年级的唯一教学媒介语，即便在厄立特里亚地区也是如此，而其在 1962 年被并入前，是以提格利尼亚语和阿拉伯语作为教学媒介语的。有些地方,小学一年级的报名人数超过了学校所能提供的名额,于是,校长就会通过抬高门槛——要求入学的孩童具备阿姆哈拉语的读写能力,来缓解供不应求的压力。学前儿童要在入学前掌握这些语言技能,他们通常只能去传统的教会学校学习,可穆斯林家长又往往不愿意送自己的小孩去那学习。总之,一入学就用阿姆哈拉语进行教学的要求,使得大多数非阿姆哈拉人子弟想要获得现代教育的梦想变得难上加难。

基督教传教士成为了阿姆哈拉语推广的代言人。他们只能在非基督教区域创办学校,并被要求用阿姆哈拉语教学。既然大部分的阿姆哈拉人都是基督徒,传教士们只好在阿姆哈拉地区之外的地方从事教学,于是,他们就成了阿姆哈拉语的传播者。可以用于报刊书籍出版的原住民语言仅有阿姆哈拉语和提格利尼亚语。使用其他的埃塞俄比亚语言出版是禁止的。传教士若想要用奥罗莫语传播《圣经》,他们就只有把奥罗莫语版的《圣经》偷偷地从国外运进来。用其他语言播报的无线电广播只是象征性的,大部分的无线电广播都是用阿姆哈拉语进行的。所有的法院都使用阿姆哈拉语,就算在非阿姆哈拉语地区,即便在法官和诉讼当事人的第一语言都不是阿姆哈拉语的情况下也不例外。

除了阿姆哈拉人自己为阿姆哈拉语推广政策所辩护的理由(如给那些母语尚无书写体系及未开化的人们带去文明)外,人们还可以为阿姆哈拉语推广政策找到很多其他的理由。就拿教育领域来说,现在就连官方语言阿姆哈拉语的教学资源都非常匮乏,更不用说帝国其他众多语言的教学资源,国家无力来培训这些语言的教师和开发这些语言的教材。而且,没有必要用一种没有书写体系的语言来开展识字实践也是实情。此外,推广一种共同语可以为国家增添语言的独特性、跨民族间的交流性和语言带来的凝聚力。的确,世上只有埃塞俄比亚使用阿姆哈拉语,而且,该语言所使用的吉兹语音节系统是原住民的,也是埃塞俄比亚独一无二的。此外,阿姆哈拉语还具有自己的文学传统。最后,阿姆哈拉语是13世纪以来埃塞俄比亚大多数统治者所使用的语言,因此,它象征了辉煌的帝国传统。但问题是,在许多乃至大多数的埃塞俄比亚百姓的心里这种帝国传统仿佛是天外来客。

革命之前,成人的识字运动只用阿姆哈拉语进行。尽管阿姆哈拉语作为第二语言在埃塞俄比亚帝国的各个城镇之间传播,但在这些城镇以及连接这些城镇之间的公路所辐射的区域里,能够使用阿姆哈拉语的人(包括一语和二语使用者)可能还不到全国人口的一半。所以,识字运动能够招揽到的成人数必然会非常有限。即使招揽已经会讲阿姆哈拉语的成人都非常少,可见,识字工作者面临着一个艰巨的任务。

跟前皇帝一样,临时军管会也认识到了语言在社会管理工作中的重要性。于是,临时军管会在接管权力后不久便宣布了实施多语的大众识字运动。临时军管会为什么要宣布大众识字运动?为什么又要推翻前帝国的语言政策呢?

这两个问题的回答是相联系的,它们之间关联的根源在于实施这场识字运动的主角——大学生和中学生。1960年的那场未遂政变标志着前皇帝的政权开始逐渐走向崩溃,之后,大学生开始成为批评帝国政权声音最响亮、意志最坚定的一支队伍。多数大学生最终都要为政府部门工作,也就是说,政府部门是大学毕业生的主要雇主,尽管如此,但他们依然批评政府,后来还成了自己追随者的谴责对象。虽然有许多阿姆哈拉族学生也反对政府(事实上,阿姆哈拉族学生是埃塞俄比亚学生队伍的主力),但其中最激进的学生领袖却是奥罗莫人和提格雷人。大学生有三个要求是不能退让的:土地改革、代议制政府和民族自决。这就意味着埃塞俄比亚的各民族(如厄立特里亚的提格雷人)都享有自治权。

显然,埃塞俄比亚的大学生已把语言当作是民族特性的一个标志。一直到20世纪60年代末,提格雷族大学生都拒绝讲阿姆哈拉语,因为他们把它看作是一种殖民语言。所以,这些大学在举办全校性的集会时都不得不使用英语,即大学的教学媒介语。

最终导致海尔·塞拉西皇帝倒台的国内骚乱始于1974年初,学生是其中最活跃和积极的示威者。但是他们自己不能组织起来,也不能与其他平民团体组建联盟来治理国家。唯一有能力这样做的组织只有军方。他们的代表主要是列兵、无军衔的文官和低级军官,这些人以海尔·塞拉西皇帝的名义行事,把他的主要支持者逐个地从他身边隔离开,直到他被彻底孤立和失去权柄,学生们并没有因为老皇帝被废黜而表示同情,他们只是惊愕地看着皇帝的权力转移到军队手中。临时军管会致力于巩固住自己的权力,学生则与其他平民团体一道,要求建立一个文官政府。

暑假过后,当学生返校开始新的一个学年时,他们谈论着,准备举行新一轮的游行示威,以便支持"人民民主"或文官政府的建立。临时军管会迅速做出反应。在同年的9月6日,也就是皇帝被废黜前的第九天,临时军管会关闭了该国唯一的一所大学,即海尔·塞拉西一世大学,后来改称为阿迪斯阿巴巴(Addis Ababa)大学。此外,军管会还宣布所有的大学生以及高二和高三的学生将中止学业,然后到农村进行为期两年的乡村发展工作:教农民读书写字,组织农民进行学校和道路的建设,把国内发生的革命告诉给农民。

事实上,学生早在当年4月就曾倡导过有关支持农村发展的运动,但现在他们却为此感到极为愤怒。他们当初的提议是出于革命的热情,是一件完全自愿的事件,可现在却变成了每个人的义务。此外,他们有理由认为,军管会之所以这样做是因为他们想把学生赶出国家的政治舞台。作为反抗,有些学生撕毁了参与运动的注册表。但当临时军管会宣布,拒绝参与该运动的学生不能继续他们的学业,无论是在埃塞俄比亚还是在国外,也不能受雇于任何单位。于是,学生停止了反对,并带着极大不乐意的心情参与了该运动。

多数观察家都认为,该运动的主要目的之一是给新政府一次喘息的机会,从而可免遭由学生高声反对所带来的烦恼,哪怕这种喘息只是临时性的也好。如同被取代的帝国政府一样,军管会建立的中央政府在其影响力方面也没能超过多少,主要还是在城市里,人口约占全国的10%。尽管如此,但城里发生示威游行和罢工足以严重地威胁到政府的生存。事实上,正是城里人的骚乱助推了前皇帝的倒台。因此,新政府号召学生下乡是权宜之计。

临时军管会重视成人识字运动,并鼓励人们用阿姆哈拉语之外的语言来进行识字运动,其动机很是令人捉摸不透。临时军管会为了行事隐蔽,有些成员的名字并不对外公布。此外,临时军管会的成员名单常常变更,因为有些成员会被他们所属的部队召回,有些则会被竞争对手调离或处决。但人们提出了如下一些建议:

首先,如果识字率可以得到提高的话,那么政府就可以更好地对百姓施加影响。拉维·斯特劳斯(Lévi-Strauss 1969)指出,开展识字运动的首要功能是奴役大众。他说这句话的时候也许不是那么认真,但它还是有一定道理的。无论如何,取消识字运动中"唯阿姆哈拉语"的限制,这可使识字运动让更多的人受益。但他们忽视了一个事实:只有阿姆哈拉语和提格利尼亚语才有阅读材料,而其他语言连书写体系都没有。这种情况严重阻碍了大众识字运动的发展。因为识字运动中的新生需要接触到有用的、有关日常生活内容的书面材料,否则他们就容易回到文盲状态。他们需要阅读材料,而且,这些阅读材料必须是他们所需要的。但是,当宣布该运动的时候,临时军管会自己都在风雨中飘摇,他们没有时间做深度的分析和细心的准备。

其次,对于临时军事管理委员所发动的大众识字运动以及利用农村的主要语言来开展群众识字的行为,人们有一个较好的解释:那是为了迎合那些长期支持民族分裂的激进学生的胃口。使用阿姆哈拉语之外的语言教导识字是支持民族自决的一种姿态,但这只是一种不需要随之授予真正权力的姿态。事实上,临时军管会并不愿意授予各民族真正的民族自决权,后来发生的事情也证明了这一点:就在临时军管会接管政权后不久,就开始强力镇压想要寻求政治独立的厄立特里亚人的叛乱,之后还极力打击各种想要脱离埃塞俄比亚的民族运动。实际上,临时军管会的首任主席阿芒·安多姆(Amon Andom)中将作为一个厄立特里亚人,他寻求的是与厄立特里亚的和解,而不是对抗。但他却因为抗拒临时军管会继续执行帝国政策的行为而于1974年被该委员会的同仁所整肃和杀害。临时军管会的人发誓说:[27]"不胜利,毋宁死!"

然而,临时军管会的许多成员还是赞同顾及民族事物的敏感性,他们认为摆出一点尊重的姿态是有可能的,所以使用阿姆哈拉语之外的语言教导识字的想法便迎合了他们的要求。观察家对临时军管会中奥罗莫人所拥有的影响力表示质疑。有人认为奥罗莫人主导了临时军管会;另一些人则声称,临时军管会的关键人物门格斯图·海尔·马里亚姆(Mengistu Haile Mariam)少校(后来成了中校)的母亲是奥罗莫人。但门格斯图的出身是有争议的,虽然大致上可以确认,从他妈妈那边来看,他至少不是阿姆哈拉人。也有人认为奥罗莫人并没有主导临时军管会,尽管他们所拥有的权力远大于其在前帝国中央政府里的权力。不管奥罗莫人的真实影响力如何,他们的确是这场革命的主要受益者,而阿姆哈拉族和提格雷族的精英却成了临时军管会所推行的土地改革的主要输家。

临时军管会于1975年3月4日,即第一批学生被送往农村后的几个月,宣布了土改计划。该计划把学生,至少是激进学生,从心怀不满的参与者变成了满腔热情的推广者,并完全改变了运动的方向。农民获准在目前耕种的土地上继续劳作,但以10公顷(相当于25英亩)为限。但他们不可有佃户,也不许雇用帮手。后来,政府取消了农民繁重的地租,农民的收入便增加了。由于奥罗莫人在佃户中所占的百分比远大于阿姆哈拉人和提格雷人,这使奥罗莫人在这次运动中获得了更大的好处。一个必然的结果是,随着阿姆哈拉和提格雷大地主经济基础的改变,他们所拥有的权力也一并遭到摧毁。临时军管会宣布的土改计划成了废除封建土地租赁体系的第一步,这也是几代学生的基本要求。

在1974年12月21日开始的识字运动与1975年3月4日开始的土改计划之间,学生实际上啥也没做。由于识字运动于1974年9月才宣布,所以人们当时并没有多少时间去组织活动,更不用说去准备教材了。现在,学生开始负责组建乡民识字协会,并全身心地投入该工作。主要是由于这些学生付出的努力,全国数以千计的协会注册成立。1976年夏末,国家土改部宣布全国已有大约1.8万个协会,会员总数达到450万人。

虽然学生一开始对土改充满激情,但不久以后,大多数学生对新政权都不再抱有幻想了,他们还经常煽动农民反对政府。学生想要建立公社,以便让农民能够在中央政府中发出民主的声音。学生凭借一股热情在农村引发了纠纷和动荡：他们故意挑起农民和地主间的争斗，有时还激化农民和当地警察间的冲突。鉴于此，政府开始从农村撤回学生。一些政治上的幻想遭破灭的学生则逃往了肯尼亚和苏丹。还一些人则由于农村营地艰苦的生活条件而选择离开。到1976年初，识字运动开展不到一年时间，曾被送往农村的学生数量从5万余名锐减到1.8万名。不管怎样，如果没有这些学生的帮助，乡民识字协会就不可能那么快得以建立起来，农民也不会变得如此激进。

毫无疑问，在这场革命热情当中，识字运动受到了冷遇。尽管新政府对国家的民族和宗教平等依然满口答应；尽管新政府做了一些表面的改进工作，如承认穆斯林的假日，增加每日奥罗莫语的广播时间，允许用奥罗莫语出版等；尽管教育部只是简单地思考了小学阶段使用当地语言作为教学媒介语的可能性，但是，皇帝的阿姆哈拉语化政策实质上仍然在继续推行着。虽然国家统治者们的鼓动话语有所改变，但全国性的问题依然如故，甚至恶化了。通常只发生在政权转移之后的分离主义倾向在今天的埃塞俄比亚依然存在。新的统治者不仅要面对发生在厄立特里亚的提格雷人和欧加登（Ogaden）的索马里人分离叛乱的老问题，他们很快还要面对由提格雷省的提格雷人和达纳基勒省（Danakil）的阿发尔人（Afars）所发起的新的叛乱，以及巴塞尔省（Bâle）奥罗莫人的再度叛乱。尽管曾经的一些地主为了抗议新政府而利用民族关系来鼓动人们发动新的叛乱，但政府对少数族裔语言更大的容忍度可能促进了民族自我意识的觉醒。

新政府最终坚持阿姆哈拉语化的政策，这与其以下主张是一致的：否定民族自决，中央政府控制前人形成的多语帝国。虽然埃塞俄比亚全国发生了一些重大变革，尤其是土改和农民的激进行为，除此之外，整个国家大体上还是维持了原样。如果海尔·塞拉西能够看到埃塞俄比亚眼下的境况，即使他发出揶揄的嘲笑，人们也可能原谅他。

第二章　语言规划的十三个定义[26]

如果法兰西学术院的建立、巴勒斯坦希伯来语的复兴、美国女权主义者所发起的反对语言中性别歧视用法的运动以及埃塞俄比亚的大众识字运动证明了语言规划的存在，那么语言规划的目的是多种多样的，语言规划的手段是五花八门的。上述案例，乃至语言规划中所有的实例，它们有什么共同的特点呢？至今，尚无一个得到普遍认可的有关语言规划的定义。事实上，甚至在使用什么术语来表达这种活动的问题上都还存在分歧。

语言规划（Language planning）并不是该领域文献中出现的第一个术语。也许第一个出现在文献中的术语是"语言工程"（language engineering）（Miller 1950）。该词的使用远比"语言政治"（glottopolitics）（Hall 1951）、"语言发展"（language development）（Noss 1967）或者"语言管制"（language regulation）（Gorman 1973）的使用要频繁得多。"语言政策"（Language policy）有时候以"语言规划"同义词的面目出现，但更常用来指语言规划的目标。

颜诺和诺伊斯图普尼（Jernudd and Neustupny 1986）提出了"语言管理"（language management）这个术语，但现在去断定它是否会流行还为时太早。在当今所有的术语中，"语言规划"一词是最受欢迎的。用它来命名的通讯和学术期刊分别有《语言规划通讯》（Language Planning Newsletter）和《语言

---

[26] "a baker's dozen"意思是13个。这是一个典故。一般的说法是，英国人是以面包为主食的，但那时有的面包师在制作面包时偷工减料，克扣分量。不法奸商的这种做法弄得民怨沸腾，最后官方不得不专门为面包师们制订了制作面包时投料的标准，凡达不到标准的就要受到处罚。为了避免被罚，面包师们就在出售面包时每打多给一个，即13个为一打。这样，也就逐渐形成了"baker's dozen"这一短语。

问题与语言规划》(*Language Problems and Language Planning*)。此外,至少还有 5 本论文集(鲁宾与颜诺 1971a;Rubin and Shuy 1973;费什曼 1974a;鲁宾,颜诺,达斯-顾普塔,费什曼与弗格森 1977;Cobarrubias and Fishman 1983)和一本主要参考文献(鲁宾与颜诺 1977)。

豪根(Huagen 1965:188)认为是乌列·威因里希(Uriel Weinreich)于 1957 年在哥伦比亚大学的一次讲座上首次使用"语言规划"这个术语,不过正是豪根自己(1959)把这一术语引入学术界。在那篇论文中,他给语言规划的定义是"为语言非同质性言语社区的作家及语言使用者提供语言使用方面的指导而采取的有关文字、语法和字典规范的准备活动"(8)。之后,他把这些活动看作是语言规划的结果,也就是说,这些活动只是实施语言规划者所决定的一部分,而不是语言规划的全部(豪根 1966:52)。

在豪根于 1959 年发表论文后,学界陆陆续续出现了如下 12 个关于语言规划的定义:

1) "就像我以前所给出的定义那样,语言规划包括了语言学院及语言委员会所做的语言规范性工作,即我们通常所说的语言"培育"(该词的德语表达是 Sprachpflege,丹麦语是 sprogrøgt,瑞典语是 språkvård)的各种形式,以及有关语言改革和语言标准化的各种议案"(豪根 1969:701)。

2) "当某人试图把综合的语言知识用于改变某些社群的语言行为时,语言规划就算出现了"(索邦 1971:254)。

3) "语言规划是有意识的语言改变,也就是,语码系统、言语系统或两者系统的改变。这些语言改变是由专门的组织机构来规划的。可见,语言规划是围绕问题解决来进行的,其特点是提出和评出最佳、或最合理、或最有效的解决方案"(鲁宾与颜诺 1971b:xvi)。

4) "语言规划并非是一种脱离实际的、唯语言的活动,而是一种为解决社会中的语言问题而进行的政治和行政活动"(颜诺与达斯-顾普塔 1971:211)。

5) "语言规划就是通过各种协调措施来选择、编纂和细化(有时)语言的正字法、语法、词汇或者语义特征,然后就是传播已获认可的语言本体"

（戈尔曼 1973:73）。

6）"语言规划指的是一系列有意识的活动,这些活动是经过系统设计的,旨在按规定的时间组织和开发社区的语言资源"（达斯-顾普塔 1973:157）。

7）"语言规划是有组织地寻求解决语言问题方案的过程,尤其是国家层面的过程"（费什曼 1974b:79）。

8）"语言规划是一种管理和改进现有语言,或者是创建新的地区性、国家性与国际性语言的有序活动"（陶利 1974:56）。

9）"语言规划就是解决语言问题的活动,该活动通常是全国性的,活动的焦点是关注语言形式、或语言使用、或两者兼有"（卡拉姆 1974:105）。

10）"语言规划是一种政府授权的、持续时间较长的有意识的行为,旨在改变语言本身或改变语言的社会功能,以便解决交际问题"（韦恩斯坦 1980:55）。

11）语言规划指的是针对语言问题所进行的系统的、基于理论的、理性的及组织化的社会关注（Neustupný 1983:2）。

12）"语言政策的制定就是做出有关语言教学与语言使用的决定,这些决定由授权者或授权机构精心完成,目的是为了指导人们的语言使用"（Prator 转引 Markee 1986:8）。

在此,我们可以根据以下疑问句中的每个疑问词来讨论上述有关语言规划的定义:谁规划？规划什么？为谁规划？如何规划（Who plans what for whom and how?）？

由谁规划？

有些定义（即上述定义 3,4,10 和 12）把语言规划限制在由政府、政府授权机构和其他权威组织（如具有语言管理公信力的机构）所承担的活动范围之内。可见,这些定义排除了那些最初或多或少自发于草根层面的活动,例如,反对语言性别歧视的活动起源于民间,后来才被政府机构所重视。此外,上述定义也排除了一些个人所做出的语言规划努力,例如巴勒斯坦的本-耶胡达[27](Fellman 1974),英格兰的塞缪尔·约翰逊[28](Bate 1975; Sledd and Kolb 1955),以及豪根[29](豪根 1966)所例举的一些人物:挪威的奥森[30](Aasen)、希腊的科拉伊斯[31](Korais)、斯洛伐克的斯图[32](Štur)、普罗旺斯的米斯特拉尔[33](Mistral)、波希米亚的多布罗夫斯基[34](Dobrovský)、爱沙尼亚的奥维克[35](Aavik)和立陶宛的贾布隆斯基[36](Jablonskis)等。如此看来,把语言规划限制在权威机构的工作范围之内,太有局限性了。

规划什么?

语言规划者究竟关注什么?索邦(Thorburn)的定义(即上述定义2)认为关注的是"语言行为",这非常宽泛。其他的定义则较为具体,当然,它们提及或暗示了一个或两个由克洛斯(1969)所区分出来的语言规划焦点,亦即本体规划(corpus planning)和地位规划(status planning)。

---

[27] 参见第一章注释[15]。
[28] 参见第一章注释[9]。
[29] 豪根(Einar Haugen,1906—1994),挪威裔美国语言学家,曾先后担任威斯康星大学麦迪逊分校教授与哈佛大学教授。他还当过美国语言学会和美国方言学会等学术机构的主席。
[30] 奥森(Ivar Aasen,1813—1896),挪威语言学家,方言学家。曾构拟"乡村语"(今名新挪威语),成为挪威官方语言之一。
[31] 科拉伊斯(Adamantios Korais,1748—1833),希腊文学家、语言学家。他为希腊语的纯净化曾做出巨大贡献,最终推动了第一部现代希腊语词典"Atakta"的出版。
[32] 斯图(Ľudovít Štúr,1815—1856),斯洛伐克语言学家、出版家和政客。他是斯洛伐克语从方言走向标准化的功臣,并最终使该语言成功地书面语化。
[33] 米斯特拉尔(Frédéric Mistral,1830—1914),法国诗人,曾推动19世纪奥克语(普罗旺斯语)文学复兴。米斯特拉尔在搜集整理大量当地的民间传说、神话故事、风土人情、语言历史等资料的基础上,皓首穷经,花费八年时间编纂了《新普罗旺斯字典》。
[34] 多布罗夫斯基(Josef Dobrovský,1753—1829),捷克波希米亚语言学家和考古学者。他曾受天主教教育,1773年耶稣会解散后献身于学术,研究古斯拉夫语手稿。
[35] 奥维克(Johannes Aavik,1880—1973),爱沙尼亚语言学者。早在1910年代,他便着手进行爱沙尼亚语词汇和语法的现代化工作,并于1919年出版词典。
[36] 贾布隆斯基(Jonas Jablonskis,1860—1930),立陶宛语言学家,是立陶宛语现代化的奠基者之一。

本体规划

　　本体规划指的是,诸如创造新术语,改革拼写和采纳新文字的活动。简单说来,它指的是创造新的形式,修改旧的形式,或者从口头和书面语码中选出可供替换的形式。豪根的定义(即上述定义1)中提到的语言培育、改革和标准化,以及戈尔曼(即上述定义5)所详细说明的选择、编码和语言特征的阐述都代表了本体规划的实例。第一章所举的定义示例,即法兰西学术院的建立和女权主义者所发起的反对语言中性别歧视用法的运动,同样都反映了语言的本体规划内容。

地位规划

　　克洛斯对少数族裔语言权及语言地位规划的研究观点一致,他认为地位规划就是国家政府对本国各种语言的重要性或者地位的认可。然而,这个术语的用途从此也得到扩大,即用来指本国各语言及其变体的特定功能,如教学媒介语、官方语言和大众传媒语等。戈尔曼(1973:73)把语言的功能划分定义为"权威机构对特定情境下语言使用范围或语言功能范围的维持、扩大或限制所做出的决定。"因此,巴勒斯坦把希伯来语的地位提升到教学语言的高度,埃塞俄比亚在大众识字运动中决定使用包括阿姆哈拉语在内的多种语言作为识字初期的媒介语,这两个都属于语言功能划分的例子,同时,很多人也把它们看作为语言地位规划的案例。

　　然而,鲁宾(鲁宾 1983:340)指出,尽管给不同的语言或语言变体进行功能划分牵涉到相关语言或语言变体的重要性,但"把所有有关语言功能划分的案例都归属于'地位规划'的做法具有误导性,也是简单粗暴的。相反,语言的地位规划应该隶属于语言的功能划分。"如果地位规划是指它本来的含义——语言的重要性,那么鲁宾说的是对的。但是,克洛斯将语言地位规划的内涵扩展到语言使用功能划分的做法,现在似乎已经完全被人们所接受。比如,弗格森(1983:35)在谈到语言规划的类型时写道:"你可以通过语言规划来改变言语社区中语言的功能或使用；你还可以通过语言规划来改变语言或语言变体的结构。当然，这些是语言规划者熟悉的分类，也是考巴鲁比亚斯和费什曼(Cobarrubias and Fishman 1983)书中所提及的分类，实质上，它们就是我们称作的'地位规划'和'本体规划'或者其他类似的名字。"

因此，在上述定义中，我们能发现：定义3提到"语码系统、言语系统或两者系统的改变"，定义10谈到"改变语言的社会功能"，定义9论述到"语言使用"，定义12涉及"使用语言"，定义6论及"组织和开发社区的语言资源"。所有这些都暗示或代指戈尔曼(Gorman 1973)和鲁宾(1983)所说的"语言功能的划分"，但我根据常见的用法而选择使用"地位规划"一词。

费什曼(1983：382)曾指出，本体规划与地位规划在理论上的区分要比实际上的更清楚。在上一章为探索语言规划定义而列举的四个案例中，有三个，即巴勒斯坦希伯来语的推广、埃塞俄比亚的大众识字运动和法兰西学术院的建立，都展示了语言本体规划和地位规划之间的相互依存性。使用希伯来语作为教学媒介语的决定，要求广泛扩充希伯来语词汇，以便为学校的现代科目提供各种术语。埃塞俄比亚决定把尚无书写体系的语言用作识字运动初始阶段的媒介语，这是一项有关地位规划的决定。此外，埃塞俄比亚还需决定使用什么样的文字来为无书写体系的语言建立书写系统，采用何种拼写规则，选用何种形式来对待词汇和语法中的多样性问题，这些决定都属于本体规划的内容。尽管黎塞留有关创办官方语言学院的决定包含了法语规范形式管理的内容，即本体规划的内容，但它也可被视为有关法语使用功能提升的行为，因为在此之前法语的地位完全被拉丁语所占据，这是典型的地位规划内容。有关地位规划和本体规划之间关系的详细论述将在本书的后面章节里进行。

习得规划

普拉特的定义(即上述定义12)提到语言教学是语言政策制定的对象之一，这就意味着语言教学是语言规划的第三个关注焦点，即习得规划。这一增加的分类在我看来是非常有用的,理由至少有二:第一,相当多语言规划的目标是为了语言传播(language spread),如增加某一语言或语言变体的使用者或使用范围,但并非所有有关语言传播的规划都可纳入到地位规划的范围内。当语言规划的目标是为了扩大语言的使用范围时,它可纳入地位规划。但是,当语言规划的目的是为了增加语言的使用者(如说话者、听话者,写者、读者)时,那么,为了语言规划的这一关注焦点而增设语言规划类别的做法,似乎是合理的。

第二,分别由地位规划和本体规划所带来的语言功能和语言形式的改变都会影响语言使用者的数量,同时也会被语言使用者的数量所影响。新的语言使用者也许会被语言所采用的新用法所吸引。例如,当一种语言作为通用语(如巴勒斯坦的希伯来语和东非的斯瓦希里语)开始得到传播时,这就会变得更加有用,从而吸引更多的使用者。

新的语言使用者可以通过语言接触来影响语言,例如,现代希伯来语和斯瓦希里语的结构都受到其广大的非母语使用者的影响。此外,新的语言使用者还可能引入语言的新用法,希伯来语和斯瓦希里语就是例证,这两门语言现在已用于各自国家的各个领域。既然语言的功能、形式和习得三者相互关联,那么,语言规划者在规划其中的一类时还要兼顾到其他两类。

因此,语言规划需要添加第三个焦点——习得规划,并使它不同于地位规划和本体规划。然而,有些学者并不认为语言习得是语言规划的对象。他们之所以会有这种观点,也许是因为他们想要把语言规划和应用语言学区分开来。众所周知,语言教学是应用语言学研究的主要对象。事实上,正如我在下文中所说的那样,要把语言规划和应用语言学完全区分开来是不可能的。

语言规划旨在解决语言问题

在上述12个定义中,有五个(即第3,4,7,9和11个)是围绕语言问题或交际问题的解决来进行的。豪根(1966:52)指出:"哪里有语言问题,哪里就需要语言规划。如果人们感觉到有任何令人不满意的语言状况,那么这里就有语言规划的空间。"豪根的这句话与上述五个定义的观点不谋而合。尽管语言规划旨在解决语言问题这句话是正确的,但我们必须区分表面目标与实际目标,显性目标与隐性目标。我们发现,在第一章所列举的四个案例中,所有有关语言本身或语言使用的改变都是为了达到某些非语言的目的。在每个案例中,我们都能发现,各国想要改变本国语言的结构或语言使用都等同于进行一场战争。使用日常口语来推行的埃塞俄比亚大众识字运动,其目的在于安抚学生,并让他们远离政治舞台。反对语言中性别歧视用法的运动,是在为获得或改善女性权利的战争中发展起来的。把希伯来语发展为多功能的日常口语的行为,则是犹太人为争取自治家园而发动的民族斗争的一部分。法兰西学术院的建立有利于鼓动法国的作家和学者来支持政府,同时也可为社会精英阶层所使用的语言添加高雅风味,最终便可加强统治阶级的权力,也就是说,通过语言的合法化来加强政府统治的合法化。法国大革命之后,法兰西学术院被视为旧政府的产物而受到了抑制(曾被临时关闭),这也不足为奇。当时的革命者看到了该学术院建立的隐性目标。

不可否认,交际问题无处不在。我们在第一章的四个案例中也看到了这些:17世纪的法国,书面语言未能普及,随之出现的是书面用语和科技语的不稳定;19世纪的巴勒斯坦,犹太人需要有一种用于社区间的共同语和教学媒介语;英语中的性别通称词都用男性词来代指;埃塞俄比亚大量的文盲状况。但是,如果这些显性交际问题的解决方案没能推动非语言目标的实现,那么第一章中所讲述的有关语言规划的运动就很难实现。实际上,我们很难想象会有这样的一个语言规划:其施行只是为了解决语言的交际问题,或者促进语言沟通是其唯一动力。语言规划的实施通常都是为了非语言终端目标的实现,诸如消费者的保护、科学交流、国家一体化、政治控制、经济发展、新精英阶层的创造或者旧精英阶层的维持、对少数族裔的安抚与合作,以及大范围的国家或政治运动的动员。正如每个人都会在战斗中用尽其所拥有的弹药一样,我们如果把语言的修改、使用或推广视作弹药的话,那么,这些弹药都会派上用场。

我同意卡拉姆(Karam 1974:108)所说的:"不管哪种语言规划,其存在的语言问题都不是孤立的语言问题,它们都与该地区或国家的政治、经济、科学、社会、文化和/或宗教有直接的联系"。但我的观点还不止这些,我认为,后者,即政治、经济、科学等,是语言规划的主要目的。因此,那些围绕语言问题或交际问题的解决而形成的定义模糊了语言规划的基本观点,也就是说,语言规划的最终目的通常是,甚至一直是非语言的。围绕语言问题的解决来界定语言规划,这些定义本身没有错,但它们却容易误导人们,使得人们的注意力偏离了语言规划的根本动机。既然语言规划的最终目标是为了实现语言之外的目的,因此,我认为,我们最好不要把语言规划看作是为解决语言问题而付出的努力,而应该把语言规划看作是为影响语言行为而付出的努力。

为谁规划?

上述有些定义(即第1,3,5,12个)根本没有指出谁的语言行为将会受到语言规划的影响。索邦的定义(即第2个)仅指向"某些社群。"虽然该定义所引自的论文对语言规划的研究仅局限于国家层面,但索邦指出语言规划也可出现在国家之下的诸多层面。陶利的定义(即第8个)谈到"新的地区性、国家性与国际性语言",其他定义则提到"社区"(即上述定义6)、"社会"(即上述定义4,10和11)和"国家"或"全国"(即上述定义7和9)。可见,在上述所有提到语言规划目标的定义中只有一个(即索邦的定义)未指出或表明,语言规划通常是为较大的社群而制定和实施的。

假如"国家"或"社会"被看成是"民族国家"的同义语,那么,我认为把语言规划的定义限制在国家层面或社会层面的社群上是错误的。这样的限制会把国际性的语言规划活动排除在外,比如:罗马天主教堂用当地语言代替拉丁文来做弥撒的行为;有些人为了国际辅助语(如世界语)的发展而付出的努力;一些旨在促进贸易管理和学术发展的国际组织所进行的术语标准化活动。这样的限制还会把一些民间组织或团体所从事的语言活动排除在外,例如:19世纪巴勒斯坦的希伯来语推广活动;美国基督教各宗派对经文现代化所付出的努力;有些人为某些别的国家的少数族裔所讲语言的现代化和文字化做了不少事,例如,许多传教士为不少无书写体系语言的发展付出了努力。

在我看来,语言规划并不仅仅指向社会或国家层面的社群,它也面向跨越国境的更大社群,它还面向诸如民族、宗教、职业等更小的社群。但是,这些社群可以小到什么程度而仍然可作为语言规划的对象呢?另一方面,我们有必要把语言规划的定义对象放到这么大吗?以至于大社群间的成员之间难以相互接触和影响,而只能小社群间的成员才有机会相互接触和影响。如果我们把语言规划的目标仅限制在这样的一些"开放性社会网络"中,那么,我们就不得不排除一些小社群网络,如学校、教室、邻里、乡村协会、工会分支机构、"女性解放"联合会、地方专业与职业组织、宗教团体以及兄弟会分支机构。但是,这些小社群网络的语言交际行为往往是容易引起人们关注的对象。

在我常去的一个耶路撒冷犹太教堂里,有一个这样案例:我们的聚会由100个左右的家庭组成,其中大约有一半是来自美国的移民,其余的则是土生土长的以色列人。事实上,所有土生土长的以色列成人都能轻易地理解英语口语。相比之下,有些以色列的移民,尤其是年长的,理解希伯来语则有困难。于是,他们会抱怨说,他们无法领会每周《圣经》律法部分的讲解,该讲解由教堂的另外一位成员在每个安息日的早晨进行;他们也无法领会在安息日早晨布道结束时由教堂领袖传达的通知。

当教会的组成人员较为年轻时,其中一些年长移民则会要求相关人员用英语而不是希伯来语来讲解和传达通知。从沟通效率的角度来考量,他们的要求是合理的。跟希伯来语相比,教堂会众更容易理解英文布道。

但教堂也会有一些其他因素的考虑。大部分成员都急切希望建立一个由以色列人为会众的犹太教堂,而不是作为移居美国的侨民的教堂。因此,教堂不会顺从海外侨民的惯例,而更愿意使用希伯来语之外的语言来进行经文讲解和通知传达。此外,他们也希望发展一种既忠实于犹太教传统,又具有以色列本土特色的宗教服务。该会众的名称叫 Mevakshei Derech,即"探路者"之意。该会众的名称就反映了其愿望。希伯来语是以色列犹太人的主要日常语言,也是以色列毋庸置疑的公众语言,它承载着犹太人的宗教传统,也象征着以色列国的卓越与非凡。所以,希伯来语既代表传统,也象征变革。相比之下,英语使人想到的却是世俗世界和海外侨民。用英语来进行经文讲解和通知传达的行为,与教会想要发展成具有以色列特色并能吸引土生土长以色列人机构的愿望相矛盾。

于是,教会很早就设立了用希伯来语讲解经文和传达通知的规定。结果,为了照顾那些希伯来语理解能力欠佳的人,教会会用英语来重复传达通知。当教堂活动结束以及会众离开祈祷大厅后,教堂应某些人的要求还会用英语来总结性地复述前面讲解内容。如果讲解者忘记了英文总结,或者是,教堂忘记了把希伯来语版本的通知翻译成英语,那么,一些以英语为母语的年长成员就一定会投诉。

我常去的这家教堂所做的明确规定,是否与新独立的以色列国的官方语言政策或以色列教育部的外语教育政策相违背呢? 由此可见,不管是在宏观社会层面还是在微观社会层面,人们在做出有关语言规划的决定时所考虑的有些因素是一样的。例如,在我常去的这家教堂里所出现的如下矛盾同样也出现在国家层面里:语言情感动机与工具动机之间的矛盾、语言意识形态与语言沟通效率之间的矛盾、竞争领域对语言的不同需求之间的矛盾。

但是,如果我们把上述教堂所做的决定也看作是语言规划的案例,那么,我们还有什么理由不把一些更小规模的类似决定也纳入语言规划的范畴呢? 例如,我们是否应该把具有双语或多语能力的家长所做出的家庭语言决定(如父母在家应该对小孩使用哪种或哪些语言的决定)也看成是语言规划的内容呢? 很多家长关于这个议题的争论至少可以从哈定和赖利(Harding and Riley 1987)所编的手册中了解到。该手册就父母在家中该采取何种语言政策的问题提供了相关的信息和建议。当很多单个家庭的语言政策累积起来,它们就会影响到语言的维持或转用,从这个角度来说,父母对家庭语言所做出的决定就显得重要了。尽管这些有关语言使用的家庭决定在宏观社会层面上具有重要的意义，但它未能说明我们把这些决定纳入语言规划研究范围的原因。在我看来，有些机构组织（如教会和学校）所做出的决定同样可以被纳入，因为宏观层面的语言规划运作过程与微观层面的语言规划运作过程是一样。然而，我们必须承认，大多数的语言规划学者都不愿意把较小规模的社会单位（如学校、职场和家庭）所做出的语言决定看作是语言规划的内容，这种现象在上述的定义中也有所反映。布莱恩·韦恩斯坦因（Brian Weinstein）在与我的私人通信中也谈到，有些学者认为，把这些决定囊括进去的话，会使语言规划这一领域变得琐碎。然而，我认为把这些较小规模的语言决定排除在研究范围之外的话，这会使语言规划领域面临内容枯竭的困境。

我在上文已经提到，普拉特的定义（即第 12 个）把语言教学看作是语言政策制定的对象之一。而且，较之"语言规划"，他还更喜欢使用"语言政策（制定）"这一术语。人们都指望他对语言教学和语言使用做出区分，因为他曾经是"东非五国语言使用和语言教学田野调查项目"的首位主任，该项目的潜在贡献——通过语言规划来促进国家的发展，在一定程度上促使了福特基金会于 20 世纪 60 年代末和 70 年代初两次资助该项目。[7] 普拉特认为，关于语言教学的语言政策制定不仅包括国家层面的决策（如教何种语言，对谁教），而且也包括较低层面的补充决定，而且，后者的决定是为了更好地执行前者的决定。马基（Markee 1986）曾经这样评论说："教师做出有关教材选择的决定与教育部对中学每周教多少个小时英语的决策在本质上是一致的。"

普拉特认为，语言规划是一个个小小决定的组合体。他的这种观点之所以比较受欢迎，理由有二：第一，在影响国家最高层面的语言规划的原则和因素中，至少有一些也同样适用于较低层面的语言规划；第二，他的观点把宏观层面的决策与微观层面的实施衔接起来了。

然而，我们现在还无法做出这样的结论：宏观层面与微观层面之间的决定是单向运行的，也就是说，较低层面做出的决定只能是有关如何实施较高层面所做出的决策方面的内容。但最初在较低层面制定的政策却可以上行,女权主义运动引发的语言规划就是一例,它发端于草根,后来却被更高层面的机构所采纳。因此,我认为语言规划活动既可以由下至上,也可以由上至下。微观层面的面对面的互动行为既可以是对上面政策的实施,也可以是新的语言规划的雏形,然后像滚雪球般上行到社会和政府层面。总之,我认为仅从宏观社会活动的角度来定义语言规划是错误的。

另外,有人把语言规划的目标社群定义为言语交际网络。言语交际网络是人与人之间系列的言语互动连接,我们可根据言语互动的稀疏度来确定每个言语网络与其他言语网络之间的关系。如图1所示,人与人之间(如A和B,B和C等)的箭头表示他们之间的言语(包括口头和笔头)互动。从图1,我们可以看到两个言语交际网络,即ABCD网路和EFGH网络。尽管这两个网络是通过D和E彼此的互动而连接起来的,但它们之间的连接却远不止于此。这些言语交际网络可以再分为更小的网络,也可以在组合成更大的网络,从而形成不同的连接点(如家庭、乡村、民族、工会、市场、国家)以及产生不同的结构和功能属性。在这些属性中,语言规划研究者感兴趣的主要是以下四个:各类言语互动网络的大小、各类言语互动网络中人员的语言同质性和异质性情况、各类言语互动网络中人员间互动的频率、各类言语互动网络中成员间的接触效果状况。

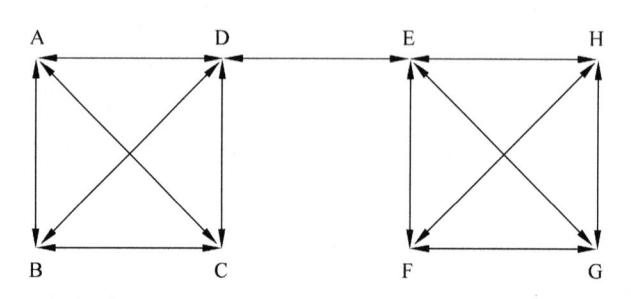

图1 两个言语互动网络

把语言规划的目标社群视作言语交际网络的做法具有如下几个好处。首先,我们不会把语言规划的分析局限在某个特定的层面上,如微观层面或宏观层面。其次,我们可以更好地了解语言革新的扩散与抵制状况,这也正是语言规划通常所关注的。言语交际网络彼此连接,当其中任何一个网络进行了语言革新时,该革新的内容就会传播到其他网络中。但传播速度有快有慢,这取决于目标网络及其子网络的结构特点或功能属性。第三,当我们把语言规划的目标社群视作言语交际网络时,我们就可以使语言规划研究与语言传播研究保持一致,因为我曾经对语言传播做过一个界定——通过交际网络的语言扩散(Cooper 1982(a):6)。由于语言传播往往是语言规划的目标之一,将这两个现象放到一个共同的框架下来考察也许会有所裨益。

把语言规划的目标社群看作为交际网络的做法也存在弊病,即语言规划者通常不会如此抽象地看待语言规划的目标。他们往往是瞄准某些具体的实体对象(如国家、族群、行业等)来进行语言规划。那么,我们说语言规划是通过交际网络来运作的,但这并不意味着语言规划的目标是交际网络。[40] 因此,我倾向于把语言规划的目标简单地定义为"他者"(others),并保留交际网络这个概念,以便用来分析规划产品的传播。

如何规划?

尽管在理想化管理状态下,人们可以理性地决定需求,明确地陈述目标,仔细地改进方法,以及系统地监控结果,以便可以调整目的与手段,但我们需要把语言规划仅限于接近理想化管理状态的活动吗?达斯-顾普塔和陶利分别在各自的定义(即第6个和第8个)中提到"这些活动是经过系统设计的……按规定的时间"和"有序活动",若按照他俩的定义来推理,我们得知有些国家的官方机构会认为把语言规划仅限于接近理想化管理状态的活动是有必要的。但是,诺伊斯图普尼的定义(即第11个)最能体现语言规划是理性活动的观点。因为他的这种观点已具深远影响(颜诺1983,鲁宾1985),这里有必要适当地加以详细阐述。

诺伊斯图普尼认为,语言规划是语言匡正(language correction)的一种特殊类型,而语言匡正是指个人或机构所表现出的语言修正行为,这种行为可以是有计划的,也可以是无计划的,可以是有意识,也可以是无意识的。说话者出现口误时会纠正自己,说话者意识到自己的话不为人所理解时会进行澄清,说话者在跟语言初学者说话时会简化自己的语言。在这些例子中,语言匡正成了说话过程中的一个正常部分。说话者首先意识到问题,接着就寻找解决的方法,最后则实施解决方案。可见,语言匡正意味着语言交际中存在问题,而且,该问题需要得到解决。

当然,并非所有的交际问题都是瞬间的,也并非所有的交际问题都仅限于两个对话者身上。当一群人遇到同样的一个问题,以及当一群人或他们的代表都想要解决这个问题时,我们就需要诺伊斯图普尼所说的语言处置(language treatment)——对语言问题的各种组织化形式的社会关注。语言是语言匡正的分支,而语言规划是语言处置的一个分支。所以,诺伊斯图普尼把语言规划定义为系统的、基于理论的和理性的语言处置。

诺伊斯图普尼这一理论的优点在于把语言规划与一般的交际流程、语法语言学以及对语言行为的微观研究方法和宏观研究方法都整合起来了。诺伊斯图普尼把所有的语言交际问题都置于实际的话语中。如果语法语言学要解释清楚话语是如何生成的,那么它也要说明话语是如何匡正的。微观研究方法和宏观研究方法的差异之一是它们的研究范畴:后者是对前者的总结概括。因此,语言处置要处理的问题是众多语言使用者所遇到的问题,也就是一个社群所遇到的问题。

此外,诺伊斯图普尼这一理论的长处也是显见的,尤其是当人们把语言规划看作是寻求解决语言问题的方案时。但我并不愿把语言规划从根本上看作是解决语言交际问题的过程,这一点到现在应该很明确了。撇开这一点,诺伊斯图普尼把语言规划定义为一种系统的、理性的以及由理论所驱动的活动,但人们却需要花很长时间找寻,而且还很难找到一个这样的案例。当然,在第一章用来推导语言规划定义的四个案例中,没有一个属于诺伊斯图普尼所说的这种活动。如果说这些案例说明了什么是语言规划,那么语言规划未必是有序的——它可能是特别的、随意的和随性的。至于说语言规划是基于理论的这一观点,我们只好跨越用于语言规划研究的描述性理论框架。如果把我们所指的理论看作是一套逻辑缜密的、实践中经得起验证的命题,那么我们至今尚无普遍接受的语言规划理论。在这方面,我们有必要把弗格森(1967:653)对14世纪俄国彼尔姆东正教大主教圣·斯蒂芬㊲(St. Stefan)所从事的语言规划活动的评论摘录如下:

> 在这位德高望重的圣徒所做的所有的有关语言改革的决定中,他既没有任何社会语言学理论或社会语言学概念作指导,也没有任何这方面的历史记载作参考。我们不得不佩服他的这种果断决定和成功实施行为,但同时我们也为目前如下的状况而感到叹息:即便今天,如果有人在一个尚无文字的社会中遇到语言问题,他们依然没有任何社会语言学理论可作指导,可用于参考的历史案例记载与分析依然是微乎其微。因此,在能力方面,我们并没有比五个世纪前的圣斯蒂芬进步多少。

自从弗格森1967年的这篇文章发表以来,我们在案例研究和社会语言学的理论发展方面事实上已经取得了进步。弗格森本人在这两方面都做出了很大的贡献。但是,在用于指导语言规划的理论方面,我们仍止步不前。无论是用于尚无文字社会的语言规划,还是用于已有文字社会的语言规划,情况都一样。因此,如果我们把语言规划的定义限定在基于理论的对待上,那么,我们或许还需要等待一段时间才能找到许多有关语言规划的实例。

理想化管理状态的**目标**错在哪儿呢?毋庸置疑,系统的、理性的和基于理论的语言规划比我们实际常见的各种杂乱无章的语言规划要好得多。诚然,如果语言规划研究是**规定性的**(prescriptive),也就是说,任何种类的语言活动都要在成本不变的情况下让理想结果最大化,那么,此时我们把语言规划看作是系统的、理论驱动的和理性的,这是恰当的。但是,如果语言规划研究是描述性的(descriptive),也就是说,语言规划要研究实际所发生的事情,那么,此时我们把语言规划看作是理想化的管理状态是不合适的。理想化的世界也许就不需要语言规划了。

㊲ 即 Saint Stephen of Perm(1340—1396),14世纪俄国著名的画家和教士,他以创制旧彼尔姆文字著称,被称作彼尔姆书写传统的奠基者。

语言规划与其他相关研究领域的关系

语言规划既是一种活动,也是一个学术话题,前者是指语言规划实践者在工作领地的所作所为,后者是指学术探索。语言规划领域的学者试图阐明语言规划的制定、实施和影响,因为它们彼此相关,同时还与社会背景密切相连。

究竟在何种程度上语言规划显示了其作为一个独立的研究领域?如果研究领域是根据其研究方法来区分的话,那么语言规划还谈不上是一个独立的研究领域。因为语言规划领域的学者所采用的研究方法(如访谈、问卷调查、等级量表、测试、人口普查数据的二次分析、内容分析、文本结构分析、准实验以及非介入性观测等),也是其他社会科学研究领域所常采用的。可见,语言规划研究领域的学者并没有开发出自己独特的研究方法。

如果研究领域是根据其独特的核心研究对象来区分的话,那么语言规划也还不算是一个独立的研究领域。因为语言规划的核心研究对象与其两个母学科——应用语言学和语言社会学所关注的内容密切相关。实际上,语言规划常被认为是上述母学科中的一个子学科。例如,《应用语言学》杂志的编辑指出:"本期刊欢迎来自第一和第二语言教与学、双语和双语教育、话语分析、翻译、语言测试、语言教学法、语言规划、中介语研究、文体学以及词典学领域最新研究的来稿。"(Allen, Spolsky and Widdowson 1980)

费什曼(1985)在回顾语言社会学领域的发展时曾把语言规划作为其中的一个专题而提及。此外,他还发现,在《语言和语言行为文摘》和《社会学文摘》(1980—1982年)所刊载的,并标有"社会语言学"(两本杂志均有)和"语言学"(仅第二本杂志有)归类的466本书及论文中,条目数量最多(即26个)的话题便是语言规划。

语言规划与应用语言学和语言社会学存在研究内容上的重合,这并不令人吃惊。语言规划的发展与上述两个领域学术兴趣的提升是同步发生的。应用语言学和语言社会学起源于第二次世界大战期间。尤其是20世纪

60 年代的 10 年里,美国在各个领域取得了史无前例的、持续的战后繁荣,从而促进了自由主义政治的发展以及各领域自信心的提升。美国对社会科学研究的重视又促进了美国及世界各地众多紧迫社会问题的解决。其中有些问题与语言有关,例如,在美国国内,要想让难民融入美国社会,以及要想改善美国少数族裔语言社群的经济地位,就必须考虑到阻止他们发展的语言问题或交际问题。

在美国之外的国家,许多新近独立国家都遇到了大量的发展问题,其中不少属于语言问题。这些国家大部分都是多语国家,它们不但需要考虑各语言的功能分配,而且还需要发展本土语言,以便这些原住民语言可以承担各自的角色。作为公共政策领域里的美国国内外语言问题,极大地引起了语言社会学家和应用语言学专家的学术兴趣。这些人在获得政府和基金会的资助后就语言课题展开了研究,同时,这些人又为那些想要解决与语言相关的问题的公立和私立机构提供咨询。

许多对应用语言学和语言社会学的发展做出巨大贡献的学者其实是同一批人。他们在各种彼此感兴趣的研讨会、学术会和暑期学院里进行学术交流;他们开展联合研究,共同合作;他们共同出书和发表论文;他们各自担任对方研究生的顾问。事实上,如果我们从学术专题的角度来关注语言规划的创建者,我们会发现其中很多人同时也是现代应用语言学和语言社会学的创建者。他们中较杰出的有查尔斯·A.弗格森和约书亚·A.费什曼。那么,我们现在分别来看看弗格森对应用语言学以及费什曼对语言社会学的定义吧。

应用语言学

弗格森(1971:135)把应用语言学定义为"语言科学中的洞察力、研究方法或研究发现在实际语言问题解决中的应用"。他在这篇文章中给出了上述定义后就论述了语言学理论在第二语言习得或第二语言教学上的应用。实际上,"应用语言学"和"第二语言教学"这两个术语在英国几乎就是同义词。但是,该文章在结论部分指出:"就目前而言,较之于语言学理论在外语教学领域的应用,语言学理论在语言规划中的应用(如无书写体系语言正字法的创建,技术性文件的翻译,以及多语国家政府语言政策的制定)可能更费时费力"(第 147 页)。

弗格森定义的应用语言学看上去很像费什曼定义的语言规划(即上述定义 7):二者都被视为解决语言问题的活动。两个定义最主要的区别在于,弗格森把应用语言学限制在**语言**科学对语言问题的应用上。语言科学在这里通常是指有关语言的科学,如语言心理学、语言社会学和数理语言学等。然而,语言问题的解决仅仅依靠"语言科学中的洞察力、研究方法或研究发现"往往是不够的,即便依靠语言科学中的全部内容也是不够的。关于这一点认识,弗格森是再同意不过了。在实践中,不管是语言问题的解决者还是语言行为的调整者,他们都更愿意把自己看作是教师、学校行政人员、传教士、政治家或者红衣主教,而不是应用语言学家或语言规划者。同时,他们可能从贴有"语言科学""社会科学"或者"传统疗法"等标签的橱柜里找到各种粉末和药草,然后把它们混合起来,进而配置出神奇饮品和灵丹妙药。

作为研究领域,应用语言学和语言规划都关注目的与手段之间的关系,也就是关注以下两者之间的关系:解决语言问题或影响语言行为的程度,为解决语言问题或影响语言行为所采取的手段。但我认为,语言规划的研究领域更为宽泛,因为它还要关注语言规划的**过程**。一方面,语言规划要决定如下事项:谁来界定等待解决的语言问题或需要改变的语言行为,哪些利益至关重要,如何做出有关目的与手段方面的决定,以及目标的制订、手段的细化和实施的结果三者之间存在什么关系。另一方面,语言规划还要关注上述各事项之间的关系以及语言规划所处的社会环境。

语言社会学

根据费什曼(1971:217)的观点,"语言社会学研究人类行为如下两个方面的互动关系:语言的使用和行为的社会组织。简单来说,语言社会学关注的焦点涵盖了有关语言行为的社会组织的全部主题,它不仅包括语言用法(language usage)本身,而且还包括语言态度(language attitudes),对语言及语言使用者的显性管理行为。"由于语言规划是"显性语言管理行为"的极好案例,也由于语言规划试图影响"语言用法",而其本身又受到"语言态度"的影响,语言规划的研究恰好处地落入在了语言社会学的范畴内。事实上,如我们所见,费什曼(1985)把语言规划视作为语言社会学的一个分支。他曾把语言规划称为"应用语言社会学"(1971:173)。

但是,语言规划作为一个学术研究领域,是否还有一些内容**并不**属于语言社会学的学科范畴呢?答案是肯定的。但那些内容往往被学术界所忽略。如我在下两章中所说,语言科学之外学科的"洞察力、研究方法和研究发现"的应用,也许对于我们理解语言规划的过程与结果有用。

第十三个定义

考察了语言规划早期诸多定义的长处和不足后,我现在给出自己的定义:**语言规划指的是为影响人们在语言习得、语言结构或者语言的功能分配三方面的行为而有意付出的努力**。这个定义一是没有把语言的规划者限定在权威机构中,二是没有限制特定的目标社群,三是没有指定语言规划的理想状态。此外,该定义使用了"行为"这一用语,而不是"解决问题"这一术语。最后,该定义没有使用"改变"一词,而是选用了"影响"一词,因为后者的使用既可表达人们对目前语言行为的维持或保留(这也是语言规划的一个合理目标),也可表示人们对目前语言行为的改变。

第三章　理论框架的应用

　　语言规划学者有如下四大任务:描述语言规划;预测语言规划;解释某些特别案例的语言规划过程与结果;根据这些过程与结果进行有效的归纳。所以,我们也有如下四大标准用来评判语言规划学者是否成功地完成了这些任务:描述的充分性;预测的充分性;解释的充分性;理论的充分性。每个标准都对应上述的一个任务。在本章中,我指出描述性理论框架或解释性理论体系不仅有助于语言规划学者完成这些任务,而且还有助于他们对自己的任务执行情况进行自我评价。在下一章中,我将根据一些学科及其分支学科的理论来阐明描述性理论框架的内容,并将其应用于语言规划上。

描述的充分性

　　描述的充分性是指语言规划学者成功地把某一案例所发生的事情描述出来。面对这样的重要任务,语言规划学者有以下两大难题需要解决:一是应该描述什么,二是应该根据什么来描述。

　　我之所以提出上述第一个问题,是因为**可以**描述的语言行为的范围是巨大的。我们**应该**描述什么?我们应该关注什么?例如,我在第一章描述法兰西学术院的创建时,有没有哪些是我应该保留的,但我却舍弃了?有没有哪些是我应该舍弃的,但我却保留了?我有必要描述法兰西学术院成立前,但发生在同一个世纪的诸多事情吗?我有必要把黎塞留主教的艺术品位也扯进来吗?我需要描述法兰西学术院第一批院士的构成吗?关于朗布依埃女士(de Rambouillet),我是应该少写还是多写?若是后者,又该多写什么?我认为,描述的充分性体现在它至少应该一开始就讲清楚如下事实:**什**

么**规划者**试图影响谁的什么**语言行为**,他们这样做的**目的**是什么,他们采用了什么**手段**,得到了什么**结果**。尽管每位描述者在描述的内容分类上可能或多或少,但有了类似上述这样的一套评价量规(rubrics),我们就能从海量的观察数据中进行筛选和组织工作。

  理论框架或解释性理论体系不仅对研究者有用,而且对读者也有用。他们可以用它来评估语言规划描述的充分性。这也给我们带来了有关语言规划描述充分性的第二个主要问题:我们该如何来评估或评价语言规划描述的充分性? 我们可用三个标准来评估语言规划描述的充分性。

  综合性(comprehensiveness)是指每个评价量规在理论框架或解释性理论体系中的覆盖程度。读者可能会同意我在第一章中按照不同的评价量规来描述四个案例覆盖内容时所采用的方法。例如,在对法兰西学术院建立的描述中,我对**规划者**的描述内容最多,而在女权主义运动中,我对规划者的描述内容最少。

  综合性指的是描述内容的覆盖**程度**,而**理解性**(comprehensibility)指的则是描述内容的**连贯性**(coherence),即一个整体的森林,而不是一片杂乱的树木。评论家会对描述的内容与理论框架进行对比,这既是为了检查每个评价量规的描述程度,也是为了要评估研究者在多大程度上连接了各个评价量规,使之成为一个有机的整体。例如,研究者是否根据**目的**来探讨**手段**,或者是否根据**目的**和**手段**来探讨**结果**?

  可惜的是,语言规划描述的综合性和理解性都无法保证语言规划描述的有效性,正如一幅完整的(即综合性)人物肖像画,它虽然能够被别人识别(即理解性),但这些都不能确保所画人物的真实性,尤其是当被画人物长相难看,又不和善,而且,还未预付画家报酬的时候,该画的真实性就更难说了。真理通常是美好的事物,但美好的事物未必是真理。

  那么,该如何判断语言规划描述中的真实性呢? 也许最好的解决方案是请一个懂行人去评估描述的可靠性。例如,可以请一位熟悉埃塞俄比亚革命早期阶段发展的政治学专家来评估我对埃塞俄比亚大众识字运动描述的真实性。当描述性理论框架可以用来帮助评估者整理自己对事件的印象,以及用来比较语言规划描述的优劣之时,该解释性理论体系就会有助于语言规划描述真实性的评价,也会有助于其综合性和理解性的评价。此时,描述性理论框架或解释性理论体系就起到了一个模板的作用,研究者便可根据它来整理数据,评论者则可根据它来评价语言规划的描述。

预测的充分性

　　预测的充分性指的是我们预测事件发展的能力。原则上,我们要根据上文提出的理论框架做出如下预测:**什么人**将用什么**手段**去影响哪些人的什么**行为**,并将得到什么**结果**。例如,麦基(Mackey 1983:202—203)在比较了加拿大和美国的语言政策后指出,美国族裔语言多样性的发展是有目共睹的,"许多组织结构良好的族群一直进行游说活动,要求政府提供更多的双语教育、更多的双语工作岗位以及更多的不同族裔的移民。但是,这些族群接下来还会要求什么?……**如果选民们投票决定**设立一个西班牙语州、一个法语州或者第二个民族政体,美国各州完全有这种可能,因为宪法已经赋予各州足够大的权力。这种可能性也许对某些族群来说是重要的,但愿我的这句话不会有任何煽动性作用。"麦基教授认为,这些族群的游说活动可能使美国的民族语言更多样,"甚至美国的民族政治更多元"。我们可以勉强地说,这就是一种预测。因为他所讲的在实际上不是没有可能。

　　当然,我们并不需要做这样大规模的预测。就像我们将在下一章中所看到的那样,有一种观点认为,政策制定需要决策者对各种选择行为可能产生的后果进行评价,以便做出可能的最优决策。要评价这些彼此竞争的决策可能产生的后果,当然就需要预测各个决策的净收益了。在第一章的四个案例中,我们找不到一个案例对各种选择进行过明确的和系统的评价。不过,若从隐性的角度来看,它们还是做过一些权衡性工作的。例如,在埃塞俄比亚的大众识字运动中,决策者们意识到,如果他们做出支持民族自决的姿态,譬如用老百姓自己的母语来教百姓如何识字,而不是沿用老帝国时代独尊阿姆哈拉语的政策,那么决策者们就能够更容易地动员学生代表新政权参与大众识字运动。尽管当初埃塞俄比亚出现了民族分裂主义思想，而且对国家构成了威胁，但政府的当务之急不是解决好这些潜在的危险，而是引导好学生的造反行为。于是，新政府的统治者们更加重视他们预期的收益，即动员学生支持政府以及消除他们的反对行为。事实上，这些选择不管是革命军队的军官、女权主义者或民族活动分子，还是枢机主教做出的，它们都体现了一种隐性的比较，即对未来净收益的比较，也就是预测。然而，语言规划学者无论是以专家的身份，还是以政策顾问或倡导者的身份，他们都可以对各种语言政策做出一些显性的预测。

用于预测净收益的描述性理论框架具有核对表或提示的作用，以供分析者通盘考虑有关预测的所有信息。尽管类似上文提到的理论框架可能过于泛化，以至于不能起到提醒分析者的作用，导致本该考虑到的主要变量却没被考虑到，但是，我们可以对该理论框架进行改进，即把每个评价量规分解成几个可对比的参数，甚至把这些参数又分成更小的参数。总之，描述性理论框架或解释性理论体系可以通过提醒的方式来帮助语言规划的决策者及研究者在预测语言规划时要考虑到各种变量，以便做出更好的预测。

解释性理论体系能否帮助我们评估预测的充分性呢？或者说，检验预测充分性最好的办法是看预测结果和实际结果之间的差距吗？但这种独特的检验在实际操作中会遇到两个困难。第一，我们有时需要等待很长一段时间才能确认预测的充分性。例如，若要判断麦基教授的预测能否成真，需要等上一代人的时间并不是没有道理的。

第二，语言规划决策是在许多因素尚不确定的条件下制定出来的。即使在所有的相关信息都已获悉的情况下做出的理性预测，仍然还有可能是错误的。预测的事情在现实中有时并未出现。例如，大众有时不接受学术领域核准的术语；学生有时并没有因为采用了极力推荐的方法而把某门语言学得更好；家长有时拒绝把孩子送入学校去接受某些新的双语教育项目。因为没有哪位分析者能够做到对所有的相关信息都无所不知，也没有哪位决策者能够完全掌控未来影响预测结果的事件。准确的预测与其说是一种现实，还不如说是一种愿望。不过，如果分析者能够讲出自己做出预测的依据，那么评论者至少可以对预测产生的合理性进行评价。评论者所使用的描述性理论框架可以用来作为一种检验手段，即检验分析者做预测时所依赖的变量与评论者所认为的相关变量是否一致。评论者也可以根据自己对同样这些数据的了解程度来评估分析者赋予理论框架中每个变量价值和权重的合理性。

解释的充分性

有时我们做出成功的预测，却并不知道为什么成功。例如，为什么美国的中小学教师、校长和学区督导能够正确地预测到，来自说西班牙语的西裔工人阶层的孩子在学业考试中取得的平均成绩往往低于本校"主流"孩子所取得的平均成绩。为什么具有西裔工人阶级背景的学生在学业表现上都普遍更差呢？究竟应该归因于以下什么原因呢？考试偏见，教师的自我实现预言，家庭与学校在说语规则或其他行为准则方面存在错位，西班牙语的干扰，师资更差，较低的学生人均花费，与"主流"规范对立的社群价值观，营养不良，缺乏家庭辅导，或是上述几个因素的综合。西裔工人阶级的孩子在学业上普遍表现不佳，这不太可能是由某一单个原因所造成的，但如果是由几个因素共同导致的，那么它们各自的相对权重是多少呢？这些原因和权重会因社区的不同而变化吗？对于学生学业表现欠佳的预测即使在众多社区都得到验证，但其背后的诸多原因还是没有弄清楚。因此，面对某些旨在提高这些学生学业成绩的双语教育项目，语言规划者想要解释清楚这些项目的成败原因，其实那是一件极为艰难的任务。

那么，解释的充分性是指人类解释某一特定结果背后原因的能力。从理论上来说，我们希望解释者能够认清特定案例中的因果关系或决定因素，以及这些因素的相对重要性。他们至少可以从三个层级来进行解释，我把它们分别叫做相关性、观察性和实验性。

相关性解释指的是各种自变量之和与因变量或相关标准之间的关联程度。费什曼、库珀和罗森鲍姆（Fishman, Cooper and Rosenbaum 1977）的一项研究对相关性解释做了阐述。我们通过二手资料收集了约100个非英语国家的统计资料。这些资料的内容涵盖英语的地位以及经济、教育、人口等其他变量。我们想弄清楚世界上哪些变量与英语作为附加语(即外语)的使用有关。布洛斯纳翰(Brosnahan 1963)在谈到阿拉伯语、希腊语和拉丁语作为母语的传播时突出强调了以下四个变量:军事强加、统治时间、语言多样化和实际的好处。我们假定布洛斯纳翰强调的这些变量对英语作为附加语的传播也有关系,同时,我们还假设以下五大额外因素也与英语作为附加语的传播有关系:城市化、经济发展、教育发展、宗教构成状况以及政治集团之间的关系。我们在了解了这九大变量因素的基本信息后,便可发现它们彼此之间的关系,同时还可发现这九大变量因素与体现英语地位的各个标准变量(criterion variable)因素之间的关系。这些变量中任何两个之间的相关性被称为零级相关系数(zero-order correlation coefficients),当这些系数用于多元回归分析时,我们便可发现每个新添加的独立变量会在多大程度上影响标准变量的变化。

在此,我们以非英语国家把英语作为它们中学教学媒介语的具体事实为例来加以说明。该标准唯一的最好预测项是前英语国家的殖民地($r=0.62$)。换句话说,曾经被英美所殖民的国家比未曾遭受英美殖民的国家更有可能把英语作为本国中学的教学媒介语。如果我们把英语教学媒介语的使用人口比例也纳入变量范围来看待,但不考虑这些人口的宗教因素——不管他们是否属于普世宗教(universal religion)或与某些高等文化紧密相联宗教(如佛教、基督教、儒教、伊斯兰教)的信奉者,那么,我们就能把前英语国家殖民地的相关系数(即预测标准与前英语国家殖民地状况之比)从0.62提升到了0.75,进而能更好地解释中学阶段英语作为教学媒介语使用的许多变异现象。假如我们再增加两个独立变量——对美国出口的大小和语言的异质性,我们便可把该相关系数提升到0.82,于是,标准变量中所出现的一半多变异现象我们都能进行"解释"了。

在多大程度上我们可以把这些因果机制单列出来?前英语国家殖民地身份意味着因军事占领导致的语言选择,因此,前英语国家殖民地这一变量的影响似乎是再显著不过了。但其他变量的影响又是如何的呢？

当一个国家具有较高的人口比例坚守当地的传统信仰时，其经济往往是欠发达的。据此，我们可以解释清楚坚守当地传统信仰人口的百分比与预测标准之间的关系。对于许多这样的国家来说，当地教师的培训无法满足社会对教师的需求，因此，这些国家有必要依靠海外侨民教师。而这些海外侨民教师理所当然地更愿意选择英语而不是当地语言来进行教学。此外，开发以当地语言编写的课本和教辅材料，其成本是昂贵的。宗教特性可能与预测标准有关，因为这个独立变量可以反映当地经济和教育的发展状况。

我们选择对美国出口的大小来作为刺激当地英语学习的一个经济指标。学习英语的诱因越高，英语作为教学媒介语的学校就越能获得接受和欢迎，这是合情合理的。

我们可以通过以下方式部分地解释语言多样性与预测标准之间的关系：要用学生的各种母语来提供中学教育还存在许多实际困难，从原住民众多语言中选择一两种来作为教学媒介语政治上同样不可行，而选择一种"中立"的外来语言作为教学媒介语往往在政治上更容易被人们所接受。虽然语言异质性与预测标准之间的相关系数是四个独立变量中第二高的（即 $r=0.58$），但它对于我们解释标准方差的作用却是最小的。这是因为前英语国家殖民地和坚守传统信仰人口比例较高的国家往往也是语言多样性国家。因此，当语言多样性变量被纳入分析的对象时，这些因素就得到了"考虑"。事实上，这一变量为我们对标准方差的解释增加了大约五个百分点，前两个变量则分别为百分之七和百分之十七。由此，我们不仅知道哪些变量与预测标准有关，也知道各个变量与预测标准之间的关系程度，而且还知道每个变量在我们"解释"标准方差时的相对重要性。

当然，相关性不能推断出因果关系。但是，在目前情况下，持以下观点也是合理的：以我们上文提到的独立变量为代表的影响因素推动了中学英语教学媒介语的设立与维持。

根据研究者对人类大量互动和动机影响的研究结果，他们可以总结出上述国家的中学把英语作为教学媒介语的做法是几个特定变量的综合结果。学校董事会或者其他权威机构在决定教学媒介语时,并不以诸如语言多样性或国际贸易平衡等抽象因素为依据。因为如果跟那些由家长、学生、教师、行政人员、选民、政客和预算所带来的各种压力相比,这些抽象因素就显得黯然失色了。我们需要牢记的是,若不想苍白无力和漏洞百出地描述人类的行为,我们就要通过总结性的统计数据来反映人类的行为。

解释的第二个层级是**可观察性**。在此,我们通过对正在发生的人类行为的仔细观察来解释我们感兴趣的结果。例如,美国的双语教育项目旨在提高穷人及少数族裔语言社群子弟的学业成绩,但为什么全国各地的双语教育项目似乎都没法降低西裔学生(Hispanic pupils)的辍学率,也未能提高他们的学业成绩?也许我们可以从费尔莫、艾蒙、麦克劳林和艾蒙(Fillmore, Ammon, McLaughlin and Ammon 1985)的研究中找到一些重要线索。他们发现许多双语及单语(即英语)课堂的教学都糟糕透顶,而且,一些号称双语的课程则尽量少地使用学生的母语,这两个因素在一定程度上导致了美国许多双语教学的失败。然而,那些课堂教学良好,并不再只是象征性地使用母语来进行教学的双语课堂却取得了成功。

费尔莫和同事们认真地观察了某校三年级和五年级共17堂课,其中包括"双语"课和英语为唯一教学媒介语课堂,学生则包括粤语班儿童和西裔班儿童。他们希望可以发现课堂教学及课堂上的语言使用模式(即教学媒介语)是如何影响学生英语技能发展的,这些英语技能也是学校有效教学所必须达到的。他们花了一整学年来观察课堂上师生之间以及学生之间的互动情况。

在研究结果中,他们发现了一个令人吃惊的事实:所谓的双语教学却很少使用学生的第一语言。其平均的使用率仅为百分之八(与使用英语和保持沉默的时间相比较)。此外,他们还有以下几个发现:学生英语口头理解能力的发展不受教学实践的影响,但学生英语口头表达能力的发展却受到教学实践的影响;教学实践不但影响小学阶段低年级的第二语言发展,而且也影响小学阶段高年级的第二语言发展,但他们的教学实践是不同的;影响儿童语言发展的教学实践与他们的文化背景有关;教师在课堂上的作用取决于以下两个因素,一是班上英语水平较低学生的数量,二是这些学生与英语使用者的接触情况。

他们得出的具体结论如下:所有接受双语教育项目的学习者若有较多的机会接触英语为母语的同龄人,那么他们就都将在英语学习方面受益,其中西裔学生尤其如此。华裔学生只有在英语水平达到中等程度以后,才能从与英语为母语的同龄人交流中获益。比起西裔学生来,华裔学生更喜欢在管理有序、相对安静的学习环境中成长。另外,西裔学生更在乎教学质量(如学习任务和学习教材的难度是否合适)和输入性教学语言的质量(如语言的结构是否简明易懂),而中国学生似乎更能忍受质量低下的教学。因此,研究者们并未发现课堂变量与语言学习之间有直接的联系。两个不同的文化社群学生需要不同的教学方法。

总之,费尔莫等人的上述研究之所以令人鼓舞,是因为他们指出:"尽管美国移民学生的英语学习情况极其复杂,但我们仍然可以为教育工作者制定出明确的指导方针,以便他们可以为英语水平欠佳学生设计出各种教育项目,进而提高这些学生的语言和学业发展"。在此,我们看到了一个观察性解释的极好的案例。

费尔莫等人的这些发现合情合理,而且确实具有说服力,同时还具有**可追溯性**(ex post facto)。也就是说,他们所指出的促进或妨碍学习的影响因素是在调研过程中发现的。如果我们在别的课堂进行相似的观察,还能获得同样的学习影响因素吗?而且两次的影响因素对学习的影响程度是一样的吗?要想在重复性的研究中获取相似的结果将会遇到两方面的困难:一方面,要使用相同的样本进行相同的检测将会碰到很多困难,另一方面,要发现导致变化的主要决定因素存在着不确定性。例如,假设费尔莫等人所观察的所有课堂的噪音大小都极为相似。即使这种情况的确存在,研究团队也不可能每次都得出噪音大小是影响学习的一个重要条件这一结论。何况在后来的重复性研究中,教室的噪音程度各不相同,而且其他变量的相关重要性也与初始研究中的明显不同。即便我们有信心找到所有重要的相关变量(因此,为了这种过度自信我们需要一个理想的地方),但在日常生活的各种情景中我们通常是无法控制这些变量的。

然而,如果我们为了跟踪记录一个变量对相关标准的影响,而能设法使该变量之外的所有其他变量都保持恒定,那么,我们就进入了解释的另一个层级——**实验性**解释。但是,要在社会科学中完全控制某些变量几乎是不可能的。即便我们在实验中使用对照组来观察,但那也只能减少而不能根除未控制或不可控因素所带来的影响。可以控制**某些**相关变量的准实验也许是我们在社会科学领域能做到的最好方式了,因为它至少涉及语言规划学者感兴趣的某些种类的语言行为。

"圣·兰伯特实验"[38](St. Lambert experiment)就是一个典型案例(Lambert and Tucker 1972),该实验的启动是由于加拿大魁北克省讲英语家长施压的结果。这些家长担心传统的法语教学方法对他们的小孩不起作用。面对魁北克为了提升法语地位而发动的日益高涨的政治运动,这些家长害怕自己的小孩离校后对于法语的使用准备不足。于是,家长们认为,他们可以把孩子送进以法语为首要教学媒介语的幼儿园和小学,以便提高小孩的法语水平。但与此同时,他们也并不确定这种让小孩在家庭与学校间进行语言转换的做法会产生什么样的结果。此时,在麦吉尔大学华莱士·兰伯特(Wallace Lambert)、理查德·塔克(Richard Tucker)和其他一些学者的帮助和鼓励下,这些家长决定进行一个有关儿童法语学习的实验项目,地点是在蒙特利尔郊外的一所新教小学。这片郊区名叫圣兰伯特,是当地中产阶级所居住的地方,而该小学原本是讲英语的。

所有参与实验项目的小孩都来自讲英语的家庭。参加与否纯属自愿。兰伯特和塔克(Lambert and Tucker 1972)对其中两个班级进行了自幼儿园到小学阶段的跟踪调查。他们记录了该项目对小孩语言、认知和态度三方面发展的影响,并且报道了该项目头六年(即第二个实验班从幼儿园到小学四年级的六年)的发展结果。从幼儿园到一年级,这些小孩的教育仅用法语进行。从二至四年级,除了每天两节为时半小时的英语语言艺术课外,其余课

---

[38] 即圣兰伯特沉浸式双语教育实验,发生于20世纪60年代,是一次充满想象力的、革命性的教学实验,标志着20世纪全球范围的沉浸式双语教育运动拉开了序幕。

程的教学媒介语主要是法语。

  这些研究者很关注儿童的学业成绩,他们不但把这些儿童取得的学业成绩与自幼讲法语并在学校接受常规法语项目教育的儿童所取得的成绩做了比较,而且还与那些自幼讲英语并在学校接受常规英语项目教育的儿童所取得的成绩做了比较。于是,研究人员抽取了上述两类常规项目的三个对照班,其中两个是英语项目班,一个是法语项目班,研究人员对他们取得的成绩进行了总结和分析。在两个英语项目对照班中,其中一个同样来自圣兰伯特学校,也是一年级学生,这与实验班更具有可比性(在该校中,一般的实验班和对照班的学生是随意分配组合的。但在被跟踪调查的两个实验班中,学生是应家长的要求而被招进来的)。另一个英语项目对照班则选自蒙特利尔郊外的另一个中产阶层居住区的学校。英语项目对照班和实验班的家长在对待讲法语的加拿大人的态度上以及与这些人的交往上似乎都具有可比性。"如果有机会的话,绝大部分英语项目对照班的家长都愿意把自己的孩子送进实验班",但该校实验班仅有两个。法语项目对照班则选自圣兰伯特一所天主教法语学校。所有对照班的孩子都上过幼儿园。对照班和实验班的学生在社会阶层背景和可测的学习能力方面都大体相同。

  研究发现,实验班的孩子到了四年级末就能与英语对照班的同龄学生一样在家说流利的英语。此外,实验班的孩子在数学及其他可测智力方面也与对照班的一样高。实验班孩子的法语水平尽管在某些方面不如法语对照班的水平,但明显高于英语对照班的法语水平。总之,在与对照班的成绩比较之后,结果显示实验班增强了学生的第二语言能力,却没有降低他们的家庭语言水平,也没有影响他们在其他非语言类科目中的成绩。

  因此,通过这个准实验研究,我们就能回答如下问题了:通过法语来教英语世界的儿童,其教学效果将如何?研究结果表明教学效果是不错的。但这一令人满意的结果会不会是学校实验项目本身之外的因素所导致的呢?例如,实施实验项目的教师特别优秀?参与实验项目的学生家长特别卖力?尽管出现这些情况的可能性不大,但我们也不能完全肯定在社会科学可接受的准实验中,究竟哪个因素是理所当然的、几乎永久不变的原因。

但是,假定兰伯特和塔克的结论是合理的,那么为什么不用多数人讲的语言来教使用少数族裔语言的孩子呢？进入圣兰伯特实验班的孩子在以下两个重要的方面与使用少数族裔语言的孩子不同。第一,实验班孩子的家庭语言(即英语)是一个大社区的语言,并被认为是有价值的语言。小孩在家庭和居住小区之外还有很多机会使用该语言。此外,该语言在学校以外的机构也得到广泛使用。第二,实验班孩子的家长都是受过良好教育的中产阶层人士,大多数都是英语社区的永久居民。这里还未对包括贫穷、迁徙和无权无势等相关联的不利因素加以考虑。使用法语进行启蒙教育能使加拿大蒙特利尔中产阶层讲英语家庭的孩子受益,但这并不代表使用英语进行启蒙教育也能使美国洛杉矶西裔聚居区的穷困孩子受益。另一方面,费尔莫等人的研究显示,如果教学技术和学习条件落后的话,即便使用学生的家庭语言进行启蒙教育也不一定富有成效。

在上述有关解释性语言政策研究的三个案例中,我们明白了人们可以通过统计性的数据描述、课堂观察和准实验手段来判断语言政策的因果关系。在头两个案例中,我们发现每个重要的结果都与许多独立变量有关联。在第三个案例中,我们发现许多重要的结果仅与一个变量有关联,那就是教育的类型——是实验型还是传统型。但为了让调查的实验组和对照组尽量处在相同的环境中,我们还需要考虑到许多其他变量,如学生家长的态度、学生家庭的社会经济状况以及学生的学习能力。正如描述性理论框架或解释性理论体系可用于提醒人们在进行描述性或预测性研究时应该注意哪些变量一样,描述性理论框架也可用于提醒人们在进行准实验研究时应该控制哪些变量。

理论的充分性

如果语言规划没有理论,我们在对某些语言政策案例进行描述性、预测性和解释性的研究时,就无法采用原则性的方法来判定哪些变量是应该考虑的。每个研究者都必须或多或少地根据某一理论来做出研究判定,但某些特定的研究又有助于某些理论的形成,它们被看作这些理论形成的第一步。

理论就是一个概念体系,它把精辟的命题组织起来,并进行归纳,然后用于解释普遍的人类行为。例如,贾尔斯和他的同事(参见 Beebe and Giles 1984;Giles and Smith 1979;Giles 1980,1984)所提出的言语顺应理论(speech-accommodation theory)。该理论旨在:(1)根据说话者的言语模式来解释这些人语言趋同或趋异的潜在动机,(2)预测语言趋同或趋异可能带来的社会后果。

最近,该理论(Giles, Mulac, Bradac, and Johnson 1987)提出了新内容,即列出了六个命题,以便用来确定人们以下行为的背后原因:人们为何要进行语言趋同或趋异?大量语言趋同或趋异的决定因素是什么?人们会在什么环境下对说话人的语言趋同给予正面评价,而对说话者的语言趋异给予负面评价?这六大命题是在对言语顺应行为进行了大量的研究后才形成的。根据观察,以下几个因素关系密切,并存在一些规律:言语中的语言调节、说话者的社会属性、言语发生的场景、言语的对象以及对言语调节的评价。研究者把这些发现的规律组织起来形成命题,把命题再组织起来便构成了完整的理论概念体系。当命题用来验证新数据时,若检测结果前后都一致,那么该命题就会被人们所接受,若检测结果前后不一致,那么该命题就会遭拒或需要重新起草。判断整个概念体系是否成功,不但要取决于每个命题被接受或遭拒的程度,而且还要取决于该概念体系能在多大程度上引发新命题的形成,从而拓宽该理论对人类语言行为的解释范围。

可见,一个理论的雏形**始于**人们对语言行为规律的发现,而语言行为规律的发现又依赖于人们对描述性分类的整理。

因此,在科学事业的每一个阶段,描述性理论框架或解释性理论体系的建构都显得非常有用。它们可以帮助我们在各种情况下来决定哪些是值得描述、预测和解释的。通过对众多个案的观察来发现各种描写性分类之间存在的共同关系,最后提出各种总结性的归纳。将这些总结性的归纳整合起来便形成了一套理论,进而不仅可用于解释某个特定的个案,而且还可用于解释**所有**具备类似重要现象的个案。理论的有效性需要经得起新数据的验证,而这些新数据是根据理论建构所依赖的描述性分类来搜集的。若我们不能确定某个理论可以经得住新数据的验证,那就意味着我们需要进行新的描述性分类,如果有效的话,则可形成修订版的新理论。

在语言规划领域,我们仍处在语言行为规律的发现阶段。在发现这些规律之前,我们首先必须决定哪些变量是最值得描述的。描述性理论框架可以帮助我们做出这方面的决定。

第四章　几个描述性理论框架

　　描述性理论框架就像是塑造形象的模型：将人们的表现行为灌入里面，待其冷却成型后，便可供人分析。同样的表现行为若被灌入不同的模型，最终就会呈现出不同的形象。因此，政治学家、社会学家和课程研究专家对埃塞俄比亚大众识字运动的描述就会千差万别。对于同一个表现行为，每位分析者会有不同的兴趣点，于是，他们就会选用适合聚焦他们兴趣点的理论框架。

　　尽管我们为了不同的分析目的可以对人类的表现行为进行切分，但它仍然是一个整体。就像我们可以通过多元回归的分析方法把众多不同的独立变量整合起来，以便解释某些结果中所出现的变异现象一样，我们也可以把众多不同学科的知识整合起来，进而从整体上解释某一特定现象。鉴于语言规划研究上并没有一个普遍认同的理论框架，那么从其他学科或者分支学科中借鉴一些理论框架的做法，不仅有利于我们更好地理解语言规划，而且还可有利于我们推动语言规划特有的理论框架的发展。为此，我们可以借鉴创新推广、营销策略、政治发展和决策制定等领域中的理论框架，并把它们应用到语言规划中去。因此，我把语言规划依次看作是：(1)创新管理，(2)市场营销，(3)获取并维持权力的一种工具，(4)决策制定。最后，我会根据这四个理论框架对上一章中提及的语言规划研究理论框架进行修改和补充，以便给出第二版本的解释性理论体系。

语言规划是一种创新管理

　　人类语言行为中的变化不管是有意的还是无意的，它们都是传播的结果。有些人通过口头或书面的形式进行了创新，然后这些创造被大家所接受。有关创新传播的文献已经多如牛毛。尽管人类学、市场营销、教育、大众传播和公共卫生等学科领域出现了大量的有关创新研究的成果,但大多数还是在社会学领域,如普通社会学、农村社会学以及医学社会学。而且,多数创新研究都集中在物质产品或实体产品以及实践操作上,例如,生活消费品(如个人电脑、录像机)领域的创新,农业实践(如施化肥、滴灌)领域的创新,医疗操作(如使用麻醉剂、开药方)领域的创新,农产品(如玉米、咖啡、红薯)领域的创新,等等。

由于交际创新(我以此代指语言使用、语言结构或语言习得方面的变革)不属于物质产品的创新,所以它在很大程度上被传播学研究领域的学者所忽略。在该学科的标准文献资料——罗杰斯(Rogers 1983)所著的《创新传播学》中,其索引根本就没有列出语言类词条。此外,在斯坦福大学传播学院的专业文献中心,有大约2750种出版物(Rogers, Williams and West 1977),但其中涉及交际创新传播的仅有两个,它们都来自1949年卷的《美国演讲》(American Speech)杂志:一个仅涉及"shivaree"(喧闹的庆祝)一个单词(Davis and McDavid 1949),另一个则涉及石油工人词汇的汇总(Boone 1949)。

传播学领域的学者之所以会在很大程度上忽略大量有关语言结构变化的文献,可能是因为大多数研究语言变化的学者都把注意力放在了语言的属性上,并把语言属性看作是语言变化的源泉和中介。不过这一现象最近有了改观。换句话说,以前人们不是从语言所处的社会结构,而是从语言的内部结构来解释语言的变化。现在有越来越多的文献开始探讨导致语言结构变化和语言使用变化的社会环境(如 Fischer 1958,费什曼 1964,甘伯兹 1958,Labov 1966, Irvine 1978, Kroch 1978, Scotton 1972, Trudgill 1972,威因里希 1963),不过,这些研究尚未找到从创新传播角度去研究的方法。而且,大多数研究语言交际变化的学者都忽略了数量同样庞大的创新传播类文献。然而,阿芬德拉斯(Afendras 1969)是个例外,他根据语言传播密度提出了数学式的传播模型,该模型既可用来描述语言项的传播,也可用来预测一种语言对另一种语言所产生的相关影响。另一个例外则是一本文集,它把语言扩散视为一种传播实例(库珀 1982b)。

创新传播学领域的学者试图根据创新的特性、创新的接受者以及创新的社会环境来解释创新接受在速度与程度方面的差异。我们可以把传播学中的研究方法运用到语言规划研究中去,但首先要明白如下一些概括性的问题:谁接受?接受什么?何时接受?何处接受?为何接受?如何接受?(Who adopts what, when, where, why, and how?)(库珀 1979)。

谁在接受?

对于有意生成的交际创新,要判断谁是接受者,谁不是接受者,或者谁是早期接受者,谁是近期接受者,这需要一些判断的标准。当我们在思考这些标准时,我们通常会把那些实际的或潜在的接受者设想为一个个独立的说话者、写作者、听者或读者。毕竟是这些个体根据特定的交际语境或接受或拒绝某些特定的音位变体、术语、句法结构和拼写习惯,同时,也是这些个体选择学习新的语言和新的书写体系,而后他们可能会放弃其他已经掌握的语言及书写体系。但有些团体机构也需要做出选择:采纳一种,并放弃另一种交际创新。这些机构常常成了语言规划者的目标。我在这里所说的团体机构是指任何独立存在的公立或私立机构,它不会被任何个体成员所操控,而是以自己的实体身份出现。

有些语言规划基本上是由团体机构来主导的,这方面的一个不错案例便是简明语言运动(plain-language movement)。该运动旨在提高人们对一些常见文件(如消费合同、保修证书、政府表格、规则条例、说明书以及法律法规)的理解。这场运动起源于美国,当初它是作为消费者运动的一部分而出现的,现在已经扩展到全球。该运动的主要对象是银行、保险公司、消费品制造商、政府组织等机构,因为它们制定的文件与公众的理解密切相关。

有时候,语言规划者针对的虽然是团体机构,但其目的却是为了影响个体。例如,美国的女权主义者想要改变专业机构的语言编辑政策而采取了两步走的策略。一旦像美国心理学会这样的团体机构宣布其属下的期刊不再发表使用了性别歧视语言的文章时,那么,那些想要在这些期刊上发表论文的人就必须小心:确保自己的稿件遵守了学会的语言无性别歧视规则。因此,尽管简明语言运动和女权主义运动均针对团体机构,但后者却是为了影响个体的语言交际行为,而前者则并非如此。

上述讨论使得我们可以区分语言规划的**初级**目标和**中级**目标。银行、保险公司、消费品制造商和政府部门等都是简明语言运动的初级目标。诚然,这些团体机构用简化明晰的语言书写文件的做法可以使众多的个体受益,但这些不是广大个体的语言行为,而是团体机构的语言行为。团体机构影响到个体,同时,还构成了语言规划的初级目标。对于女权主义运动来说,出版物和专业学会中的语言使用是语言规划的中级目标,而中级目标也影响到广大个体,而个体的语言行为属于语言规划的初级目标。

对于有意生成的交际创新的潜在接受者,不管他们是团体机构还是个体,目前的研究结果都无法确定哪些标准可以用来区分接受者与排斥者,以及快速接受者与缓慢接受者。在这些研究中,芬伯格(Fainberg 1983)的研究结果表明,以色列的女性比男性更快接受希伯来语研究院所批准的新词,而且这一现象与年龄和教育程度无关。霍夫曼(Hofman)先后对化学家(1974a)和心理学家(1974b)进行了调查。结果表明,对他们背景变量(如语言学习史和自称的语言水平)的了解将有助于研究人员预测这两类人对希伯来语研究院所批准的新词的使用程度,而且,在对心理学家的调查中,他们的态度变量也是有益的预测项。霍夫曼根据语言态度,把心理学家分为两类:一类认为语言是国家团结和声誉的一种象征,另一类则认为语言就是一种工具。结果发现,前者比后者掌握了更多希伯来语研究院所批准的新词。诸如此类的研究成果将有助于语言规划者更好地寻找到自己发动的语言运动的参与者,即那些更能够接受该语言运动的人,尤其是这些人中的舆论领袖。参与者的出现继而又可以帮助语言规划者发现哪部分人对他们所进行的推广策略无动于衷。

何为接受?

接受指的是有意生成的交际创新被接受的程度。罗杰斯和舒梅克(Rogers and Shoemaker 1971)提出了接受的五个阶段:意识阶段(即认识到创新的存在)、兴趣阶段(即获取关于创新的知识)、评价阶段(即拥有对创新的好恶感)、小试阶段以及决定阶段。后来,罗杰斯(1983)又提出了另一个略有不同的划分方法:认识到创新存在的阶段、说服阶段(即拥有对创新的好恶感)、做出接受或拒绝决定的阶段、实施阶段(即使创新付诸使用)以及确认阶段(即寻找所做决定的理据)。现在,我提出以下几个有关语言规划接受的种类:

(1)**意识**:潜在的接受者可以识别创新的存在与否。例如,在妇女解放运动(Women's Liberation Movement)兴起之前,没有人会注意到语言中的性别歧视。在日常生活中,大家对它熟视无睹。但女权主义运动提高了人们对这一歧视现象的意识。

(2)**评价**:潜在的接受者会对创新的个人用途形成自己的看法——包括正面的和反面的看法。此时,他们基本上都会采用目的-手段法(McGuire 1969),也就是说,他们对有意生成的交际创新的态度取决于以下两个因素:一是他们能在多大程度上认为创新了解或使用将有助于他们宏伟目标的实现;二是该创新在多大程度上与目标的重要性有关。

(3)**精通或掌握**:接受者能够恰到好处地使用有意生成的交际创新。正如得体交际准则所定义的那样,所谓"掌握"是指能在恰当的时间和恰当的地方对恰当的人运用语言交际创新的能力。

(4)**使用**:既然"掌握"是指创新运用的能力,那么,"使用"作为采纳的第四个,也是最后的一个形式,指的是创新使用的实际频率。人们可以从绝对频率与相对频率的层面来描述创新使用,也就是说,为了某种环境下的某种目的,该创新的使用频率是多少,以及与接受者可获得的其他选项相比,该创新的使用频率是多少。

这四个接受指数通常也代表了接受的四个阶段,它们的顺序是"意识先于"评价","评价"先于"掌握","掌握"先于"使用"。但它们只能这样循序渐进吗?也许有些形式是可以同时进行的。例如,"精通"的实现是因为"使用"的功劳。这四个阶段甚至有可能会出现与正常顺序相逆的情况,如有人为了某一目的会在他们"精通"某一创新(如一种新的语言)之前就"使用"它。譬如,在我还不能熟练使用希伯来语之前,我就开始在大学用希伯来语上课了。这是环境所逼,所以我每次上课之前都会查找并记下很多我上课时可能会用到的词组。

尽管语言规划者最终是对"掌握"和"使用"两个阶段感兴趣,但是,就像制造商会通过广告宣传来增加公众对其新产品的了解一样,语言规划者也会通过如下方式来提高人们对创新接受的水平:鼓励人们对创新"意识"的提高以及对创新现象的正面"评价"。在本章下一节分析语言规划是一种市场营销的理论框架时,我会考虑如下几个运动。事实上,语言规划运动比比皆是。现列举几个来自以色列的例子。"希伯来人讲希伯来语"的训谕式海报早在以色列建国前的20世纪初就已经出现在巴勒斯坦的街头巷尾。希伯来语研究院出版和发行了经认可的各个专业领域的术语。多年来,以色列电台每日两次地广播一分钟的幽默短剧。在这些短剧中,往往是一个人批评另一个人所误用的某一语言表达(其中大多数都是百姓日常生活中所常用的),然后,批评者再说出一个规范的表达方式(其中大部分都是仅用于书面表达或者在极为正式的公开场合才使用的),有时批评者为了证明该表达方式的权威性,还引用其在《圣经》中的原文。尽管这些例子反映了语言规划运动的教育性和推广性,但它们的基本目标似乎还是想要提高人们对创新的"意识",并重塑公众对创新的态度。不管语言规划者是否参与了这些推广活动,但他们提高了自己对语言行为种类(即"意识""评价""掌握"和"使用")的意识,进而增强了这些活动的有效性。

接受什么?

接受者要接受的是什么?语言规划者和交际创新传播的研究者都可以从形式和功能两个方面来探讨这个问题。

"形式"是指创新的结构。对于语言习得规划来说,最令人关注的结构特点也许是以下两个:(1)目标语与潜在接受者已经掌握语言的相似度。(2)目标语各变体间的相似度。毋庸置疑,如果两门语言在各方面都相似(当然,这种现象是少之又少的),那么,潜在的接受者就能更多地依赖于他们已知的语言,从而更快地接受这种新语言。例如,斯瓦希里语(Kiswahili,属班图语族)之所以得以快速推广,便是因为它首先是在班图语族(Bantu languages)的使用者中加以推广的。然而,若一门新的语言在结构上与潜在接受者已知的语言相似,但它还不够发达和独特,那么,想学习该语言的人可能也不会多。例如,马来语是如何扩展成为印度尼西亚的通用语的?而为什么不是爪哇语?尽管当地以爪哇语为母语的人数远远超过以马来语为母语的人数。那是因为爪哇语是由几种语言社会风格各异的方言所组成的,而且这些方言在词汇上都各不相同。如果有人想要掌握爪哇语并像爪哇人那样交流,那他或她就不仅需要学习各方言所使用的词汇,而且还需要了解这些词汇使用中必须遵守的各种复杂的社会规则。不管是否是因为语言的发达程度阻碍了爪哇语的推广(毕竟,人们只要掌握基本方言就行,而没有必要都像爪哇人那样进行语言交流),此时,人们就会说,接受者要学习的词汇、句法或文体越少,语言学习就会越容易,掌握起来也就越快。

如果说语言结构上的相似性和同质性是语言习得规划方面的重要特点,那么,它们间的相关性也许可以得到解释,因为语言结构上的相似性和同质性与拟将学习的创新(即语言)的繁简程度有关。当然,语言的复杂性通常是创新传播调查者需要研究的内容之一。语言的简单性或复杂性是交际创新的一个特点,但问题是我们有时很难预先得知什么简单易学,什么复杂难学。对于音位、词汇或句法层面的创新规划尤其难。

我们基于什么理由来判断语言中的什么东西易学呢?例如,在创造新词汇时,人们通常认为短单词比长单词更可取,理由是短单词比长单词更易学。然而,芬伯格(1983)发现,在她研究的 25 个希伯来语新词中,词汇的长短与知晓或使用该词汇的受访者的数量之间毫无关系。相反,她发现新词的接受度却与源自相同词根的词汇数量有关。有些新词源自派生词极少或极多的词根,而有些创新(即新词)则源自派生词数量中等(即四至五个)的词根,但后者比前者更容易被人们所接受。她对此解释道:新词若源自派生词极少的词根,就会不太显眼,于是难以被人们所记住,相反,新词若源自派生词极多的词根,则容易与其他同源词混淆。尽管这种解释似乎站得住脚,但对于语言的简单性来说,这种解释显然有事后诸葛亮之嫌。不过,无论如何,她的研究是开拓性的,她对那些较好地被人所接受的新词的结构特点进行了研究。如果语言规划者想要建构或选择那些最有可能被人们所接受的词项,他们最好是自己去开展这种研究,并关注其结果。

"功能"是指创新规划的目的。语言规划者正是在语言规划的编典和语言规范化(参见第六章)两部分最容易忽略指明创新使用的语境。在上文提到过的以色列广播节目中,虽然主持人坚持标准变体才是唯一可行的,但他或她却忽略了如下一个事实:这些变体如果真正使用的话,它们只适用于很有限的语境中。电台节目中对希伯来语使用的这种单一观点影响到社会的各个角落,最近在学校也有所反应。这就是为什么连受过高等教育的以希伯来语为母语的人也感觉到自己的语言使用不是很好(拉宾 1983)。为此,最近由以色列教育部主导的课程改革鼓励人们接受不同场合使用不同文体(如口语体和书面体)的做法,并尽量以此来阻止和修复以前错误观点所带来的误导(Regev 1983)。

总之,语言规划的内容可以在语言的结构及功能属性方面得到细化。[65]虽然这些属性的差异可能与语言推广的速率和程度有关,但我们目前要区分这些相关属性的能力的确还是有限的。

何时接受?

卡茨、莱文和汉密尔顿(Katz, Levin and Hamilton 1963)指出,严格说来,创新传播研究人员的兴趣因变量不在于接受本身,而在于接受的时间。如果可以确定接受的时间,那么就可以比较早期和晚期接受者的特点,并绘制传播曲线图,从而反映出接受者的数量与时间变化之间的关系。很多有关传播研究的报告里都有"S型"曲线图（Warner 1974）：有关创新的潜在接受者的百分比"低开高走"，达到顶点后则开始逐渐放缓，此后，创新接受者的比率则保持稳定的发展趋势。

通用语的传播多半会呈现出"S型"曲线图。对于语言来说，学习者越多，其作为通用语的功能就越大，当语言的功能越大时，它就越能吸引更多的学习者（Lieberson 1982）。不过，学习者数量的增长会随着以下两种现象的出现而减缓：一是当新增通用语人数的比率接近零时，二是当该语言开始侵蚀到其他通用语的边界时。然而，我尚未听说有人对该假说进行过实证性验证。

尽管有关接受时间的数据对交际创新推广的研究尤为关键，但这方面的数据却基本没有。通常，这种现象在传播研究中似乎司空见惯了（卡茨等1963），这也许是因为要获取这方面的数据困难重重。可见，纵向研究的代价是昂贵的。此外，用于单一纵向研究的时间往往只是交际创新推广所花时间中非常小的一部分。为了使获得数据所覆盖的时间长于单一纵向研究所覆盖的时间，我们有时可以对连续几次人口普查中相同或不同年龄段的社群进行研究，利伯森（1970）就是这样做的，他利用加拿大的人口普查资料进行研究。例如，在这次人口普查中声称懂得某一语言的20至29岁年龄段的人口比率，可以与10年后下一次人口普查中声称懂得同一语言的30至39岁年龄段的人口比率相比较，还可以与20年后下下一次人口普查中声称懂得同一语言的40至49岁年龄段的人口比率相比较，若要更长时间的研究以此类推。这一研究过程将有助于以时间为本的传播曲线的绘制，但这一曲线的制作依据是那些经常难以得到求证的各种假设。例如，假设在每次人口普查中各年龄段的人口组成都不会受移民（包括移进人口和移出人口）现象的太大影响，或者假设在每次人口普查中被问者都被问及同样的语言问题，而且他们都同样如实地回答这些问题。这种根据数次人口普查数据来制作传播曲线图的另一大问题是，每次人口普查的间隔时间都较长，以至于传播曲线图上的时间点较少。此外，人口普查中一般只问一个语言问题，而且，这个问题也不是研究者最感兴趣的问题。每次人口普查都是询问调查对象所掌握的语言,但研究者更感兴趣的是调查对象的第一语言是什么,或者是调查对象目前在各种场合下所使用的语言是什么。当然,人口普查不会涉及具体语言项(如音位、音素或句法结构)的知识及其应用。尽管人口普查数据会有这些问题,但正如利伯森(1970)在分析加拿大的人口普查数据时所证实的那样,人口普查中的语言数据对于各种相关的分析还是很有用的。

如果我们不进行纵向调查,也不使用连续的人口普查数据,而只做单一的一次性调查,那我们就可以直接问调查对象是何时接受创新的。然而,调查对象,尤其是语言创新领域的调查对象,很难记得住自己是何时才清晰地意识到自己在接受创新。此外,个体接受者的习得能力往往是渐进式的。例如,在语言习得方面,究竟到什么程度才算接受者已经学会某一语言?

正是因为这些逻辑上和方法论上的困难,所以我们调查时往往是仅针对某一时间点来进行,然后通过观察、拉波夫(Labov)式访谈以及测试等方法来确定调查对象对所问创新的接受程度。然后,我们可以把接受创新的程度与调查对象包括年龄在内的各种特征联系起来。这使得我们可以通过"显象时间"(apparent time)(如跨代)来追踪创新接受的发展进程。

虽然确定接受的时间是笼统的创新传播研究以及具体的交际创新研究中的一个重要问题,但是语言规划者不能忽略语言使用、语言结构和语言习得中与语言紧密相连的变革本性。计划通常会指明某一变革的具体日期。如果可以确定同一目标社群(即其比例)连续几次接受创新的阶段性日期,那么我们就可以监测计划的成功实施,而且如果需要修改计划的阶段性或最终目标以及目标实施的方式,我们也可利用这些获得的数据来进行。这种阶段性评估是任何有组织规划都必须有的,在语言规划中显得尤其重要,这是因为我们往往不知道在特定条件下,到底需要多少时间才能完成某个语言规划目标。规划中出现变化是常有之事,原因有二:一是规划本身的缘故,二是众多规划者无法控制的因素。但是,规划者即使撇开那些无法控制的因素不管,他们往往也无法知道在特定条件下,为了特定的目的,接受一个特定的交际创新到底需要多少时间。因此,定期的阶段性评估不但有助于规划者监控和修改计划,而且还有助于他们为如何把控完成某些目标所需时间积累经验。当然,这些信息不仅对语言规划者有用,而且对创新传播的研究者也有裨益。

何处接受?

所谓创新接受的地点,并不是指接受的地理场所,而是指创新得以推广的社会概念上的互动场所。因此,这里所讲的地点并不是指物理空间或地理空间,而是指社会空间。

费什曼(1972a)在研究语言维持和语言转用时都强调指出,社会域是社会双语现象研究的一个关键场所。他还指出,一个"域"仿佛就是一个"星座体",它由众多的社会环境所构成,而每个社会环境又由人物、地点和时间三者组成。构成"域"的各个社会环境也都要受到相同行为规范的限制。参与性观察(participant observation)以及实证研究都已表明,这种方法是管用的。

艾德曼、库珀和费什曼(Edelman, Cooper, and Fishman 1968)可以提供这方面的案例。他们曾经在与纽约市一河(即哈德逊河)之隔的泽西城(Jersey City)做过实验,即对该城一所天主教小学的波多黎各双语儿童进行研究。该研究的目的是评估这些儿童在学校、宗教、居住小区和家庭四个域中西班牙语和英语的使用状况及熟练程度。因此,在个体访谈中,研究者要求儿童回答他们在学校、教堂、居住小区和家庭四个域中在与不同的人交流时在多大程度上使用西班牙语和英语。此外,研究者还要求儿童分别用上述两种语言各自在 45 秒钟内尽可能多地说出学校、教堂、居住小区和厨房里所存在的物体。结果发现:儿童在说出这些物体的名称时,有一半的人先用西班牙语说,而还有一半的人则先用英语讲;儿童在家时西班牙语的使用多于英语的使用,但在学校时英语的使用则多于西班牙语的使用。同样,这些儿童用两种语言说出物体名称的得分也表明:与英语水平正好相反,他们的西班牙语水平在家庭域中表现得最高,而在学校域中则表现得最低。可见,如果仅使用笼统的、缺乏语境的方法(如上例中假使只要儿童说出物体名称,而不考虑具体的场所),那么,我们就无法发现这种由于不同的社会互动域所带来的语言使用及熟练程度方面的诸多差异。

因此,对于语言规划者和交际创新推广的研究者来说,社会域是一个很有用的研究内容。那么,究竟什么样的人事关系(如客户与推销员的关系、师生关系、公民与政府官员的关系、士兵与军官的关系)、什么地方(如商店、学校、政府机关、广场)以及什么时候才会遇见并接受创新呢?例如,甘伯兹(1958)发现,在北印度有一个使用各种次方言的村落,这里的创新是通过朋友关系来传播的。决定创新接受的不仅仅是社会互动的频率,它还取决于创新者与接受者之间的关系,或者早期接受者与晚期接受者之间的关系。所以,尽管雇主与雇员之间的言语互动非常频繁,但他们之间不会出现一方接受另一方的说话模式,但朋友间的非正式交流却会导致这种接受行为。

从一种观点来看,社会互动可以为创新提供传播渠道。潜在接受者要在什么样的社会环境下从什么样的人那里才能听到或遇到创新?什么样的人才能有意或无意地影响潜在接受者对创新的评价?潜在接受者要在什么样的社会环境下从什么样的人那里才能学会创新?并且他们要在什么样的社会环境下与什么样的人才能使用学会的创新?我们想要找出那些可以影响潜在接受者的人所具有的共同特点,同时,我们也想要找出这些人与潜在接受者之间的互动所具备的共同特点。一旦这些潜在接受者接受了创新,他们反过来又会影响谁呢?

社会域的概念可以帮助我们把交际创新在推广时所出现的众多互动行为分门别类。然后,我们可以根据门类就它们的创新变化程度进行对照和比较。如果我们可以知道创新接受的比率在多大程度上与社会互动的类型有关联,那么,这将有助于语言规划者的目标确定与实施,同时也可增加创新传播研究者对创新推进渠道的理解。

为何接受?

什么动力可以促使语言规划者和语言变革者来推动创新呢?什么样的动力可以促使潜在接受者来接受创新呢?如果我们使用在上文有关潜在接

受者对创新评价中提到过的目的-手段法来解释这些现象,那么我们就要明白创新所带来的目标或利益对这些人有什么意义,同时,还要明白创新与目标之间的关系。至于变革的推动者,我们需要区分两种隐性目标——规划机构的目标以及规划者个人的目标。例如,国家目标是要实现语言的标准化,旨在政治统一;但有些规划者的个人目标可能是想让自己母语的变体成为语言标准化的模本,或者是想让他们自己成为语言标准变体的唯一监护者。同样,语言常被用作凝聚国家意识的一种工具,但那些推广语言的人也在推广他们自己——他们通过群众运动创办政治机构,然后通过政治机构掌握政权,并声称自己是该事业的先驱者(费什曼 1972b)。

如果我们可以弄清楚为什么人们接受创新之后会出现行为的改变,那么我们也许就可以理解创新为什么具有促进价值。福斯特(Foster 1971)在探讨了识字能力发展与政治、经济发展之间的关系后提出:当人们解决了识字问题后,现实中又会出现什么问题呢?根据福斯特的研究,在非洲撒哈拉沙漠以南地区,那里的人们对识字教育的需求是第二位的,创造可以让识字能力能够迅速带来现金利益的环境才是第一位的。在农村地区,只有通过引进有利可图的经济作物,改善交通状况,以及拓宽信贷渠道等手段才能刺激当地的经济,并使之从温饱型向小康型转变。一旦这种趋势形成,人们就能看到识字教育带来的好处。识字使得农民能够计算农作物的产量和回报,还可以阅读有关如何提高生产力的材料。在城镇,商品经济的发展创造了许多新的工作岗位,但这些岗位都有一个先决条件:需要具备基本的识字能力。福斯特指出,识字能力的发展本身并不能导致商品经济运动的发生,但该运动一旦开始后,识字能力就能够促进该运动的发展。

有关识字能力发展的这一问题也适用于任何交际创新的推广。接受创新会带来什么样的行为后果?反之,不接受创新又会产生什么样的行为后果呢?

如何接受?

罗杰斯(1983:17)曾这样写道:"传播过程的本质就是信息交换,人们以此通过一对一或一对多的形式彼此传递新思想。在传播的最基本形式中,其过程包括以下四点:(1)创新,(2)接受该创新的个人或社群,他们理解该创新或者具有使用该创新的经验,(3)未曾接受该创新的个体或社群,他们对该创新一无所知,(4)连接上述两个个体或社群的传播渠道。所谓传播渠道是指个体间信息传播的手段。个体间信息交换关系的本质决定了信息源是否可以将创新传递给接收者的条件,同时,也决定了传递的效果。"

创新传播的经典范式强调信息流、说服力和流通渠道。因此,卡茨(1957)对个人交际的研究激发了学界对两步式交际流通(即先是大众传媒信息,然后是人们口耳相传式的交际)的研究(Pool 1973)。农村社会学家提出了一个两步式的信息流通模式:在农业新实践的传播中,首先从县级代理处传播到有影响力的农民那里,然后再从有影响力的农民处扩散到其他农民脑中(卡茨等 1963)。大众传播的研究者特别发现:大众媒体的传播渠道对于传授创新知识尤其重要;人际间的传播渠道在说服潜在接受者接受创新方面也非常重要(Rao 1971)。可以这样说,"传播过程的核心是潜在接受者对那些已经接受了创新的圈内朋友所表现出来的接受模式与接受模仿"(罗杰斯 1983:18)。

对于人们有意接受或拒绝的创新(如杂交玉米、化肥、计划生育以及某品牌牙膏)来说,传播的信息及其说服力存在一定的关联性,这是显然的。语言也属于这类创新吗?毋庸置疑,我们有时会看见如下这种情景:有些交际创新得到推广是因为人们有意去接受它,而且,有些接受者为了更好地接受创新而跟班进行或聘请家教。然而,交际创新时常是在接受者无意识的情况下得到推广的,尤其是在他们接受语言项的时候,无意识程度更高。此处提到的"信息交流"和"潜在接受者的接受模式与接受模仿"多半是无意识的。

为了适应人们对交际(以及其他种类)创新的无意识传递或接受,我们可以对经典的传播范式进行如下内容方面的修改:传播的过程包括(1)创新(2)个体 A,即潜在的创新影响者(3)个体 B,即潜在的创新接受者。B 遇见 A 的社会条件决定着 A 是否有可能影响 B 去接受创新。

在上述方案中,A 是潜在的影响源,他或她影响着 B 对创新的意识、评价、了解或使用。A、B 之间的相遇可以是通过大众媒体来实现的(如 B 在广播中听到 A 的讲话),也可以是通过个人接触来实现的(如正式的课堂教学)。A 可以有目的地与 B 沟通(B 可以是 A 唯一的沟通对象,也可以是 A 听众中的一员),A 与 B 的沟通也可能是偶发的或非刻意的,例如,A 与 C 在交流时,B 也在现场。此外,A 不一定要在 B 面前使用交际创新,只要谈论到它即可,正如家长或教师不一定要使用某一语言,但他们可以鼓励儿童去学该语言一样。在这个模式中,B 也许会遇上很多不同的 A,进而导致 B 有不同程度的创新接受。

在影响方面,有些个体或角色(如教师)可能比其他个体或角色显得更加重要,这在一定程度上取决于他们与潜在接受者之间交际互动的性质和频率。当然,传播研究的基本目标之一是找出那些跟接受时间和接受程度有关的交际互动的特征,同时,还要找出上文"何处接受"一节中所探讨过的那些问题。

在上述范式中,A 类人物承担着直接的变革代理人的角色,他们当然不可能在社会真空中运作,就连他们自己也要受到社会变化过程的影响。像所有的社会规划一样,语言规划既是这些社会变化过程的产物,又是这些社会变化过程的贡献者。因此,对传播过程的阐释不但要包括潜在的接受者与直接的变革代理人之间的互动和关系,而且还要包含影响这些互动和关系的过程。

在此,我们把以色列的英语推广作为一个例子加以分析。以色列人学习英语的动机之一是对外贸易在经济中的重要作用。正如利伯森(1982)所指出的那样,英语是以色列国际贸易中最需要的语言,因为根据国家的出口值来计算,英语国家成了国际贸易中最重要的世界市场,而且,英语还可用于以色列与"第三方"国家间的贸易,所谓"第三方"国家是指那些把英语作为附加语(additional language)来学习的国家。此外,那些具有直接国际业务的制造业、银行业、农业和商贸公司或企业都在使用英语,这些行为从而导致了它们的上游企业和代理机构对英语使用的需求。因此,英语在国际贸易中的使用产生了乘数效应(multiplier effect)。

我们可以从一份有关以色列希伯来语报刊中招聘广告的调查来窥视以

色列人英语学习的经济动机(Cooper and Seckbach 1977)。在所有的工作招聘广告(包括分类广告和综合类广告)中,有大约百分之十的广告提到了英语要求,而在综合类广告中,有百分之十七的广告提到了英语要求。其中最常要求英语能力的领域是白领阶层(占百分之二十六)。因此,在以色列,需要学习英语的人不仅仅是大学生。相比之下,一个类似的对美国报纸招聘广告的调查则显示,美国的许多工作岗位对外语水平没有要求。

以色列在出口、国际贸易量以及国民生产总值等方面都是形势喜人,这些因素在一定程度上创造和维持了社会对英语的需求。社会规划可以促进这些因素的发展,但不能控制这些因素的走向。同时,社会规划也可以促进英语学习机会的发展,继而决定国家预算中教育投入的比例。

语言规划也会影响社会对英语的需求。一方面,希伯来语作为以色列的国语得到全国范围内的推广,从而最大化地降低社会(尤其是犹太人)对其他语言作为国内通用语的需求。尽管英语有时被用作犹太人和巴勒斯坦人之间交流的通用语,但希伯来语也是他们之间常选用的语言。此外,希伯来语的改进和现代化使得人们能够更容易地把专业性的文字材料从英语译成希伯来语,因此也减少了技术人员阅读英语材料的需要。另一方面,从小学四、五年级直至高中,英语都是必修课,而且,英语是以色列高考的必考科目。这两个因素为以色列学生的英语学习既提供机会,也创造了动力。

小结

在本章提到的创新传播过程中,语言规划和其他社会规划以及社会、政治、经济等领域的变革都相互影响,同时,它们也影响着直接的变革代理人,而直接的变革代理人又影响着交际创新的潜在接受者。但并非传播过程(包括语言规划的传播过程)中所有的因素都影响着所有的直接变革代理人。同样地,不同的直接变革代理人会影响不同层级的创新接受,有的只能影响一个层级的创新接受,而有的则可以影响多个层级的创新接受。此外,不同层级的创新接受可以相互促进。最后,各层级的创新接受的变化会影响社会对创新传播的接受过程,社会的接受过程又影响到直接的变革代理人。因此,创新传播的过程是一个动态的过程,社会的接受过程一方面影响到交际创新的接受,另一方面又受交际创新接受的影响。

语言规划是一种市场营销

将语言规划视为人类行为变化的市场营销,这样的观点乍一看似乎很奇怪。因为我们不习惯把语言使用、语言结构或语言习得视为"产品",以便人们对它的接受可以通过推广来实现。尽管有些语言规划者并不会把他们自己的所作所为与那些销售牙膏、清洁剂或者汽车等产品经理的活动相提并论,但它们之间的确存在许多可比之处。

市场营销通常被视为"在恰当的**地点**(place)或渠道,通过恰当的**促销**(promotion),以恰当的**价格**(price),来开发恰当的**产品**(product)"(Kotler and Zaltman 1971)。麦卡锡(McCarthy 1968:31—33)称此体系为"市场营销的4P理论"。

产品

正如所有的商人一样,语言规划者也必须认识、认清或设计出对潜在消费者有吸引力的产品。例如,当某个语言研究院在为新的技术术语准备一份清单时,其规划者会发现了解最容易被人接受的术语所具备的共同特点是非常有用的。同样,当美国暑期语言学院(Summer Institute of Linguistics)的工作人员要把《福音书》译成一门没有书写形式但有许多口头方言的语言时,他们也会发现,知道哪种方言是潜在读者最容易接受的现实是非常有用的。

也许是科特勒和利维(Kotler and Levy 1969)最先提出,有效营销原则也可以应用到非商业领域中去。他们至少提出了三个原则是与产品的魅力设计有关的。而且,他们声称这三个原则对于商业机构非常有效。这三个原则是(1)要从广义上来界定产品;(2)要确定目标客户群;(3)要分析消费者的行为特性。

根据科特勒和利维的观点,商业机构认识到从广义上界定产品的价值所在,并强调产品需要满足客户的基本需求。例如,肥皂公司的产品大体应该是洗涤用品,而化妆品公司的产品则要强调美丽与浪漫。科特勒和利维提出,非商业领域也应该从广义上来界定它们的产品。教堂的产品应该是人们的团契;对于寻求资金用于医药研究的基金会来说,其产品还包括对恐惧感或罪恶感的减轻,以及对自尊的维护或加强。对于语言规划来说,产品的界定会随着规划目标的不同而有所改变。例如,对于语言研究院来说,其产品的范围不仅仅是词典的编纂或术语的标准化,还应该包括如何通过语言来提升民族的自豪感。而对于大众识字运动来说,其产品的内涵不仅仅在于读写能力的普及,还应包含通过语言来促进国家经济提升的内容。女权主义运动反对语言中的性别歧视,其产品就是从社会正义的层面进行界定的——要么从所有人的角度来谈论社会正义(即女性的解放也可促进男性的解放),要么从女性的角度来谈论社会正义。上述都可算作是具有吸引力的产品,因为它们都包含了崇尚社会正义的精神。

科特勒和利维还指出,产品的广义界定有利于市场的扩大。但是,由于每个单位的资源是有限的,所以他们必须把产品的供给限制在界定明确的目标社群上。尽管汽车公司的通用产品是交通工具,但它并不生产自行车、轮船或飞机。它只生产汽车,即便如此,它也不是想到哪种款式就生产哪种款式的汽车。科特勒和利维提出,这种现象在商业之外的领域也是同样存在的,例如,教育系统只是广义上把自己的产品界定为年轻人的社会和智力发展,但它会限制学生的年龄、学校的科目和课外活动。

在美国的女权主义运动中,我们似乎可以发现其产品及产品推销的对象上都存在某些限制。如果该运动的通用产品是女性角度下的社会正义,那么避免使用性别歧视语言的行为就是该运动推销的数个产品之一,该产品是"买得到的",也是能推进该事业发展的。另外,有人支持立法公正,想以此来促进女性的平等权利,也有人支持那些对女权主义奋斗目标表示同情的候选政客,还有人建议启动法律诉讼(legal proceedings)来对付那些骚扰或歧视女性的雇主。即便是在避免使用性别歧视语言方面,我们似乎也能发现该产品中所存在的一些限制,因为当时社会的关注点都聚焦在泛男性中心论上。女权主义运动似乎有以下四类目标受众:(1)那些尚未改变自己语言用法的女权主义者;(2)在谈话和讲座中曾被人指责使用了性别歧视性语言,因而遭遇尴尬的大学教师及学界人士;(3)那些迫于压力而修改出版物投稿指南的专业机构(如美国心理学会);(4)通过信件和当面交流被指出使用了性别歧视性语言的大众出版物编辑。

再如,美国的简明语言运动旨在提高针对大众的保险合同、商品保修单以及政府规章制度等文件的易读性。该语言运动的目标并非消费者和公民所遇到的所有文本,而是针对那些消费者保护最基本的文本。

产品的界定和受众目标的确定都是基于消费者需求来进行的。科特勒和利维指出,不经过正式的研究与分析,这些需求就不易被发现。因此,商人不应该仅仅凭主观判断来经商。语言社会学家和社会心理学家进行了有关语言规划决策潜在接受者动机(特别是语言态度)的研究。尽管规划机构在面临选项时偶尔会考虑这些相关的研究发现,但他们极少委托他人或亲自实施这样的工作。例如,埃塞俄比亚大众识字运动中所使用的语言,是根据埃塞俄比亚语言调查组(Language Survey of Ethiopia)发表的调查报告选出来的。该调查组是五个东非语言调查组中的一个,他们在福特基金会的资助下于20世纪60年代末和70年代初,对埃塞俄比亚的语言状况进行了调查。此外,该调查组还提供了一些其他数据,如给大约75种原住民语言分别估计了母语使用者人数(Bender, Bowen, Cooper, and Ferguson 1976)。识字运动中所使用材料是用使用者人数较多的几种语言编写的。埃塞俄比亚官方认为,潜在的读者更乐意用自己的母语来上课,但这种观点并不可靠。事实上,许多母语并非阿姆哈拉语的潜在学习者都更愿意使用阿姆哈拉语来作为初始教学的课堂语言,原因有三:一是阿姆哈拉语享有官方语言的地位;二是用其他原住民语言(除提格利尼亚语)编写的阅读材料非常匮乏;三是阿姆哈拉语作为第二语言的使用得到广泛的传播。在本书第一章所列举的四个案例中,我们并没有发现语言规划者事先做了任何的研究来判断各目标社群接受规划创新的动机,他们都只是凭直觉办事。

促销

　　交际创新的促销是指,为了促使潜在使用者接受该交际创新所付出的各种努力,而且,不管采纳是被视为"意识"、正面"评价"、"精通",还是被看作"使用"。几乎没有什么语言规划决策是靠政令来推行的。在大多数情况下,规划者需要考虑,他们如何才能说服潜在的接受者去接受创新。假定一个语言研究院制作并出版了获准的某一技术领域(如化学)的专业术语表。再假定该术语表在出版之前仍存在许多使用上的变异,进而促使语言研究院进一步做好术语的规范化工作。如果语言研究院或者全国化学协会没有任何使用要求,也不做任何新术语用法推广的努力,那么,化学专业人员现在会放弃他们以前的习惯用法,而采纳新的专业术语吗? 也许有可能,但这样的假设不合常理。通常,人们需要做些工作来说服目标人群去接受为其规划的创新。

　　语言规划者使用过什么样的说服技巧呢? 他们使用过任何商品、产品、服务或理念推销员所采用过的营销方法。例如,在1982—1983年期间,西班牙的加泰罗尼亚省为了鼓励卡斯蒂利亚语和加泰罗尼亚语使用者之间的双语互动,便使用了如下众多的促销方法:利用广告牌、广播和电视短剧、便利贴、气球、报纸和杂志上的连环画以及宣传短片,此外,还赞助辩论会、讲座和小组讨论。于是,每人在与他人交流时都有使用自己母语的机会(Boix 1985)。再如,加拿大魁北克省为了推动"法语化"政策而设立了法语办公室,并在公共场所放置提示牌,劝勉魁北克人使用正确的法语,并要为自己的法语身份而感到自豪:"讲好法语,就是尊重自己"(Parler bien, c'est se respecter)(韦恩斯坦1983:52)。又如,上文提到的以色列电台播出的幽默短剧,也是一种为了推广希伯来语规范用法的手段。此外,就像消费品制造商为吸引或维持消费者的购买兴趣而提供奖品一样(例如"用25个及以下的单词来说明你喜欢皇家高地威士忌的原因,赢取美妙的苏格兰双人游!"),语言规划者有时也通过奖励或资助的办法来刺激人们的"意识""兴趣""精通"或"使用"。例如,麦克纳马拉(Macnamara 1971:81)的研究报告指出:在爱尔兰有一个名叫古曼纳沙加特(Cumann na Sagart)的牧师公会,该公会通过向英语区域中使用爱尔兰语频率最高的城镇发放奖金来推广爱尔兰语的使用。再如,英国威尔士艺术委员会为了推动威尔士语的使用而做了如下工作:颁发奖金给有前途的威尔士语作家;为威尔士语作家提供奖学金,以便他们可以利用学术假来进行更好的创作;举办各种有关威尔士语的比赛;为威尔士的广播机构筹措资金,以便它们可以广播威尔士语节目(Lewis 1982:252)。又如,在加纳的沃尔塔(Volta)地区,布姆人(Buem)使用乐乐米语(Lelemi)。该语言的识字推广者使用了如下的促销手段:给引导过至少五人学习乐乐米语的识字者发放 T 恤衫,给潜在的志愿者教师赠送教师培训入门书(Ring 1985)。衬衣的正面印着一本书的轮廓图,中间是一个火炬,图的上方用乐乐米语写着:"用乐乐米语阅读",图的下面则用乐乐米语写着:"薪火相传"。

　　印度联邦政府在独立后的第一个 10 年中制定了印地语推广计划,其内容包括了对印地语书籍的作者和印地语识字材料撰写者的现金奖励。有时,政府干脆购买一些印地语作家的成果,然后,政府负责出版和发行工作(达斯-顾普塔 1970:173—174)。

　　女权主义运动为了反对语言中的性别歧视用法而使用了两个较大的推广策略。一个是舆论宣传:给编辑写信,向专栏投稿和发布新闻,例如,呼吁修改那些对神明的称呼使用了无性别差异方式的宗教文本。第二个策略是女权主义者的当面介入:要是谁使用了性别歧视性语言,女权主义者会当场指出他们的错误,并为他们提供替代形式的表达。这种策略可能比上一个更加重要。拉扎斯菲尔德和莫顿(Lazarsfeld and Merton 1949)的早期研究解释了为什么大众媒体不可能老是在宣传运动中取胜的原因,按照他们的这种观点来看,女权主义的这种行为是特别有意思的。拉扎斯菲尔德和莫顿指出,大众媒体的宣传运动想要取得成功,必须同时具备三个要素。其中一个就是他们称作的"补充"(supplementation),这是一种草根式的交际过程,它可以把大众媒体想要呈现的信息,用一种人们更熟悉的方式在人们更熟悉的环境中传递和讨论。女权主义运动反对性别歧视语言的使用,但本质上它不属于大众媒体运动,因为它的主要沟通渠道是面对面的交流。也许,这种面对面的交流是语言运动取得成功的充分条件。但无论如何,若从女权主义运动使用媒体来推广其诉求的做法来看,我们看见的不是"两步走"方案,而是"三步走"策略:面对面的交流能更易激活人们的思想;当人们的思想被激活后,他们就会去探寻思想表达的途径以及媒体推广的渠道;当媒体把有关不带性别歧视的语言用法给传播后,广大基层群众就会对这些信息进行讨论。

根据拉扎斯菲尔德和莫顿的观点,通过大众媒体所进行的宣传运动还存在一些其他的不足——**媒体的垄断与观念的导引**(canalization)。媒体的垄断通常意味着媒体要防止反宣传现象的出现。因此,反吸烟运动要与烟草广告抗争,美国心脏学会在筹集基金方面要与美国癌症协会竞争,计划生育的支持者要与生命权概念的支持者斗争。反宣传行为有时是隐性的,例如,以色列的大众媒体每天都会出现使用不规范语言的现象,这些不规范现象涉及词汇、语音和语法三个层面。尽管以色列国家广播电台推出了有关如何正确使用希伯来语的节目,并明确告诉听众:不要使用"X",而要选择"Y",但电台其他节目的播音员可能就使用"X"。

但是,反宣传行为也可以是显性的,例如,女权主义运动经常遭到编辑、专栏作家和漫画家的嘲笑。许多女权主义者认为该运动带来的伤害可能大于利益,该运动未能找出妇女解放的根本原因,因为它把注意力放在了一个边缘问题上,偏离了运动的方向。此外,妇女解放运动还要与许多其他寻求社会正义的运动竞争,进而削弱了女权主义运动的显著性。

观念的导引是指对现有观点的重塑。重塑现有观点比劝人接受崭新观念要容易得多。例如,说服穿鞋人购买某一品牌的鞋油要比说服从不穿鞋的人穿鞋更容易。就拿以色列电台的希伯来语规范化运动来说,该运动首先就是要说服大多数的以色列人"穿鞋子"。可是,这些人不愿意用规范的希伯来语替代他们日常生活中已经习惯了的用语。换句话说,他们认为这样做是可笑的,所以不愿意改变自己。为了说服他们在日常会话中使用希伯来语规范化运动所推广的特定变体,工作人员首先必须改变这些人对希伯来语新用法的不良态度。但是,要说服人们相信难以置信的东西(如该例中不当语言中的适当性),这是一个难以完成的任务。尽管以色列人还处在"不穿鞋子"的阶段,但大多数女权主义者却到了"无鞋不穿"的境地。女权主义运动已经说服了大多数的女权主义者避免使用性别歧视性语言。她们对妇女解放运动所持的主要观点都已经得到渠化,即都转向了女权主义运动所倡导的语言用法。对于那些尚未改变自己语言用法的人来说,如果她们对女权主义运动心怀敌意或漠不关心,抑或认为该运动反对性别歧视性语言的做法与己无关,甚至还会带来麻烦,那么,要改变这些人的语言行为是艰难的。

  虽然语言规划者可以像所有商人一样使用各种推广手段,但他们有时也喜欢使用别的方式。当语言规划机构成了国家语言规划的代理人时,它就可以利用国家的强制力来推行语言规划决定。例如,《魁北克法语宪章》(1977 年)就严禁任何单位因为员工使用了法语而处罚他们。美国布洛克税务公司(H & R Block Company)加拿大公司解雇了一名讲法语的员工,原因是她说不好英语。于是,该女员工便向劳工部门投诉。劳动法庭要求该公司重新雇佣那位员工,并补发因此损失的薪水(韦恩斯坦 1983:53)。

  不管把国家强制力看作是一种推销手段的观点是否恰当,我们必须强调,从长远来看,国家的强制力,即便是极权国家的强制力,仍然需要依靠广大人民的赞同。当一项政策在广大群众中遭到大范围的抵制时,人们对该政策通常会表现出推诿、规避、甚至根本不执行的态度。爱尔兰语在 19 世纪中叶被大众所抛弃,后来,尽管《爱尔兰宪法》宣布爱尔兰语为爱尔兰共和国的国语和第一官方语言,尽管爱尔兰的主要政党都支持爱尔兰语的复兴,尽管爱尔兰的一些重要考试以及政府文职部门和法院各个岗位的人员招聘都有爱尔兰语能力的要求,但是,英语依然是爱尔兰百姓日常生活中所使用的语言。尽管阿拉伯语是以色列许多犹太小学中的一门必修课,但当地学生经常对阿拉伯语的学习进行抵制,进而导致只有极少数犹太学生的阿拉伯语能学到在校外使用的程度。当年在苏联格鲁吉亚发生过示威活动,结果迫使苏联政府继续把格鲁吉亚语作为该加盟共和国的一种官方语言(韦恩斯坦 1983:142)。1976 年 6 月,在南非索韦托(Soweto)学校要把一半的课程用南非荷兰语(Afrikaans)讲授,非洲裔中学生因为政府的这道命令而发生暴乱,学生视政府的语言政策为语言压迫行为。学生的暴乱行为迫使政府放弃了这一语言政策。

美国一所知名大学引进了男女同宿舍的管理体制,且废除了一条禁止女生留宿男生寝室的规定。据说,就在此新政颁布之前的一日,一位学校的工作人员在早饭前看见了一对年轻男女离开男生寝室。此时,该工作人员本该对男生说"早上好,先生",然后便介入管理,但他却不露声色。可见,规定不得人心就无法得到执行。就如学生的抵触情绪可以挫败或减弱大学规定的影响力一样,公众的抵触情绪也可以挫败或减弱语言政策的影响力,就算该语言政策得到了国家的强制推行也是如此。在大多数情况下,即便是得到国家支持的语言规划机构也要像所有的商人一样,必须想方设法地创造一个有利于人们接受规划创新的舆论氛围。

地点

地点是指为"商品"的分配与"顾客"的反馈所提供的适当渠道。一个想要购买某产品的人首先必须知道上哪里去买。设想一下:有人要为一个新产品(未必是新品牌)作推广活动。那么,人们要在哪里才可以买到它?如果某一消费产品的推广活动没有提供让消费者可以购买的渠道,那么该推广活动就是徒劳的。同样,如果想要在社会服务事业(如安全驾驶、安全性行为或者救助无家可归者)中推广一种新理念,但该理念的接受者却不知如何把它付诸实践,那么,该理念的推广活动就会以失败而告终。女权主义者在反对语言性别歧视现象方面不光是抨击别人,更多的是实干。例如,她们分发语言使用指导手册,告诉人们如何避免使用含有泛男性中心论内容的语言。也就是说,她们不光提醒我们不要犯错,而且还告诉我们如何至善。

价格

　　对于消费品或服务的魅力来说,价格是一个重要的决定性因素。商家时常要处理好商品或服务与消费者获益的关系:在消费者获益情况不变时设法降价,在价格不变时尽量提升消费者的获益情况。有时候,接受交际创新是需要有形成本的。例如,世界各地数百万的成年人在夜校学些一门外语——英语。这种学习是因为有强有力的经济动机刺激。他们当中很多人都相信,英语知识将提高他们的挣钱能力。大概他们都认为,只要把英语学好了,未来的经济收益将远大于目前学习所付出的学费、时间、精力以及学习时所耽误的收入。再如,当银行和保险公司愿意简化客户合同中的语言时,他们就必须为此支付如下各项额外费用:聘请专家修订合同的费用,印制和分发新合同的费用,以及培训员工如何使用这些新合同的费用。也许公司经理会认为,比起因为客户满意度的提升所带来的回报,这些成本可以不予计较。在女权主义运动中,除了购买语言使用指导手册的费用外,并不涉及其他金钱开销,但该运动却颇费力耗神。它要求人们有意识地学习新的语言口头和笔头表达方式,并忘却或克制一些一辈子养成的语言使用习惯。此外,接受新事物总会带来各种嘲笑,这是司空见惯的,接受者必须做好准备,要经得起这些挫折。然而,顽固坚持旧行为的人也要付出代价。如上所述,如果某位作者依然用"he"(他)或者"the man in the street"(街上的男人)来代指性别不明的人(即"他或她"以及"街上的人"),那么,该作者就无法在某些期刊上发表文章。更糟的是,这种语言行为可能会给人一种退化、小气或迟钝的印象。

语言规划是一种权力的追求与维持

　　如同语言规划一样,政治既是一种活动,也是一门学科。从哲学探究的角度来说,政治学最早至少可追溯到亚里士多德著的《政治学》。但当代政治科学直到 19 世纪才出现,而且是伴随着现代社会学一起诞生的。事实上,圣西门和孔德(St. Simon and Comte 1822)曾经提出,政治学将会成为"社会物理学(social physics)",目的是探索社会进步的规律,所以,孔德后来将社会物理学升华为"社会学"(Latham 1980)。

现代政治科学并没有大家公认的、唯一的研究焦点。有些人视政治科学为国家或政治体制的研究,还有些人则视其为国家或政治特定过程的研究。就后者而言,两个最显著的中心议题便是决策制定和权力(Easton 1968)。在政治语境中,决策制定指的是公共政策在制定和实施过程中将要采取的步骤,它可为人们下一阶段的行动提供一个指导框架。在本节中,我将探讨权力研究视角下的理论指导框架。

权力是一种影响他人行为的能力。权力在人际关系中无处不在,所以绝非仅有政治学学者对它进行研究。所有社会科学都在不同程度上对其有所涉猎。但对政治科学来说,权力是核心所在:"政治学就是研究影响力以及有影响力的人"(拉斯韦尔 1936:3)。既然语言规划试图影响人们的语言行为,那么政治学学者所使用的分类方法与语言规划研究者的分类方法应该是相关的,这一观点得到一些对语言规划感兴趣的政治学学者的支持。(达斯-顾普塔 1970;Mazrui 1975;O'Barr and O'Barr 1976;韦恩斯坦 1983)。

如果政治学是研究影响力以及有影响力的人,那么谁是有影响力的人呢?根据拉斯韦尔的观点,有影响力的人就是指"那些可以从现有的东西中获取大多数的人,……这些人都是社会**精英**,而其余的人则为**百姓**"(1936:3)。在他看来,政治决定了"谁在何时,用何法,获得何物"(Who gets what, when, how),这是一个著名的简明定义,我们可用它来作为语言规划研究的一个理论框架。

谁受益?

人类所有的社会之所以会出现资源匮乏现象,是因为人类生产能力的有限性与人类欲望的无限性之间存在对立关系。匮乏必然造成冲突。当利益竞争不能轻易调和它们之间的分歧时,社会就需要引入特殊的管理制度和流程,以便解决分歧(Easton 1968)。这里的管理制度就是政治制度。人类通过该制度把有限的资源(或价值)分配给贪得无厌的大家。在这样的社会中,没有权力的人希望价值分配更加公平,而有权力的人则企图扩大自己的特权。那些在社会中享有最高权力的人对资源分配的影响是最大的。因此,如同政治领域一样,在语言规划领域,我们也要知道谁将从特定的语言管理中受益,这对语言规划的研究是有用的。

　　要回答这个问题实属不易。例如,女权主义运动反对性别歧视性用语,谁从中受益了？女权主义者也许会说,当性别歧视性用语减少后,每个人(不论男女)都受益了。根据这种观点,性别歧视性用语的减少可以降低人们对性别的思维定势,从而扩大男女两性发挥真正潜力的机会。但观点比较偏颇的人则会认为,该运动的主要受益者是当下的社会精英阶层。依此,有人认为女权主义运动把大众或者至少是女权主义者的不满情绪疏导到对大家都无伤害的领域,从而导致该运动未能改变造成两性不平等的社会、经济和政治管理状况。用一个代词替换另一个代词的做法,对这些管理现状的影响与美洲印第安人通过跳太阳舞(Sun Dance)来祈求大地的丰收没有两样。这两种行为都未触碰到现有的社会结构。

　　有人认为反对性别歧视的语言运动使得社会精英阶层受益,但这并不等于说他们也赞同社会精英阶层发起了该运动的说法。事实上,这是一场由社会中产阶层所发起的运动。该运动并非由弱势社群或弱势社群的代言人发动的。该运动一经发起,就立刻被立法部门和行政机关所接受,并得到推广。立法部门和行政机关之所以这样做,是因为它们只要做一些表面上的变化就可以赢得名声。换句话说,语言问题只不过是社会制度问题的征兆显现,但精英阶层无需根本性地改变社会制度,却能表现出迅速回应大众诉求的姿态,并塑造一种社会进步的幻觉。

　　要确认埃塞俄比亚大众识字运动中地位规划的受益者则要容易得多。没人会否认新的统治阶层就是最大的受益者。他们决定采用日常口语作为识字运动的媒介语,从而避免了学生抗议所带来的潜在威胁。同样,法兰西学术院的建立最终似乎也是为了加强社会精英阶层的地位,其手段是让权威与信息中央化,以及美化精英阶层自身及其所使用的语言。

然而,巴勒斯坦希伯来语复活为日常口语运动的受益者也是社会的精英阶层吗?在巴勒斯坦的犹太人社区内部,希伯来语的推广有助于希伯来语复活运动的合法化,同时该运动首次将希伯来语应用于世俗社会,也有助于缘由的有效性。但从该地区统治者(从奥斯曼人到英国人)的角度来看,犹太复国主义者代表了与统治者敌对的、要革命的、反社会精英阶层的人群或新兴精英(counterelite),这些人为了实现犹太人政治自治的梦想而想方设法要篡权。因此,对于希伯来语推广运动受益者的看法,因人而异,有人认为该运动的受益者是社会精英阶层,也有人认为是反社会精英阶层的人。无论如何,语言规划是为权力获得者的利益服务的。

总之,每人都会认为,在第一章所分析的四个案例中,语言规划都被用来巩固或加强精英的权力、具有影响力人物的权力、那些获益最多人的权力或新兴精英的权力。当然,这里的"获益"代表了不同的价值,比如拉斯韦尔(Lasswell)所提的三个代表性价值——收入、尊重和安全。弗雷(Frey 1980)则列出了八种类型的价值:权力、尊重、正直、友爱、幸福、财富、技能和教化,它们控制着与之对应的八种权力:政治权力、议事资格、监护权、个人影响力、暴力、经济权力、专业能力以及顾问影响力。通常,获取了以上一种价值后就有途径获取其他价值,但这些价值的配给并非完全相关。举例来说,"收入"高的精英不一定是享有"安全"感的精英,受过"教化"的精英不一定是"收入"高的精英。因此,为了某些目的,我们最好使用"(传统式)精英"(elites)一词,而不是"(暴发户式)精英"(the elite)这个词,因为后者会随着其定义中用到的价值内容的变化而改变。

界定(传统式)精英的一个基础是权力实施的机构——政治机构、经济机构、宗教机构、科学机构、艺术机构和教育机构等。至此,我认为在此前四个所提及的语言规划案例中,政治和经济领域的精英或新兴精英即便不是主要的受益者,也是一般的受益者。但其他领域的精英(尤其是与文化领域相关的精英)也是受益者。举例来说,法兰西学术院的会员身份能扩大文学领域精英的影响力。女权主义运动扩大了那些教人如何避免使用性别歧视语言的学者和作家的影响力。希伯来语的推广运动给那些帮助做过现代希伯来语标准化和精细化工作的语言学者带来工作和荣誉。即使是埃塞俄比亚的大众识字运动,也扩大(哪怕是短暂性地扩大)了那些为教育部担任语言顾问的大学教授和相关专家的影响力。当然,也许有人会说,在上述案例中文化精英为政治精英和经济精英所笼络,而且文化精英无论如何也不是这些规划运动的发起者。然而,如果说社会变革所带来的受益机会未必能促成精英的合作,那么它也未必能促成精英的反对。

当语言规划为它的实践者提供生计时,它也让其规划者受益。以下人员都是语言规划的直接受益者:新词典的编辑、规范性语法的作者、抨击语言创新和贬低语言退化的专栏作家、语言礼节书籍的作者、拥护语言规范形式的教师培训者和教师以及语言推广机构(如英国文化委员会)的雇员,而且,这些人的利益与语言规划的发展状况密切相关。这些人不全都是社会精英。语言规划实施的好坏离不开普通人的配合,这些人自己也需要做出决定是否支持整个规划方案。只有当这些普通人认为该行动对自己有利,或者最起码不会威胁到他们的处境时,他们才会参与。

在此,我并不是说语言规划仅仅能使精英阶层、新兴精英阶层及其代理人受益。群众的参与度是精英阶层利益维系的前提,而群众的受益度又将促进他们与精英阶层的合作。后者深知将一些利益让与前者或者至少表面上应该这样做。正如过去"找出那个女人"(cherchez la femme)有利于大家更好地明白性别歧视恐怖片中的动机一样,现在"找出语言规划的受益者"也有利于我们更好地理解语言规划。

何时受益?

正如时间是传播学研究中的一个因变量一样,它同时也是权力关系研究中的一个因变量。传播学研究者对信息或事物接受的速度感兴趣,而政治学研究者感兴趣的却是人们对某些信息或事件的反应速度。

B 对 A 施加的影响所做出的反应速度取决于两个决定性因素,它们是:(1) A、B 之间的权力关系,(2) B 对快速反应的理解。B 的反应速度会随着权力形式(如上下级关系、单边关系和直接关系)的变化而变化,还会随着绝对权威程度(如军队中的绝对权威程度)的变化而变化(弗雷 1980)。

　　快速反应,包括上下级的、单边的和直接的反应,不一定就是正面的反应,绝对权威所带来的反应也不可能全是快速反应,还可能是顺从反应。当黎塞留主教询问一个民间俱乐部的成员,是否愿意将他们的活动置于国家的庇护之下时,这几乎是一个他们无法拒绝的提议。相比较而言,女权主义运动的提倡者们最终的影响对象都是他们无法直接管理的人。但是,通过影响立法机构、公司和专业团体,提倡语言变化的人就能对他们的改革对象间接地施加影响,因为立法机构、公司和专业团体能对那些不愿服从的人产生约束力。

　　至于快速反应构成要素的解释,弗雷(1980)指出,对快速反应前后矛盾的解释可能会加剧权力的冲突。"举例来说,希望对大学行政管理进行改革的大学生,也许会认为四个月后才得到反馈真的是太慢了,校方因而可能被解读为正在故意拖延。另一方面,大学的行政管理人员和教员则会认为这样的反应已经够快的了,这是学校所能反应的最快速度了,因而明显地表明这事是充满希望的"(698)。因此,语言规划者以及研究者应尽量考虑到语言规划的受众所认为的合理滞后时间,以及权力关系中双方可能不同的期望值。例如,以色列的希伯来大学允许新来的移民教员用英语授课,但希望他们三年后能换用希伯来语授课。如果教师认为这样的时间期限不合理的话,他们就会抵制。总的说来,这项规则还是获得了实施,但以我个人为例,别说是三年,哪怕是多年以后,也常常感到我的希伯来语还有很多不足之处。

　　此外,计时还有另一面,这是政治学研究者感兴趣的,也是与语言规划相关的,那便是**权力顺序**(power sequencing)(弗雷 1980)。在权力顺序中,A 试图影响 B,结果,B 拒绝遵从,或者部分遵从,或者有意躲避。然后,A 必须再试,B 再次拒绝,这样循环往复,直到 B 最后遵从或者 A 只好修改其原定目标或放弃尝试。在这样的互动中,双方都要做好应急计划。例如,弗雷(1980)指出,当政府通过一项立法时,同时,它还必须说明以下情况:违反该项法律的后果,发现违法的方法,以及提出上诉的条件。当事者个体情况各不相同,他们可以全然接受,也可以躲避遵从。当事者着手处理事情的序号体系也不一样。例如,一些国家的税务机关仅仅视纳税人最初的收入申报为开局之棋,经过系列谈判后才确定哪部分的收入需要纳税。与之相比,另外一些政府机关则视纳税人最初的收入申报为真实收入,一旦证实该申报为蓄意作假,纳税人则面临刑事制裁。

我们可以从以色列找到语言规划中有关权力顺序的例子:以色列教育部曾经想把小学一至三年级的英语科目从课表中删除,然后群众做出强烈的反应。在以色列,从小学五年级开始必须上英语课,但学校也可以从四年级就开始上。也许是因为财政上的限制,教育部不愿意从低年级就开始教授英语。大多数小学低年级的教师都没有能力教授英语,若要聘用专业英语教师,将使本来就不足的教育预算雪上加霜。

然而,学生家长,尤其是中产阶级家庭的家长,都给小学校长施加压力,要求学校从低年级就开始引入英语课。学生家长要求小学早早地教授英语,这正反映了英语在以色列高等教育以及工作场所中的实用性,家长都渴望为自己的小孩将来能在这些领域更好地发展而做好英语准备。校方往往都得满足家长的要求。面对这种高涨的压力,教育部还明令禁止小学一至三年级教授英语。但是,英语教育并没有从那些年级中消失。相反,家长们团结起来聘请了英语教师,在正常上学时间里把英语作为一项"课外活动"在学校教授。该年级所有的孩子都被邀请参加该门课。家长委员会还会给予那些家里无法负担英语教师费用的学生额外津贴。但是,主要面对贫困生的学校的家长委员会当然就无法组织这样的英语课了。家长委员会添加英语课的做法很快得到传播,以至于起码有一家商业英语培训机构应运而生,以便满足家长委员会对英语教师的需求。

政治学研究者对权力顺序的研究告诉我们,语言规划不是一蹴而就的。一项决策的实施离不开规划者不懈的努力,即处理好来自他们希望影响的人们所产生的抵制行为。

如何受益？

社会精英是通过何种手段来维系权力的？而原型精英(protoelites)又是通过何种手段从社会精英中篡夺权力的？本质上，手段不外乎有以下四种：权威、胁迫、暴力和贿赂。权威指的是统治者和被统治者之间的心理关系，后者把前者制定和实施规则的权力视作是合法的(Ellsworth and Stahnke, 1976)。胁迫指的是统治者通过惩罚那些违反或逃避或不履行规则的人来实施决策的能力。暴力指的是为了维护或获得权威而使用硬性压制的行为，如国家动用军队和警察以及革命者使用游击战、暗杀和恐怖手段的行为。贿赂指的是利用诱惑手段来促使被统治者默认统治者的权力，或者帮助原型精英们攫取权力的行为。在此，我仅探讨权威的获取与维护。

权威的建立需要依靠**合法性**(legitimacy)。韦伯(Weber,见本书第八章)认为，合法性共有三种类型。**法理型**合法性取决于人们能意识到的规则的合法性，即统治者有权制定和实施规则，因为他们的权威是得到法律保障的；**魅力型**合法性取决于人们能感知到的统治者的神圣气质、英雄气概、高贵品质及其他珍贵特点。也就是说，统治者有权制定和实施规则，或者以他或她个人的名义，并凭借他或她个人的这些特点，有权委托他人来制定和实施规则。**传统型**合法性取决于传统的神圣性、权威性和崇高性，而且被统治者把此看作是统治者的存在与体现。精英阶层可能会利用上述三种形式来表明统治的合法性。比如，苏维埃精英阶层借助政党的合法权威、列宁的人格魅力和祖国的光荣传统，来维持其在大众眼中的合法性(O'Dell 1978)。新兴精英也借此来证明其统治的合法性，并否认他们极力取代的当权精英统治的合法性。

合法性只能人为创建，而且一旦创建好了，就要极力维护它。新兴精英和当权精英都以"共同命运的名义"(拉斯韦尔 1936:2)来声称自己的合法性，但前者在于创建自己的合法性，而后者则在于维护自己的合法性。

此象征即为所建秩序之"意识形态",亦为新兴精英阶层之"乌托邦"。以规范制定之言语行为,精英阶层可对百姓黎民予取予求。如该体制运转井然,则百姓对此象征倍加推崇,自以为是的统治阶层进而更无拘束不仁之感……完善的意识形态即便没有其最大受益者的辅助宣传也可万世流传。当虑及统治秩序建立之方法手段时,人们对统治的信念便业已动摇,既有秩序大厦将倾,或欣欣向荣之展望尚未俘获民心(拉斯韦尔,1936:29—30)。

当然,语言不能仅仅被塑造成共同命运的最高象征,它还应该用来帮助人类创造共同命运的**观念**。新兴精英阶层会抓住或创造任何可供他们使用的象征,以动员大众并促成民族意识的觉醒。因此,现代民族运动中常以语言作为中心符号,阿尔及利亚的阿拉伯人、孟加拉人、捷克人、爱尔兰人和犹太人的独立运动皆无例外。

举例来说,在巴勒斯坦犹太人的"语言战争"中,可以清楚地看到,语言作为民族斗争中动员象征的例子。自从19世纪后半叶开始,巴勒斯坦的犹太人教师开始在犹太学校将希伯来语用作唯一的教学媒介语来进行该语言的推广。德国犹太人救济协会(the Hilfsverein der Deutschen Juden)作为一个旨在推动身处科技不发达国家犹太人进步的德裔犹太人基金会,在海法(Haifa)设立了一所技术中学。该基金会在巴勒斯坦拥有大批学校,这些学校都以希伯来语作为教学媒介语。然而,当时救济协会感到有必要在下属学校的课程中加入德语学习时,却招致学校的不满。救济协会深感希伯来语在科技应用方面还不够成熟,于是在1913年宣布新的技术学院(Technikum)将使用德语而不是希伯来语作为教学媒介语,结果,人们的不满情绪就立刻爆发了,教师带领学生一起离开了协会学校。这种联合抵制阻止了协会决定的实施。当学院最终在第一次世界大战后再次开办时,它不再叫作技术学院了,而是改名为以色列理工学院(Technion);它的教学语言不是德语,而是希伯来语。正如拉宾(1973:75)所说,"巴勒斯坦的犹太人是以民族斗争的模式来应对这个事件的。如果我们能把该语言战争事件视为一个重要佐证——它证明巴勒斯坦的确存在着一个现代犹太人国家,希伯来语是它的建国基础之一,那么,我们对上述事件的看法就应该基本无误。"

当一门语言本身就可以或者被认定为可以用来象征一个民族的光辉历史或独特文化时,掌控语言这种象征应用的精英阶层和新兴精英阶层就会打着正统和传统的旗号,并用它来维持或取得统治的合法性。在下面相关章节探讨语言本体规划时,我们将进一步研究语言的此类应用问题。

小结

拉斯韦尔著名的简约性描述——"谁在何时,用何法,获得何物",为语言规划研究提供了具有参考价值的理论框架。对语言规划者来说,该理论框架提出了一些新概念,诸如"精英与大众""稀缺""价值""权力关系""权力顺序""权威与合法性"。此外,它还借用哈德逊(Hudson 1978:12)的话来提醒语言规划的研究者,"政治若没有自己的价值观……任何东西都不会在政治中得到珍惜,除非该东西被认为可用来帮助强势社群掌权,或辱其对手或败其敌人。"

语言规划是一种决策制定

根据伊斯顿(Easton 1968)的观点,决策制定就是权力主题的确定,因为权力主题是政治科学的核心。权力可掌控有关短缺珍贵物品配置的公众决策的制定与实施。伊斯顿的一个颇具影响的观点是:政治是"社会在制定与实施权威性配置或约束性决策过程中所表现出来的行为或系列互动"(288)。因此,公共决策或公共政策的研究常被视为政治科学的核心。决策制定的方法不仅与人们对政治进程的理解有关,也与人们对经济和认知过程的理解相关。经济学家试图描述、预测和解释消费者、企业家和公司的各种经济决策。心理学家则尽量描述、预测和解释在不确定各种选项会带来什么后果的情况下,人们进行选择时所表现出的信息处理现象。如果说决策理论是"想要有序地描述何种变量会影响人们的选择"（Edwards and Tversky 1967:7），那么它便是一个跨学科的研究领域。

传统上，决策分析有两种形式：规约性和描述性。前者是规范性决策理论，它决定着人们该如何行动，以便获得最佳结果或至少是满意结果。而后者是行为性决策理论，它记录着人们的**实际**所为，以便做出决策，不管好坏。正如鲍尔（Bauer 1968）所说，规范性决策（或提议）至少必须与个体和机构的实际所为相符。所以，对实际决策的研究既可以服务于规约性决策目的，也可以服务于描述性决策目的。

在描述性决策理论范畴内，至少有三个研究焦点：第一是个体，如消费者、企业家、赌徒或者选举人；第二是机构，尤其是替人做出决策的商业机构；第三是存在公共政策制定与实施的公共场所。这三个研究焦点都与语言规划相关：第一，语言规划有时是个体的研究结果，这些人主要是在正规机构体制之外工作；第二，语言规划有时是正规机构的研究结果，这些机构很多，如出版社、教会、学校、专业协会等；第三，语言规划有时是政府部门的产物；第四，语言规划有时是上述三种情况的共同产物。那么，语言规划决策是如何做出的呢？戴和罗比（Dye and Robey 1980:3）在界定公共政策分析的定义时给出了一个解释方案："公共政策分析就是发现：政府之所为，为何为之，以及由此带来的影响。"如果我们不把研究对象仅局限于政府部门，那么我们就可以把戴和罗比的理论框架扩展成：谁制定决策？什么决策？为何制定？如何制定？在什么条件下制定的？有何效果（who makes what decisions, why, how, under what conditions, and with what effect）？

谁制定决策？

是谁做出政策决定的呢？埃尔斯沃斯和斯坦克（Ellsworth and Stahnke 1976）提出并区分了三类人——**正式精英**（或官方精英）、**有影响力的人**和**当权者**。正式精英即是那些被正式授权制定政策的人，如总统、州长、参议员、众议员、首席执行官、学校校长和教师等。有影响力的人是指社会的特权阶层,如上节所说,这些人占据了社会的多数资源。当权者便是那些实际上制定政策决策的人,他们有时,但未必一定,是正式精英的成员,有时也是有影响力的人,有时还兼而有之。埃尔斯沃斯和斯坦克指出,影响决策和制定决策之间的界线在理论上壁垒分明,但在实际中却并不尽然。"有影响力的人虽然不做决策,但他们可能通过许诺、威胁、建议、乞求或贿赂等手段来影响做决策的人。当权者只有在他们可以发号施令并得到服从的时候才能算作是'当权者'。有影响力的人有时会强力推行决策。当抢劫者喊'要钱还是要命'时,受害者要做决定吗——他或她真的有选择的余地吗?"(40)。有影响力的人的作用与所属的利益集团之间的关系有关,当这些利益集团相互竞争时,他们的作用就体现出来了,否则也就不会有其他更大的作用。但是,只要有一些个体或社群提出的建议不会引起什么争议的话,他们便可能成为真正的(de facto)政策制定者(埃尔斯沃斯和斯坦克1976)。

如果当权者(即实际上的政策制定者)不属于正式精英,那么我们有时就会难以找到他们。当一位非官方精英想要公开行使某种权力时,他或她就缺乏合法性,于是会招致被统治者的反对。但权力具有掩饰性,没有合法性的人有时也能行使权力,因此,对这些现象感兴趣的观察者就很难给参与者区分出相应的角色。在本书第一章用来推导定义的四个案例中,我们最容易找出法兰西学术院建立一例中真正的当权者。黎塞留红衣主教作为国王的首席大臣,既是官方承认的,也是真正意义上的当权者。在埃塞俄比亚大众识字运动这个案例中,法律意义上的当权者是皇帝,临时军管会最初以皇帝的名义进行统治。临时军管会才是真正意义上的当权者。

在问是谁做出了决策时,我们首先必须指明决策制定所属的层级。因为同一件事情在不同的层级里会有不同的看法:一个层级可能视之为决策的实施,另一个层级则视之为决策的制定。例如,一个市级校董会在为某些少数族裔学生制定双语教育项目时,不会把该项目的教材选择看作是一项政策决定,但在教师看来,这是一个政策决定。同样,对于校董会决定双语教育项目所惠及的少数族裔学生的事情,为该双语教育项目的资金进行投票的立法机关将此视为法律的实施,而在校董会看来,这是一项政策决定。

什么决策？

莱希特(Leichter 1975,1979)将公共政策分为五个主要类型：(1)分配型政策，即有关商品和服务（如医疗、福利、教育、税收、信贷补贴以及贷款担保）配置的政策；(2)汲取型政策，即有关税款支付与收取的政策；(3)象征型政策，即有关社会地位分配和成就认可的政策，如职业资格的认证；(4)管制型政策，即旨在控制人类某些行为的政策，如有关堕胎和酒精消费的管理；(5)行政型政策，即有关政府组织或行政部门的政策。

本书第一章中用来推导定义的四个案例适用于上述理论框架吗？鉴于所有的语言规划都旨在影响人们的语言行为，因此，用于推导语言规划定义的四个案例都可划归为管制型政策。但在希伯来语的复兴与女权主义运动这两个例子中，我们可以发现一些明确的强制性或禁止性的语言行为。也许我们可以把女权主义运动看作一种象征型政策，这不是因为它以象征为手段的焦点，而是因为它以地位分配为目标的宗旨。法兰西学术院的建立明显更属于象征型政策，因为它正式认可了精英阶层的文学语言。埃塞俄比亚使用日常口语进行的基本识字运动也可看作是象征型政策，简而言之，因为该运动使得那些当地语言以及使用这些语言的民族的地位合法化了。但这项政策也可视为分配型政策，因为它的目标是给那些不会阿姆哈拉语，并无法从唯阿姆哈拉语政策中受益的人提供教育服务。

除了上述五种类型的政策以外，我们还可以从弗罗霍克(Frohock 1979)提出的"本质–程序"二分法(substantive-procedural dichotomy)的角度来描述语言规划。本质性语言政策会设定语言政策需要达到**什么目标**（如语言规范化、语言再本土化、消除语言性别歧视以及扫除文盲），而程序性语言政策则会陈述语言政策的目标是**如何**达到的（如使用日常口语来推动成人识字）。如果没有明确的实施方法，本质性语言政策就不可能取得成功。如果语言政策不只是一种良好意愿的表达，那么人们还必须找到实施方法来推动或巩固该语言政策的实现。

埃尔斯沃斯和斯坦克(1976)提供了另外一种语言政策的分类方法——应急决策(emergency decisions)与常规决策(routine decisions)。他们指出，几乎所有的政治决策都是在某种压力之下做出的，但其中有些要承受更多的压力。埃塞俄比亚临时军管会有关推广日常口语识字运动的决定，就是应急语言规划的一个良好例证。立法机构强制要求某些种类的消费合同在表达上做到通俗易懂，这一决策的制定所面临的压力较少，在更大程度上属于常规决策。根据埃尔斯沃斯和斯坦克的观点，大多数权威性决策从以下两方面来看都属于常规决策：(1)政府当局花许多精力来解决社会顽疾或社会老大难问题；(2)对这些问题解决的考虑成了政府的一种常态。常规决策的制定为听取不同利益集团的意见提供了机会，进而有利于制定出赢得公众广泛支持的政策。

为何制定？

究竟是什么因素促使决策制定者制定政策？如果制定者是社会精英，那么他们制定政策的目的是为了维持或扩展他们的特权。但决策制定的执行却是由精英及非精英阶层的人共同来完成的。有一种观点认为决策制定是对现有或潜在压力所做出的反应。这种观点可用来解释由精英及非精英阶层人员共同完成的决策制定。该观点由埃尔斯沃斯和斯坦克(1976)提出，他们认为压力是公共政策形成的首要动机，如制定出对整个社会都具有普遍意义的决策。埃尔斯沃斯和斯坦克把"压力"定义为"对政府当局治理能力的一种挑战(7)"，其影响范围甚广：从威胁某一政党的任期到威胁某一政权的稳定，甚至威胁到某一国家整个的政治秩序。因此，政府当局政策决策的制定在很大程度上是为了回应或规避可能导致自己权力丧失的威胁。因为压力的凸显有损政府的公信力，因此政府要在事态严重影响到政府当局治理能力之前，用常规方式处理好潜在的社会动乱。埃塞俄比亚的识字运动就可看作是政府为了消除学生对新政权所构成的威胁而发起的一场运动。

埃尔斯沃斯和斯坦克对公共政策动机的解释与众多公共政策的增量属性(incremental nature)是一致的(Lindblom 1959；Wildavsky 1964；Sharkansky 1968)。在美国，要说明州政府一年的费用支出情况就要对比该州上一年度的费用支出情况，因为这是最能体现两者密切关系的唯一因素(Dye and Robey 1980)。于是，州政府的政策制定者为了减轻自己的任务而只考虑下一年度项目和预算中**有变化**的那部分内容，这与政府为了回应或规避可能导致自己权力丧失的威胁而制定决策的做法如出一辙。通过以下方法——把决策制定主要限制在对内容的增加部分或改变部分进行重点考虑，政策制定者便可推动他们回应或规避压力行为的常规化，并促进决策前后一致性的发展。埃尔斯沃斯和斯坦克对公共政策的解释也近似于上文哈德逊提到的那个观点，即"政治若没有自己的价值观……任何东西都不会在政治中得到珍惜，除非该东西被认为可用来帮助强势社群掌权，或辱其对手或挫败敌人"(哈德逊 1978：12)。

埃尔斯沃斯和斯坦克对压力的探讨仅限于影响整个社会的政策制定。然而，认为对压力的回应或避免也可刺激非政府机构以及各级政府的决策制定是有道理的。

如何制定？

政府当局是如何制定决策的？决策制定的理性模式提出了如下操作顺序：(1)发现问题，(2)搜寻有关该问题的资讯，(3)提出可能的解决方案，(4)选择解决方案，(5)实施解决方案，(6)对比行动的预测结果与实际结果(Brim，Glass，Lavin and Goodman 1962)。这些活动没有一个是简单易行的。

"发现问题并非易事。虽然人皆知其谬，但不知其所谬"(Edwards and Sharkansky 1978：87)。然而，界定问题的方法会影响旨在解决问题的政策的制定。在美国，一度把少数族裔语言儿童学习成绩欠佳的原因归咎于母语与教学语言的失衡，于是，初始教育阶段改用儿童母语为教学语言的做法就成了合理的解决方案。在这件事情上,学校既是问题的出现场所,也是问题的解决主体。即使少数族裔语言儿童学习成绩欠佳的原因是因为教学实践的欠妥或不足,学校仍被看作是问题的发生地与改革的主体,但采取双语教育之外的解决方案才是合理的。另一方面,如果这个问题的出现被认为是经济开发所带来的后果,那么我们不仅要采用不同的解决方案,而且还要选择不同的改革主体。

正如不同的分析者对问题的界定会有不同的方法一样,不同的社会对"事出反常"的感知也会不同。一个社会的政治文化决定了公民和政府将视何物为问题,或是决定了公民和政府把什么问题看成是理应由政府或其他机构来解决的。

搜寻与某个问题相关的信息可能因为成本太高或太费时间而难以成为现实。但是,即便有现成的资讯可用,政策制定者往往也无法确定哪些资讯与问题有关。再者,即便政策制定者能够区分哪些资讯有关和哪些资讯无关,其中许多数据的内容却是错误的。

一旦政策制定者发现了一个问题,他们通常并没有时间或精力来细查所有的可能有效的解决方案(Edwards and Sharkansky 1978)。他们更不愿意去考虑任何有损自身利益的解决方案。此外,即使他们只要考量为数不多的已经过精挑细选的备选方案时,他们也难以找到一个最佳的解决方案,因为每一个解决方案的实施成本和收益效果都不一样,每一个利益集团的看法也不一样,同时每个方案的实施结果也未知。

众所周知,政策的制定难以达到决策制定的理性范式。该范式假定每位政策制定者或每个政策制定团体都能符合如下要求:心中早有一组理想的政策实施结果;熟悉所有的各种替代方案及其带来的后果;明白选择某一替代方案的目的,而且该替代方案必须是一个能带来收益最大化和成本最小化的方案;具有做出各种必要性计算的机会、意愿和能力。"在政策制定的过程中,这些假设中的每一个要求都未能得到满足"(Bauer 1968:11)。相反,政策制定者"依赖决策制定规则、经验法则或者标准操作流程来制定政策,以便政策制定可控,同时也可使得政策制定保持在本国政治和经济可接受的范围内"(Edwards and Sharkansky 1978:12)。

语言规划的案例研究可以描述政策的制定过程以及相关的政策制定者在制定过程中所采用的制定规则,这将有助于我们对语言规划的了解。此类案例研究不必限定在宏大的语言政策上。即便是对最基层的语言政策的案例研究也是受欢迎的,而且这样的研究可能更好把握。例如,语言教师如何决定教学目标?学校董事会如何决定哪些少数族裔的学生将接受双语教育?出版商如何决定自己的新词典是否要标出规范用法,以区别于实际用法?语言学院在术语规范化方面是如何在众多的备选方案中进行选择的?虽然对语言规划者显性活动的描述是十分有用的,但我们需要的不限于此。例如,我们也需要对以下内容的叙述:语言规划者在各种备选方案中的选择行为、语言规划者对各种备选方案的权衡行为以及语言规划者权衡之后的结果。

在什么条件下制定?

能够影响或决定语言政策的条件是什么呢?对此,莱希特(Leichter 1979)根据阿尔福德(Alford 1969)的早期研究结果提出了一个解释性理论体系。阿尔福德(1969)曾经提出了四类宽泛的影响条件:形势因素、结构因素、文化因素和环境因素。

形势因素指的是相对短暂的环境或事件,如战争和暴乱。这些因素会对语言政策产生直接的影响。莱希特给出了南非索韦托种族暴乱的例子,如本书前文所述,该暴乱导致南非政府放弃了最初的一个语言政策——在黑人学校强制使用南非荷兰语为教学媒介语。另一个例子便是,埃塞俄比亚革命造成了该国语言政策的临时改变。除了暴力事件之外,莱希特还提出了形势因素的其他种类:经济周期(如经济萧条、经济衰退和通货膨胀)、自然灾害、政治事件(如投票权的扩大、政府换届和国家独立)、技术革新以及由人们对不同问题(如政策制定者所拥有的时间、精力和资源)持不同态度所引起的竞争。

结构因素不同于形势因素，它是指一个社会中相对稳定的结构性特征，这些结构包括政治结构、经济结构、社会结构、人口结构以及生态结构。在政治结构中，莱希特列举了如下几个要素：政体的类型（军管或民管政府、社会主义或非社会主义国家、竞选性或非竞选性的政党体制）、政府的形式（议会制、总统制、非民主制）以及先前的政策承诺。在经济结构中，莱希特列举了如下几个要素：经济体系（自由市场、计划经济、混合型经济）、经济基础（农业型或工业型、多样化或单一经济）以及国民财富和收入（国民生产总值的规模和增长率）。最后，他指出社会结构、人口结构和生态结构包括如下因素：人口因素（年龄结构、生育率、社群划分、地理分布、进出移民比率、教育程度）、城市化程度、自然资源以及地理位置（临海或地处内陆、处于热带或温带气候、邻近军事强国或弱国）。莱希特指出，由于结构因素相对的长效持久，因此，比起形势因素来，结构因素带给语言政策的影响更具有持续性与预测性。至于结构因素影响语言规划的案例，我们可以拿比利时或加拿大为例。这两个国家都存在两大社群在政治和经济上的竞争，这种现象抑制了政府对任何一方的语言制定任何政策。

文化因素指的是一个社会内各社群或整个社会所持有的态度和价值观。鉴于阿尔福德主要关注的是政治价值观或政治文化（如有关个人参政的标准，有关政府行为是否得当以及是否强制的标准，政治意识形态——马克思主义、法西斯主义或民主主义），莱希特则把文化因素扩展到社会机构和社会管理（如性别角色、婚姻、家庭以及宗教）。当塞缪尔·约翰逊说语言学院应该是非英国人的，他的这种观点也许是受到他所处时代的放任自由主义政治规范的影响，当时这种理念在英国要比在欧洲大陆强势。

环境因素是指那些存在于系统之外，但能影响系统之内决策制定的事件、结构和态度。根据莱希特的观点，环境因素包括国际政治环境（如冷战、国际关系的缓和）、对别国政策思想的效仿或借用、国际协定、国际义务和国际压力（如世界银行的贷款、条约）以及诸如国际电话和电报公司（ITT）和美国大通曼哈顿银行（Chase Manhattan Bank）这样的私营国际公司。作为语言政策受到环境因素影响的一个例子，我们可以看到美国双语教育项目对欧洲教育体系的影响，其中的一些欧洲国家后来采纳双语教育作为提高客籍工人子弟成绩的一种手段。

埃尔斯沃斯和斯坦克（1976）列举了五个影响政策制定的因素：政体规范、政府当局的社会化、政客的支持者、前后一致性需求、信息。第一个影响因素是政体的规范性，它类似于莱希特所说的文化因素中的政治文化。"总之，政体规范明确了权力机关在社会生活中的权力行使范围（官员的行为模式），也规定了不同公职人员之间的关系"（埃尔斯沃斯和斯坦克 1976：44）。政体规范就是游戏规则。

政府当局的社会化指的是决策者个人经历、以往同事和曾属团体。这些自身的经历、专长、偏见和盲目都会影响决策者的政策制定。

政客的支持者指的是那些受到某一特定政策影响的人。没有哪位政治领袖可在无他人支持的情况下稳固其权力。"决策者制定政策时必须权衡各方的相关利益，重视支持者继续支持的益处，顾及支持者对决策的反应强度"（埃尔斯沃斯和斯坦克 1976：49）。政客的支持者可出现在莱希特所讲的社会、人口和生态结构中。

前后一致性需求指的是普通公民以及从属精英（subordinant elites）对政府当局的偏好，他们都更喜欢从所做的决策中就能预测社会未来发展的政府当局。领导不能做出前后矛盾的决策，因为这将导致社会的动荡不安。任何一个决策的做出通常都意味着决策者已经排除了一些其他的潜在选择，而由于当某一决策的做出带来了不理想的后果时，则迫使决策者要做出第二次决策，于是，决策的前后一致性在一定程度上限制了决策者未来的决策，他们此时还必须考虑以往决策的后果。

最后，作为第五个因素的信息，指的是做出明智决策所必需的数据。虽然现代政府和其他大型机构都投入了大量资源去收集和评估信息，但是，有关重大问题的决定往往仅靠少量有用的数据就能解决。根据埃尔斯沃斯和斯坦克的观点，事态的发展取决于以下四个方面：时间的长度；把分散在好几个机构或部门的信息汇集起来的难度；从收集起来的大量数据中找到相关信息的难度；对数据完全理解的难度。

埃尔斯沃斯和斯坦克认为,在上述五个决策制定影响因素中,最根本的是政体规范。另一方面,莱希特认为,以上五大政策影响因素对政策的影响随政策领域的不同而不同。他写道,政体的人口结构对分配政策的影响,可能要大于其对行政政策或象征性政策的影响。此外,这些影响因素的重要性也因时间的变化而不同。他还指出,这是一个开放式的问题,这些影响因素的变化是否会随着政策领域或时间的变化而变化,这与国家有关。

莱希特写道,在解释公共政策时,不同的分析者所强调的影响因素各不相同。"一些分析者强调政治因素在政策制定中的作用;另一些人则强调社会经济因素;还有一些人则认为政策制定的关键因素有赖于政策领域和历史时期。本书对各种观点的最新发展既不感到吃惊,也不去关注。如果有人发现某一因素(如政治文化)在各个时代的所有国家的所有政策里都产生了重要的影响作用,那么,这确实是不同寻常的"(9)。这种情况当然也可能成为语言规划的一个研究案例。

有何效果?

如果政策制定者不遵循决策的理性范式,那么他们往往不会比较政策的预期(或希望)结果与政策的实际结果,这也不足为奇。造成这种状况的原因有以下六个:第一,一些政策的效果也许多年以来都不为人所知;第二,数据搜集既昂贵又费时;第三,有些群众活动带有一定的目的性,但只要后果不会撼动政策制定者继续执政的地位,他们更关注的就不是这些活动的结果,而是这些活动本身;第四,政策制定者或许会担心他们的政策会失败(或者最起码不太成功),于是,他们就尽量避免谈及自己的这种疑虑;第五,由于许多变量都能够影响语言政策的预期结果或理想结果,因此要区分这些变量的影响效果和语言政策的影响效果往往是极度困难的;第六,如阿科夫(Ackoff 1978:189)所说,问题总是解决不完的:不断变化的环境使得曾经得到解决的问题再度成为问题。

假设威尔达夫斯基(Wildavsky 1979:8)的悲观论调是正确的话,那么,公共政策无论如何都不太可能是非常有效的问题解决办法。威尔达夫斯基说:"如果我们以结果来评判规划,即生活是否跟着规划的指示走,那么规划所尝试之处皆以失败告终。故规划无从实现。结果,没有人能够预测到公共政策领域的各种行动和反应的发生序列,而且也没有人有权去强迫他人屈从……那么,为什么规划还那么受欢迎呢?……人类有掌控自己命运的欲望,这种欲望即便不能在其他地方实现,最起码也可在纸上进行描绘——规划。人类的这种欲望能成为人们重信念轻行动的理由吗?如果能,那么与其说规划是为了解答公共政策的问题(如该采取什么措施来解决水污染或身体欠佳等问题?),还不如说规划是一个带着答案(即提供规划)的问题。"

也许语言规划在某些时候,尤其是在适度目标的引导下,会比上述规划情况更成功。但是,除了有关语言教学成果的调查外,对语言规划有效性的案例研究还是非常罕见的。上文提到的芬伯格(1983)的研究成就便是一个值得注意的例外。

小结

以上简述的解释性理论体系是根据决策制定和公共政策的研究结果所提出来的,该体系提及了语言规划中的许多变量,尤其是那些归入影响规划制定的条件的变量。如此多的变量会影响决策制定或政策制定过程的什么地方呢?大多数变量在何处彼此关联呢?对于那些探寻影响决策制定的变量的语言规划研究者来说,什么才是最佳的行动过程呢?对于公共政策的研究,鲍尔(1968)指出,实证研究者已经找到了公共政策系统中的"杠杆"支点,并加以集中研究。鲍尔把"杠杆支点"理解为"那些有能力对公共政策系统的制定形成巨大影响的人、机构、事件、子系统……"。对语言规划来说,杠杆支点仍处于猜想阶段。但是,语言规划的解释性理论体系至少可以向研究者提示语言规划中的杠杆支点可能是什么。

一个供语言规划研究的解释性理论体系

在前一章的开头部分,我已经提到,一个对任何特定语言规划案例的充分性描述最起码应该告诉我们如下内容:什么样的参与者尝试影响什么人的什么语言行为,为了什么目的,采用什么手段,得到什么结果。于此,我们似乎还应该对这个量表再增加两项内容:(1)在什么条件下,(2)通过什么政策制定过程。基于本章所呈现的四个理论框架存在重叠现象的事实,本书意欲为语言规划研究提出一个更加细化的理论框架——如图 1 所呈现。

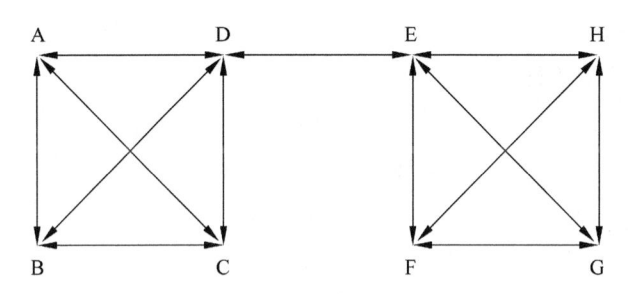

图 1　一个语言规划研究的解释性理论体系

多数量表之下都有次量表(subrubrics),这些次量表都列出了有利于调查的变量的范围。也许,使用这个理论框架可以帮助我们找到那些被忽视的、但有用的变量,同时,还可以帮助我们发现那些无效的或冗余的变量。谨以此理论框架馈赠后继学者,并期望该理论框架可以提高我们描述、预测与解读语言规划的能力。

1. 什么样的**参与者**(如正式精英、有影响力的人、新兴精英、从属精英、政策实施者)?
2. 试图影响什么**语言行为**?
   A. 已规划的语言行为的结构特征或语言特征(如同质性、相似性)
   B. 已规划的语言行为的用途或功能
   C. 已接受的理想水平(意识、评价、精通、使用)

3. 什么人的语言行为?

A. 目标类型(如个体对组织、初级对中级)

B. 目标学习已规划语言行为的机会

C. 目标学习或使用已规划语言行为的动机

D. 目标拒绝已规划语言行为的原因

4. 为了什么**目的**?

A. 显性目的(与语言相关的行为)

B. 隐性目的(与语言无关的行为、为了利益的满足)

5. 在什么**条件**下?

A. 情景性条件(突发事件、暂时条件)

B. 结构性条件

　1) 政治条件

　2) 经济条件

　3) 社会或人口或生态条件

C. 文化条件

　1) 制度规范

　2) 文化规范

　3) 权威的社会化

D. 环境条件(来自系统外的影响)

E. 信息条件(做出良好决定所需的数据)

6. 采用什么**手段**(如权力、强制、推广、说服)?

7. 通过什么**决策制定过程**(决策制定规则)?

A. 问题或目标的形成

B. 手段的形成

8. 带来什么**效果**?

第五章 地位规划

正如语言会随着时间改变一样，它的功能也会随着所服务的特定社群而改变。在这方面耳熟能详的例子就包括：西欧曾用于读写和学术的拉丁语变为现代欧洲语言，英格兰曾用于司法实践的诺曼法语转为英语，印度尼西亚的政府官方语言则从荷兰语变成印度尼西亚语。而一个最引人注目的实例则是整个社群母语的转变，例如伊斯兰军队曾征服了几乎整个北非和中东地区，阿拉伯语也随之作为这些地区的日常用语。

或许，大多数在社群语言功能分配上发生的改变都是自发的。然而，其中的一些却是规划的结果。举例说来，为经济功能服务而在东非广泛传播的斯瓦希里语，就是贸易在语言多元化地区扩张的必然结果。与之相比，出于政治、教育和宗教功能服务的语言传播，则是有意为之的政策结果（Mazrui and Zirimu 1978）。地位规划指的就是为影响社群各种语言的功能分配所做的刻意努力。

斯图尔特:地位规划目标功能论

究竟何种功能是地位规划的目标？斯图尔特（Stewart 1968）在他关于全国性多元语言的探讨中，提出了著名的语言功能清单。他所提及的每个语言功能都是从他的描述开始。由于这些语言功能中的大多数种类都曾是希伯来语地位规划的目标，所以在下面的讨论中，只要合适的话，我都首先以希伯来语为例。

1. "**全国性官方语言**：全国范围内作为政治和文化用途都合法得体的语言。在很多情况下，语言的官方功能都在宪法上做了明确规定。"斯图尔特则将官方语言的定义限定为那些由政府明确规定为官方的,或通过法律宣布为合适的语言。但是我们也有必要区分另外两种官方语言:即政府用于日常活动的媒介语和政府用于象征目的(如作为国家的象征)的媒介语。我将这三种类型分别命名为**法定**、**工作**和**象征性**官方语言。任何语言只要具备其中一种含义就算是官方语言了。

当英国于1918年攻占从属于奥斯曼帝国的巴勒斯坦时,发现当地存在着两大社群,即阿拉伯人和犹太人。当时希伯来语已是犹太人社群的主要公共语言。阿拉伯语当然就是阿拉伯人社群无可争议的公共语言。当英国在1922年接受国际联盟授权管理巴勒斯坦时,便宣布英语、阿拉伯语和希伯来语依此次序成为该地区的官方语言。当以色列于1948年作为一个主权国家出现时,除了个别法律条文被废除或修改外,所有英国统治时期实施的法律都得到了保留。同年,英语作为法定官方语言的资格被废除,如此便只有希伯来语和阿拉伯语继续作为该地区的法定官方语言。

希伯来语和阿拉伯语拥有同等的法律地位,但希伯来语却是政府日常办公的主要语言。虽然希伯来语和阿拉伯语各自代表不同的族群,但只有希伯来语才是犹太政权的象征。尽管英语的官方地位不再受法律保护,却依然在许多政府功能中发挥作用。举例来说,与希伯来语和阿拉伯语一样,英语也出现在纸币、硬币和邮票印制上。如果出现双语标识的高速公路和街道路牌,第二种语言一般都是英语而非阿拉伯语。而诸如中央统计署发布的报告这类政府出版物都是双语的,第二种语言通常是英语而不是阿拉伯语。另一方面,以色列议会的议事记录除了章节标题使用英文外,其余完全使用阿拉伯语和希伯来语进行下发(Fisherman 1972)。因此,在以色列的三类官方语言中,希伯来语可说是三类兼得,阿拉伯语既是法定也是工作上的官方语言,但不是象征性官方语言,而英语则仅是一种工作上的官方语言。

我们再来看爱尔兰的例子。当1937年爱尔兰的新宪法正式终结爱尔兰王权之后,国家的名字也由爱尔兰自由邦改为爱尔兰共和国,随后爱尔兰语成为该国的第一官方语言,英语则成为第二官方语言。然而,事实上两种语言的位置却颠倒了：英语占据了统治地位。虽然所有法律法规都以双语印制，但几乎所有的议会事务都以英语进行。虽然熟悉爱尔兰语是某些公务员职位的聘用条件，然而大多数的政府日常公务却以英语来进行。因此，在爱尔兰，英语既是法定也是工作上的官方语言。尽管爱尔兰语作为工作语言的使用频率远远低于英语，但其作为官方语言则具备以上三类功能。

政府正式宣布某一语言为官方语言即构成了地位规划这一行为，例如，《爱尔兰宪法》对本国官方语言的确定，英国国王在特别委员会上对巴勒斯坦官方语言的宣布，以及以色列国会对英国统治时期所做的语言决定的修改。那么，这些政府为什么要做出这种宣布呢？从眼前"实用性"的角度来看，显然没有这个必要。包括英国和美国在内的许多国家都没有出台法定的官方语言。相反，有些国家出台了法定官方语言，却时常被忽视。当阿尔及利亚、摩洛哥和突尼斯从法国那里赢得独立后，它们都宣布伊斯兰教为国教，阿拉伯语为国语。但是，加拉格尔（Gallagher 1968）发现，这三个国家独立若干年后政府机构里到处都还在讲法语，"而且，法语是事实上的工作语言，这不仅仅表现在政府的职能和接待上，而且还表现在法语的影响程度上：有些国家（如摩洛哥）的邮局拒绝接受以阿拉伯语书写的电报；大多数政府机构都偏好以法语填写双语表格"（131）。虽然这三个马格里布（Maghrib）国家的政府机构自独立后在阿拉伯语化方面取得了极大的进展，但是直到今天，阿拉伯语还远远未能在国内得到普及。以突尼斯为例，该国独立30多年后，在16个部委中，仅有司法部和内政部才完全实现阿拉伯语化，即所有的文件、报告和出版物均用阿拉伯语书写；有的部委仍然使用法语来记录工作，有的则或多或少以双语来进行（Daoud 1987）。

既然有些国家不指明官方语言，或者指明了官方语言但不遵守，那么我们现在来看看法定语言的象征作用，而不是它眼前的实际价值。如同马格里布国家的阿拉伯语、以色列的希伯来语和爱尔兰的爱尔兰语一样，法定语言有时象征着一个社群（或主要社群）的共同记忆与理想，同时也象征着该社群的过去与未来。当一个社群将一种语言视为民族的伟大象征时，把该语言指定为官方语言的做法是为了支持统治的合法性。而当政府认可本国某一少数族裔语言为法定语言时,如以色列的阿拉伯语,统治者实际上是象征性地认可了该少数民族维持族群独特性的权力。反之,当一个语言异质性政体宣布某一语言为唯一的法定语言时,这种宣布实际上是否定了语言多样性的合法性,例如1986年加利福尼亚州政府提出议案,要让英语成为该州的官方语言。

因此,有人会认为,指定法定语言的行为在多数情况下不过是统治精英操弄政治象征以维护自身利益的一种做法。如果这是事实的话,此种做法会带来两种危险。其一,政敌可以通过广泛宣传——称自己是这些神圣象征的最佳守护者,来赢得民众的支持。在19世纪80年代初,以色列极右势力曾希望推动希伯来语成为该国唯一官方语言的努力以失败告终,此举就是最好的说明。其二,政敌为了获得民众的支持,会尝试用不同的象征性语言来代替现有的象征性语言。

尽管法定官方语言是地位规划的必然结果,但政府在特定活动中使用特定语言的行为却未必是刻意规划的结果。举例来说,在美国国会的辩论中没人逼迫你一定要使用英语,但从一开始使用英语辩论的做法就被认为是理所当然的。然而,工作语言的使用有时却是一件受到众人有意关注的事情,例如,坦桑尼亚国会的工作语言由于受到大家的关注,于是决定用斯瓦希里语替代英语。

国会辩论语言之所以引人关注,是因为它发生在公共场域,而且还带有巨大的象征意义。不论一国国会是否拥有实权,它都象征着国家方方面面的最高权威。当国会辩论语言所维系的价值观和传统与国家所维系的价值观和传统相一致的时候,没人会对此予以特别关注。一切都是理所当然的。但是,当上述两种价值观和传统不再一致的时候,比如,当一个新近独立的国家依然使用其前宗主国的语言进行立法辩论时,理想与现实之间的落差就会挑战新政府统治的合法性。如果你在国会上使用外语,人们就会问:你有什么权力为我发言?历史上,许多刚独立的国家别无选择,它们只能使用殖民语言。在多语国家的国会语言选择方面,选择任何一种原住民语言的行为都可能招致所有其他语言使用者的反对。此外,没有任何一种原住民语言得到广泛传播,它们只在母语使用者的内部圈子使用。坦桑尼亚独立时语言使用情况非常特殊:大多数人都在讲同一种原住民语言——斯瓦希里语,而且,该语言只是少部分人的母语。因而,推动斯瓦希里语作为国会辩论语言的行为比较顺利,因为它既没有偏袒本国某一较大的民族,也没有牺牲其他民族的利益,而且还具有非洲原住民传统的意义,这是英语无法企及的。简言之,当政府的语言使用出现在各种象征意义浓厚的场合,并受到人们的高度关注时,若语言使用场合的象征价值与语言本身的象征价值不一致,那么,要求变革的压力就会越来越大。

另一种可能导致对政府的语言使用进行地位规划的情形是,政府在特定场合使用的特定语言(如选举投票、街道路牌或政府工作表格)给特定的少数族裔语言社群造成了语言障碍或行为困难。语言少数族裔领袖可以就语言歧视问题而赢得人们的支持。当少数自己的成员都被发动起来时,他们就有可能迫使官方在语言使用方面做出让步。或者是,政府以一种廉价的权宜之计(即用该少数族裔的语言来印制表格)来安抚情绪激昂的少数族裔民众。除非威胁到政权的合法性,否则政府一般会继续沿用先前人们惯用的工作语言。此外,政府还会鼓励新兴精英人士的行为,要不然他们的统治基础就会被动摇。

如果说法定官方语言必然是地位规划的产物,工作官方语言有时是地位规划的产物,那么象征性官方语言则从来都不是地位规划的产物。当符号与所指对象间的关联含混到需要借助外力决策来使之融合时,那么该符号还未成为一种象征。只有当符号与所指对象间的关联经过反复多次的加强后,符号才能成为一种象征。当爱尔兰和以色列独立时,爱尔兰语和希伯来语与它们各自的民族运动密切交织在一起。这些语言成了民族的一种表达。它们从民族象征扩展到国家象征,这是成功的民族运动的自然结果。不论是否经过立法确定,这些语言已经成为国家的象征。象征源自历史,而非立法造就。爱尔兰语和斯瓦希里语之所以成为民族的象征,并不是由于爱尔兰和坦桑尼亚的宪法宣布它们为国语。这些语言之所以成为民族的象征,是因为这些语言与本国的民族解放运动以及民众的共同记忆都存在联系与认同。

2."**地方性官方语言**:地方性或区域性的官方语言。在这种情况下,语言的官方功能不是全国性的,而是局限在一个更小的地理范围。"用于全国性官方语言的三分法也一样适用于地方性或区域性官方语言的划分。事实上,前面在讨论全国性官方语言的地位规划时曾提及加利福尼亚州案例,那就是州或省一级政府实体所规划的官方语言。

加利福尼亚是美国第七个宣布英语为官方语言的州。达斯特(Dyste 1987)把其他六个州列举如下:内布拉斯加(1920)、伊利诺伊(1923)、弗吉尼亚(1981)、印第安纳(1984)、肯塔基(1984)、田纳西(1984)。这些由加利福尼亚及其兄弟州所作的宣布有些另类,因为州或省一级政府宣布的法定官方语言往往不会是其他各州或省都使用的主要语言。在上述七州中,每个州的多数居民都以英语为母语。一个更好的例子就是加拿大的魁北克:1974年法语成为该省唯一的官方语言(即《22号法案》),因为大多数魁北克人都讲法语,大多数讲法语的加拿大人都居住在魁北克,而且法语使用者在加拿大其他省份属于语言少数族裔。

有时候,州或省际边界是根据语言来划分或重新划分的,以便增加各州或省的语言同质性。有些国家主要根据语言来创建行政单位,印度是这方面最典型的国家。在印度的18个邦当中,仅有两个邦不具备语言同质性的特点。在其余每个邦,至少有一半的人是讲同一种语言的(Apte 1976a)。印度有三分之二的邦都把各自的主要语言指定为地方性官方语言,它们要么是本邦唯一的地方性官方语言,要么是与印地语或英语并列为本邦的官方语言。其余的邦(包括一些语言同质性很高的邦)则指定英语或印地语或乌尔都语为自己唯一的官方语言。例如,喀拉拉邦(Kerala)有大约95%的人讲马来亚拉姆语(Malayalam),却将英语确定为法定官方语言(Apte 1976b)。有些邦指定邦外语言为本邦的地方性官方语言,这表明,通过邦界表达的语言差异实际上反映了各邦之间的政治和经济竞争,而不是各邦之间的文化竞争。

3."**大社区语**:该类语言(不包含已具备全国性或地方性官方语言功能

的语言）的功能是能在一国内跨越语言界限进行交际的媒介语。"斯图尔特在解释这种以及下面若干种语言的功能时都排除了全国性和地方性官方语言的功能。这是因为全国性或地方性官方语言往往还起着附加功能的作用。因此，官方语言还常用来承担其他角色，如一国内能跨越语言界限进行交际的媒介语和学校的教学媒介语。斯图尔特在此更感兴趣的是，那些既不属于全国性官方语言，也不属于地方性官方语言，却起着沟通功能的重要语言。然而，从语言规划的目的来看，我们在探讨大社区语时不能把全国性和地方性官方语言排除在外，而必须考虑到它们的其他使用功能，因为它们的其他使用功能也常常是语言规划的内容。因此，尽管斯图尔特在给大社区语确定定义时，并未考虑把全国性和地方性官方语言包含在内，但我在此处的讨论却把它们涵盖在内。

我们在以色列见过针对大社区语的功能所做的语言规划吗？巴勒斯坦的犹太人的确需要一种通用语，因为他们使用着各种各样的语言。然而，在19世纪末20世纪初的巴勒斯坦，为推广希伯来语所做的努力并不是把它推广成为所有犹太人的通用语，而是旨在恢复希伯来语2000多年前作为巴勒斯坦犹太人日常生活语言的地位，不过，要在犹太人中推广希伯来语必然有个渐变过程。因此，根据一个量表来讨论人们所做的这些努力会更恰当些，这个量表不同于"大社区语"中的量表，而是我在下文中所做的量表。

社会上是否存在针对大社区语所进行的地位规划呢？如果所规划的语言交际功能是指社会的纵向整合，即统治者与被统治者、社会中心人员与社会边缘人员之间的语言联系，那么这一语言功能的地位规划是存在的。不管这种语言是不是法定的官方语言，但它的确必须是一种工作的官方语言。例如，在17和18世纪，西班牙人使用盖丘亚语（Quechua）与多语的秘鲁人交流（Heath and Laprade 1982），而法国人在它多语的西非殖民地上（Calvet 1982）使用曼丁果语（Mandingo）与当地人打交道。

当所规划的语言交流功能是指社会的横向整合，即社会边缘人员之间的联系，以及工人之间、农民之间、公民之间甚至同一宗教信徒之间超越语言障碍的联系时，社会上是否存在针对大社区语所进行的地位规划呢？毫无疑问,此类案例是有的,而且它们在对语言功能(如官方语言、教学媒介语或者宗教文本语言)进行选择时,这往往也就促进了横向整合中通用语的传播。很难想象,一个刻意为了横向整合而制定的地位规划却不是纵向整合计划的一部分。例如,印度《宪法》的制定者当初希望印地语不仅能成为印度人纵向整合的语言,进而取代英语,而且还能成为印度次大陆众多少数族裔语言社群的共通语。同样,苏联在它巨大的、由不同民族组成的非俄罗斯族人口中推广俄语,这不仅是出于语言纵向整合之目的,也是希望俄语能成为这些人的共通语。印度的非印地语使用者抵制印地语作为官方语言的传播,这延缓了印地语作为横向共通语的传播,相反,苏联的俄罗斯族之外的少数族裔却接受了作为全国性官方语言的俄语,这便促进了俄语作为横向共通语言的传播。

坦桑尼亚的民族独立运动领袖使用斯瓦希里语来动员多语的民众,这能算作是横向共通语地位规划的一个案例吗?也许不能。早在坦桑尼亚民族解放运动之前,斯瓦希里语就已经作为横向共通语在进行传播了。那时几乎没有什么替代语言可供使用。无论如何,新兴精英阶层为了动员民众而使用了通用语,该语言既连接了领导与民众的关系,也连接了民众之间的关系,因此,这也许既可算作是横向共通语发展的一个例子,也可算作是纵向共通语发展的一个例子。

马兹鲁伊和兹利姆(Mazrui and Zirimu 1978)认为,东非的斯瓦希里语只有成为该地区纵向共通语之后才能受到传教士、教育工作者和行政管理者的系统关注。从更宏观的大社区语的角度上来说,他俩的观点也许是对的,也是有道理的。一种语言只有在它潜在的采纳者发现使用它有利于个人发展时才能得以传播。精英和新兴精英阶层只要有利可图就会去推广大社区语。对精英和新兴精英阶层来说,推广纵向共通语的好处是显而易见的。除非人们在推广横向共通语中可以感受到益处,否则,这些语言的推广很可能是自发的,而不是规划好的。

弗格森(1966)指出,斯图尔特并没有就一个国家内大社区语中的原住民语与非原住民语做出区分。例如,印地语与英语都是印度公民常用的交际媒介语。当然,英语还作为通用语常用于印度人与外国人之间的交流。使用前殖民语言作为本国内部和外部的通用语是一个普遍现象。

4. "**国际性语言**:该类语言(不包含已具备全国性或地方性官方语言功能的语言)的功能是国际视野下(如外交关系、对外贸易以及旅游等)的主要交际媒介语。"此处,斯图尔特指的是交际广泛的国际性语言[39],该语言能把不同国家间的公民联系起来。在以色列,主要的国际交际媒介语是英语。这也是以色列人对外交往的默认语言——是以色列人遇到外国游客、外国顾客和外籍同事时首先想到使用的语言。但是在印度,虽然英语不是法定的官方语言,它却是事实上的官方语言。有关国际性大社区语的地位规划往往伴随着学校外语语种选择的决定。通常,学校教授的外语是最有用的或最需要的国际性大社区语。事实上,如果一门语言确实是某国的外语,那么该国的学校就是学习该外语的主要场所。我在谈到有关教学目标的地位规划时会再次探讨这个话题。

5. "**首都语言**:该类语言(不包含已具备全国性或地方性官方语言功能的语言)的功能是国家首都周边地区主要的交际媒介语。这一功能在一些政治权力、社会声望和经济活动都集中在首都的国家显得尤为突出。"这一功能之所以重要,是因为语言的传播经常是从政治和经济中心开始向四周扩散的。这样的地理位置也就成了语言传播的一个重要因素。虽然首都的官方语言是经过规划的,但首都周边地区使用的语言却未必是地位规划的焦点。举例来说,布鲁塞尔有两种官方语言,即荷兰语和法语。另一方面,城市的语言构成也许是城市政治边界划分的一个重要因素。譬如,印度孟买就出现过政治组织的划分因未考虑语言因素而导致争议的现象。这里有马拉地语(Marathi)和古吉拉特语(Gujarati)两大语言使用者人群,两者的人口比是 2.5∶1,显然前者的人数更多。最初,两个语言群都未获准成立自己的语言邦。确切地说,孟买市所在邦就成了一个孟买双语邦。后来,经历大量的辩论,印度于 1960 年改变了原先的决定,成立马哈拉施特拉

---

[39] 前面我们将"wider communication language"译为"大社区语",基于此,以下"International languages of wider communication"称"国际性大社区语"。

（Maharashtra）和古吉拉特（Gujarat）两个语言邦,而孟买市被划归马哈施特拉邦（Apte 1976a:232,见尾注1）。

6. "**社群性语言**:该类语言的主要功能是,同一文化或民族社群内（如部落、定居下来的外国移民群）成员之间常规的交际媒介语。语言行为与社群认同之间的联系是如此强大,以至于语言有时可以作为一种确定社群成员资格的非正式标准。"19世纪末和20世纪初,犹太人和爱尔兰人分别为恢复希伯来语和爱尔兰语以前作为日常交际媒介语的地位而不懈努力,他们也许是社群性语言地位规划中最有名的两个案例。

当爱尔兰语复兴运动与希伯来语复兴运动相比较的时候,人们常常认为前者是"失败"的。因为较之运动开始的时候,现在把爱尔兰语作为母语来使用的人口比例还更少了,只会讲爱尔兰语的人则几近消失。但另一方面,较之运动开始的时候,现在了解爱尔兰语的人口比例却极大地扩大了,这在相当大程度上是因为它在正规教育中占有一席之地。这场语言复兴运动极大地刺激了文学的复苏;不断有作家以爱尔兰语书写长篇小说、短篇故事、诗歌和戏剧。一些电台和电视节目也以爱尔兰语播出。

然而,爱尔兰人的日常语言仍然是英语,而非爱尔兰语。相比之下,当代犹太人在古老故土上的日常语言却是希伯来语,而不是他们各自在海外所使用的语言。为什么巴勒斯坦的语言复兴运动成功了,而爱尔兰的却没有呢?至少有三个原因。

第一,当语言复兴运动开始的时候,巴勒斯坦的犹太人在语言使用上都是多元的,而在爱尔兰,大部分人都只使用英语,语言同质性很强。犹太人需要一种通用语用于彼此交流,而爱尔兰人却不需要。

第二,相当大一部分,或大多数巴勒斯坦犹太人至少在礼拜仪式上已经能够熟练使用希伯来语,反观绝大多数的爱尔兰人却并不熟悉爱尔兰语。因此,对大多数犹太人来说,学会用于世俗生活的希伯来语,较之大多数爱尔兰人从零开始学习爱尔兰语,是一项更简单的任务。

第三,爱尔兰人继续使用英语还有巨大的物质刺激因素,而学习爱尔兰语的物质刺激则几乎不存在。就巴勒斯坦所有犹太人语言所带来的物质刺激的程度而言,希伯来语的程度是最大的,因为该语言是犹太人当中使用最广的语言,因此它是犹太人通用语的最佳候选对象。到第一次世界大战结束,希伯来语已确立了它在巴勒斯坦犹太人中作为主要的公共交流语言的地位,因为来自世界各地的犹太人使用着不同的语言。这也迫使从世界各地新来的犹太移民必须学习希伯来语,以便更好求职。一旦希伯来语成了犹太人的主要通用语后,物质刺激因素无疑又推动该语言的传播。物质刺激因素对希伯来语成功上位可谓贡献良多。

对比犹太人和爱尔兰人为推动先祖语言成为日常口语所付出的努力,我们会发现,如果语言规划者希望一种语言被接受,并成为一种被人们所使用的主要语言——家庭内外都使用的语言,最好是先从家庭以外的地方开始推广该语言。如我们所知,本-耶胡达是从家庭开始推广希伯来语的——他在家中只用希伯来语,结果没几人步他的后尘,影响很小。同样,在爱尔兰的都柏林有一些家长相约一起在家中使用爱尔兰语,并且彼此相互支持。他们这种做法也许颇令人敬佩,但最后真正改变家庭语言的几乎没有。英语是因为经济刺激因素迫使爱尔兰人去学习英语,当人们得出爱尔兰语前途黯淡的结论之后,此时英语才进入了爱尔兰人的家庭。而希伯来语作为日常口语进入犹太人家庭,是在伴随着犹太人新定居点的学校共同成长的一代人长大成人之后才出现的。即便是在耶路撒冷和希伯伦(Hebron)这样的旧定居点,那些在传统学校就读的孩子虽然接受的教育是用侨民语言(diaspora languages)教授的,但他们在学校也要学习和阅读用希伯来语书写的宗教文本,所以他们在学习希伯来语的日常口语形式时便感到相对轻松了。此外,语言使用机会和物质利益刺激都迫使这些儿童在学校之外把希伯来语当作通用语来使用。可见,有关引入家庭语言使用的地位规划很可能是徒劳的,除非对该语言在家庭以外的使用也提供支持。希伯来语正好拥有这样的支持,而爱尔兰语却几乎没有。

鲁宾(1963)曾经指出,我们不应该认为爱尔兰语的复兴运动是失败的。因为该运动的目标是推动民族自治,1922年爱尔兰自由邦成立,因此,从这方面来看,爱尔兰语的复兴运动是成功的。

7. **"教学媒介语**:该类语言(不包含已具备全国性或地方性官方语言功能的语言)的功能是,全国性或地区性中小学教育的媒介语。"弗格森(1966)指出,我们不但要区分小学和中学的教育,而且还要区分小学高、低年级的教育,这是因为一般到了小学高年级以后,学生就开始要使用科目教科书了。

确定教育系统中的教学媒介语也许是地位规划中最常见的决定。该决定通常受到强大的政治压力影响,也是教育专家和语言规划研究者思考最多的问题之一(Engle 1975,费什曼 1976,兰伯特和塔克 1972,麦克纳马拉 1966,Spolsky 1977,UNESCO 1953,Fillmore and Valadez 1986)。

迄今,我们已经谈过好几个有关教育领域的地位规划案例:在埃塞俄比亚的大众识字运动中,政府决定使用日常口语来开展工作;美国决定允许甚至鼓励学校使用日常口语,并使之作为贫穷的少数族裔语言社群子弟的最初教学媒介语;在加拿大的蒙特利尔,学校决定首先用法语,然后再用法语和英语来教育以英语为母语的中产阶级孩子;巴勒斯坦新定居点的学校早在 19 世纪就决定,在对东欧移民进行教育时将使用希伯来语作为学校的多功能教学媒介语;20 世纪 20 年代,一个德国犹太人基金会在巴勒斯坦新建了一所技术学院,基金会决定该学院将选择德语为教学媒介语。后来,该基金会在巴勒斯坦所建的所有学校都遭到本校师生的联合抵制,他们迫使该基金会改用希伯来语作为教学媒介语。这些案例反映了决定教学媒介语的各种环境。

希伯来语和爱尔兰语的推广案例说明了语言使用是民族运动的一个焦点。虽然直到爱尔兰取得了政治上的自治,爱尔兰语作为教学媒介语的推广依然未能得到实现,但伴随着民族运动的兴起,教育当局深感压力日益加大,他们只好把爱尔兰语开设为学校的一门课程。至于希伯来语,早在以色列独立前的好几代人就开始把它作为了教学媒介语。在这两个例子中,教学媒介语的选择都不是经过慎重考虑(即何种语言作为教学媒介语对儿童的学习帮助最大)后做出的。其实,它们的选择主要是基于政治原因以及出于为政治服务的目的而做出的。

教育考量因素影响教学媒介语选择的程度各不相同,但政治考量因素却一直起着重要作用。尽管我们可以整理出许多有力的理据来说明,选择日常口语为教学媒介语对于识字初期的人来说是最好的,但是,正如我们在前面所看见的那样,在埃塞俄比亚大众识字运动中选择当地语言为教学媒介语,这个决定是具有很强政治动机的。美国现代双语教育运动的动机,与其说是为了提升穷人及少数族裔家庭的儿童的教育成效,还不如说是为了赢得儿童家长的选票,尽管第二种动机也不可能完全不存在。同时,美国还有一股反对双语教育的势力,这股势力的出现是基于"双语教育无效论",他们的部分动机是对社会变化,尤其是对美国少数族裔人口百分比增长的担忧:这些人有一种"美国不再只属于我们"的意识,并憎恨少数族裔语言社群给那些以英语为母语的美国人所带来的经济竞争,这些竞争有些是真的,有些是臆想的。至于在加拿大蒙特利尔以英语为母语的学生使用法语教学的例子中,发起这项试验的学生家长都非常关注该项目的教育成果:他们在决定延长该项目之前,都密切观察和评估了孩子们所取得的成绩。值得注意的是,儿童家长发起这个项目的动机是因为他们担心:如果不做巨大的教育变革,他们的孩子就无力在法语知识变得越来越重要的经济领域中参与竞争。

  在有关教学媒介语选择的论争中,政治和经济通常是两个不可回避的因素。举例来说,当巴基斯坦于1947年独立时,它的领土由东、西两部分组成,中间被长达1000英里的印度领土所分隔。当时就教学媒介语的选择问题,东巴基斯坦和西巴基斯坦进行了激烈的争论。虽然双方最后达成一致:西巴使用乌尔都语,而东巴使用孟加拉语,但这场争论却预示着东巴基斯坦最终走向独立的转变——孟加拉国。就像宗教冲突导致巴基斯坦从印度分离一样,语言冲突也使得孟加拉国从巴基斯坦分离出来。前者通过宗教上的差异反映了它们相互竞争的经济和政治利益,而后者则通过语言上的差异反映了它们相互竞争的经济和政治利益。相比西巴基斯坦,东巴基斯坦人口更多,但更贫穷。孟加拉人感到自己在经济上被剥削,在政治上被支配。语言成为了调动他们不满情绪的导火索。

  英国诗人斯宾塞(Spenser)在概述完都铎王朝有关消灭爱尔兰语言和文

化的政策后发现:"……从来没有征服者这样讨厌被征服者的语言,并无所不用其极地迫使他们去学习征服者的语言……讲爱尔兰语的人必有一颗爱尔兰心……"(1949[1596]:118—119)。当然也曾有过例外。例如,在意大利短暂占领埃塞俄比亚时期,学校都使用日常口语作为教学媒介语,这在埃塞俄比亚历史上是独一无二的。统治者这样做的动机也许是出于分而治之的需要。奥斯曼帝国并没有把土耳其语强加给中东领地的人们,因为这些地方的土耳其人和阿拉伯人大多属穆斯林,而阿拉伯语是伊斯兰教的最高语言,此外,阿拉伯语还是这里的商业、法律、宗教和学习语言。与之相反,17世纪执政中原的满族人则是一个更为极端的例子。出于对璀璨的古老中华文明的敬畏,害怕被他们的子民当作未开化的蛮族,以及迫切希望赢得作为传统统治阶层的士大夫的忠诚,满族统治者致力于学习儒家传统,而且"变得比中原人更像中原人"(Fitzgerald 1954:548)。

尽管存在上述例子现象,我们必须承认斯宾塞的评论入木三分。征服者把自己的语言强加给被征服者的教育系统,原本就是件稀松平常的事。这样的强加甚至发生在诸如爱尔兰、突尼斯等单语殖民地国家。而对诸如印度、喀麦隆那样多语化的殖民地国家,从行政管理的角度来看,这种政策反而更具合理性。即便征服者愿意使用多种语言,那么在处理诸如教师培训、教材和课本编订以及大纲设置与评估程序这样的普通问题时,所产生的困难都会叠加。教学媒介语数量越少,管理任务也就越轻松。对征服者来说,如果被征服领地上有部分人学习和懂得征服者的语言,那么各方面的工作都会轻松得多。对被征服者来说,他们通常也会有学习征服者语言这方面的需求,因为征服者语言常常给使用者带来更多经济发展的机会。

在语言多元化的殖民地使用诸如英语、法语、西班牙语和葡萄牙语作为教学媒介语,不仅仅是出于对效率和统治的考虑,更多的是一种至高无上的民族优越感。托马斯·阿诺德(Thomas Arnold)[40]从1828年至1842年去世

---

[40] Thomas Arnold(1795—1842),英国教育家和史学家,提倡博雅教育理念,对发展德智体全面发展的英国基督教绅士型精英教育有重要贡献。橄榄球运动被称作拉戈比即源于他所担任校长十四年之久的拉戈比学校。

一直担任拉戈比学校(Rugby School)的校长,当他赴法国和意大利旅游时曾这样写道:"一个彻头彻尾的英国绅士——基督徒、有男子汉气概和受过良好教育的……我认为要比任何国家所能培养的都更优秀的民族。"阿诺德甚至担心海外的英国人会模仿外国习俗:"从法国传入的吃鱼不用餐刀的习惯简直荒唐至极,而法国人这样做是因为没有合适的餐刀来使用"(引自 Strachey 1986［1918］:181)。

如果英国人对文化上近似的法国人都持有一种优越感的话,那么它对待拥有迥异文化的亚洲和非洲殖民地人民时,带有轻蔑感也就不足为奇了,这种感觉可以被视为是情不自禁的。托马斯·麦考莱(Thomas Macauley)在写于1835年的《印度教育备忘录》中,力挺在印度实行的英语作为高等教育媒介语的西方教育体系,这极端地表达了此种盎格鲁中心主义的自信:"毫无必要让我们的语言再进行提炼了。即便在西方语言中,它也是最杰出的。它富于想象力的各种作品不亚于尊贵的古希腊文明作品所赋予我们的——包括形形色色的论辩术范本……任何懂得英语的人都能获得地球上无与伦比的知识财富,这些知识是最富智慧的民族在长达90代的时间内所创造和保存的……此时我们面前的问题已简化为,当我们将该语言教授给其他民族时,毫无疑问,他们任何学科的书籍都无法与我们的相媲美……当我们能资助正确的哲学和真实的历史研究时,我们应该通过公共开支予以赞助,他们的医典让英国的兽医都不齿,其天文学著述足以把英国寄宿学校的女生们逗得哄堂大笑,其历史热衷于吹嘘30英尺高国王这样的传奇……其地理学则沉湎于描述乳海和甘露这样的无稽之谈[41]"(Nurullah and Naik 1951:136—137)。达卡茨(Durkacz 1983:205)引述了这些情绪化的观点时写道,这就无怪乎英国人会认为盖尔语、爱尔兰语和威尔士语没有作为教学媒介语来使用的价值,这一观点也与殖民地官员蔑视少数族裔的语言和文化如出一辙。

当殖民地取得独立时,积极的民众期望获得更大的政治和经济参与度。

---

[41] 指印度教关于天神搅拌乳海获取长生不老的甘露的传说。

这种意愿,同宣扬强调原住民传统价值观、可靠性和独特性的民族解放运动的各种演讲一起,不断造成舆论压力,进而推动原住民语言代替殖民语言成为教学媒介语。

这种代替有时候很难贯彻执行。首先,精英统治阶层很多时候并不情愿放弃他们已获得的个人优势,而这种优势恰恰又是建立在他们通过殖民语言所接受的精英教育之上。一旦该语言失去特权,他们同样也会丧失特权。第二,置身于竞争性语言集团间的经济和政治竞争,往往使得任何一方都不愿看到对方的语言被确立为整个教育体系的教学媒介语。他们宁愿每个人都面临学习殖民语言的困境,而非一部分人有学习自己语言的优势。第三,为了与世界商业、科学和技术接轨,必然要求起码有一部分人去学习宗主国的语言。而传授该种语言的最佳方式莫过于把它作为教学媒介语。

总之,大多数情况下对于最大限度提升学生教育成效的重视都不过是敷衍了事的表面文章,而决定使用何种语言用于教学几乎都取决于政治考量。从国家的角度来看,教育是控制社会的主要途径,而从个人或家庭的角度来看,则是社会上行流动的途径,所以教学媒介语被视为一个重要的政治问题一点也不使人吃惊。

8. "**作为学校一门课程的语言**:该类语言(不包含已具备全国性或地方性官方语言功能的语言)是,作为中学阶段和(或)高等教育阶段中一门科目来教授的语言。"由于第二语言基本成为小学的常规科目,所以,我们最好把这个类别扩展到包含更低年级的语言科目的教学。

古代最早的语言学校应该是古巴比伦和亚述(Assyria)的皇家学院,它们是用来培训译员和文员的语言学校。从古至今,语言教学一直在教学大纲中占据着显著地位。正如上文所指出的那样,斯图尔特的定义排除了全国性和地方性官方语言。事实上,在大多数的案例中,我们可以比较肯定地假设,当该语言并非学生的母语时,他们就会把它作为一个学校的科目来学习。之所以讲它是合理的,尤其当我们不再只考虑法定语言将政府工作语言也包括在内的时候,我们就能发现,全国性的和地方性官方语言往往具有广大群众基础进而决定了其实用性。

当全国性或地方性官方语言以外的一种语言被当作科目来教学时,究竟是何目的呢?其实,教授这些语言是有很多目的的。举例来说,可以使信徒能够阅读用古典语言书写的宗教文本,可以使学生获得需要第二语言知识的工作,可以使学生获益于以第二语言进行的授课,可以使学生从民族传承或国家传统中薪火传承,还可以使精英从芸芸众生中脱颖而出。

而最后一个目的则推动了一个绵亘数个世纪之久的传统,那便是英国文法学校专注于希腊文和拉丁文的教授。男孩们要学习解读古代的文本,并把它们翻译成英语,而且还要用希腊文和拉丁文进行创作。当塞缪尔·约翰逊年老时意识到患上麻痹性中风时,他祈祷自己至少保留思维能力:"我感到不安,并向上帝祈祷,求他让我的身体去承受病痛,而让我仍然能够思考。这个祈祷是我殚精竭虑用拉丁文书写的。遣词造句未臻完美,但是我却不知道如何可以使它们更好"(引自 Bate 1975:575)。过去当学生们受训进入教会工作时,这些技能是必备的。但到了约翰逊接受教育的时代,一切都已时过境迁了。

当托马斯·阿诺德在1828年出任拉戈比学校的校长时,希腊文和拉丁文仍然是"一个彻头彻尾的英国绅士"必修课程的核心,在阿诺德看来,这一传统并没有改变的理由。但是他另外增加了每周一个小时的法语课,尽管他对英国男孩能否讲正确的法语或发出正确的音节持怀疑态度(Strachey 1986 [1918]:171)。在我这一代,虽然这一传统已经大打折扣,但拉丁文(不再有希腊文了)仍然是大学入学的必考科目。拉丁文老师告诉我们,学习拉丁文可以"训练我们的头脑"。但是如果这是事实的话,录取进入秘书、商科和手工艺等课程的学生也必须去读恺撒、西塞罗和维吉尔的著作吗?难道他们的头脑就不配接受跟我同样的训练吗?

当学生们通过一种外语或第二语言学习时,如果他们将来能从该媒介语的学习中受益,他们就必须学习那种语言。所以在一个使用多种语言的国家,普遍做法就是在中学或大学阶段使用官方语言进行教学,并对低年级的后来者进行官方语言的教学以备将来之用。如果这样,那么成功地掌握官方语言便成为入读中学或大学的先决条件。

尽管向那些非母语人士教授官方语言并无不可,但是情况并非总是如此。例如,在阿拉伯裔以色列人小学中,希伯来语是必修科目,而在犹太裔以色列人小学中,即使很多学校都开设了阿拉伯语课程,但却不是必修课。然而英语却是阿拉伯和犹太孩子们的必修语言。因此,所有的以色列阿拉伯裔孩子以及许多以色列犹太裔孩子,除自己的母语外还必须学习另外两种语言。而这样的语言学习负担却是很正常的现象。比如在印度的非印地语地区,根据"三种语言方案",孩子们要把地区语言、印地语和英语各作为必修科目。对大部分孩子来说,地区语言反而是一种额外学习的语言。

能否成功地把多种语言作为必修科目来学好,决定因素可谓大相径庭。主要的决定性变量很可能是学习强度、教学质量和校外该种语言的有用性。换句话说,主要的决定因素有可能是学习的机会和激励因素,这并不是一个出人意料的假设。

例如,斯科顿(Scotton 1972)发现,在坎帕拉[42](Kampala)的调查对象中,只有少部分有较长受教育史的人才会说英语。里夫斯(Reves 1983)对以色列阿拉伯中学生的研究提供给了我们一个研究学习机会重要性的案例。她的调查对象都住在雅法(Jaffa),现在则是特拉维夫(Tel Aviv)的一部分,虽然他们在校内有希伯来语课,但他们在校外也有很多机会学习该语言。另一个方面,他们学习英语的机会则只是在课堂上。市立中学学生的希伯来语程度与私立中学学生的程度并无二致,然而市立中学学生的英语程度却远低于私立中学学生的程度,因为后者的教学质量更胜一筹。里夫斯的研究显示,动机的不同也可能是一个重要因素。市立中学的学生较之私立中学的学生,不大可能升上需要英语知识进行学习的大学,或者找一份需要使用英语的工作。

和使用某种语言作为教学媒介语相比较,是否把一种语言作为一个必修科目所受到的政治压力要小得多。而教育政策的制定者对于家长和学生关于哪种语言应作为必修科目的需求也非常敏感。显而易见,英语在经济

---

[42] 坎帕拉是乌干达首都和最大城市,位于该国南部维多利亚湖上。

上的重要性激发了学习的广泛需求。因此,在母语非英语的国家,它成了学校所教外语的首选。在上一章里,我们看到了以色列的家长们绕过了教育部关于在小学四年级以下不得教授英语的禁令。与之相反的,在1960年代风起云涌的美国大学生运动中,对课程"相关性"的呼吁却导致了美国大学彻底取消了外语水准作为大学毕业的一项必备条件。对那些学生而言,外语能力尤其是他们所习得的有限的应用能力,几乎和完全过时的拉丁文和希腊文一样毫无用处。

9. "**文学语言**:该类语言主要用于文学或学术目的。"作为文学或学术用途的日常口语的推广是民族主义运动的特色,也可能是这样的行为可以唤醒民众或者至少是知识分子的民族意识。此外,一些民族主义者认为民族语言文学的发展,可以加强对于民族自治合法性的诉求。然而,似乎并非是纯文学,而是朴实的非叙事体的日常语言,即一个"充满信息的语言世界,而不是充满想象的语言空间",给日常口语带来了声望(克洛斯 1967:33)。

正如费什曼(1982)所指出的那样,推崇日常口语高雅文化功能的支持者不可能取得成功,除非他们或他们所代表的阶级能够控制维系社会运作的经济和政治机构。之所以如此,是因为除非有本质性的好处,人们是不大可能用日常口语代替成熟的文学语言来表达高雅文化功能的。这便是在纳粹大屠杀中毁灭讲依地语的犹太社群前,推广依地语高雅文化功能失败的原因。讲依地语的犹太社群既不能控制当地的经济,也不能控制居住地的政治。费什曼(1982:311—312)曾说道:"意识形态、族群象征及表达能力,对一种语言的传播具有无可辩驳的重要性——它们可以起到有意识地鼓动情绪、激发凝聚力和唤起行动的作用——但若不具备实质和相当可观的地位——在社会发生变迁的情况下,面对可以提供上述实在属性的语言时,所对应的权力便会在竞争中失去效用。它们也许仍然能够鼓舞人心,但是,**在现代**它们不再具有决定性意义。**举例来说,它们最终连从经济政治格局的动荡中守护家园的隐私也做不到。**"(强调为原文所加)

10. "**宗教语言**:该类语言主要用于与特定宗教仪式相关联的场所。"我们有必要将这一定义进行扩展以包括三个重叠和关联的子功能:(1)劝诫、皈依与宗教教育,(2)宗教文本读写,(3)公开祈祷。诸如伊斯兰教和犹太教这样的宗教,将宗教文本的诵读和祈祷规定为仅能使用一种圣言(sacred language)。当一种用于宗教仪式的语言被固定后,这种语言最终会变得让信徒们难以理解(除非他们把这种语言作为第二语言或外语来学习)。信徒们的语言最初与圣言相同或者近似,但随着时间而改变了,或者是因为这种宗教被讲其他语言的人所接受了。宗教仪式用语与日常口语会渐行渐远,晦涩又给宗教仪式罩上了一层超凡脱俗的彼岸灵韵,也就成为了信徒全情投入的一大障碍。圣言可能会加强懂得该语言的宗教精英的权力。当宗教改革运动努力取代现有的宗教体制,或鼓励民众更加全面地投身于宗教生活,以使宗教仪式更好地回应信徒们的需求,宗教仪式语言的政策改革便初现端倪了。而最著名的案例便是新教改革。新教鼓励基督教徒直接研习宗教文本,而不再依赖牧师解读。而只有使宗教文本以日常口语面世时,才有可能达成改革的目标。相应地,基督教的《圣经》之前在西欧仅供懂得拉丁文和希腊文的人使用,现在都翻译成了欧洲新教徒的日常口语。另一个导致宗教仪式语言改革的例子便是犹太教改革,其结果推动了在公共敬拜中用日常口语代替希伯来语的变革。公众诵读宗教文本时,继续使用希伯来语,但是与东正教的习惯有所不同的是,宗教文本的诵读会当场或诵读完结后提供相应的翻译。

当传教士们尝试使他人皈依自己的宗教时,他们必须确定,使用何种语言作为媒介来布道。使用潜在皈依者的母语来布道不仅能使布道更容易被理解,而且能使布道不至于显得很生分。弗格森(1967)对14世纪俄国东正教主教彼尔姆的圣·斯蒂芬(St. Stefan of Perm)的记载描绘了在传教中使用当地语言的情况。当他获得牧师资格之后,圣·斯蒂芬返回老家,在科米人[43](Komi)中传教,试图使他们皈依基督教。然而他遇到了巨大的抵制,部分原因是科米人对俄国人的抵触,因为俄国人当时在政治上和经济上开始

---

[43] 科米人属乌拉尔语系民族,其民族构成中,俄罗斯人最多,占大约六成,是科米共和国的原住民族。他们很早就生活在乌拉尔山脉西部的维切格达河流域。1936年12月5日建立科米苏维埃社会主义自治共和国,1996年8月21日改称为科米共和国。

控制该地区。在斯蒂芬与科米人并肩抵抗俄国人的过程中,他广泛使用科米语用于传教活动。他在科米使用科米语布道,把宗教文本译成科米语,他也在公共敬拜中使用科米语,而且还在他创立的学校中使用科米语作为教学媒介语。圣·斯蒂芬取得了极大的成功,因为在他的一生中大多数科米人受洗成为了基督徒。他的语言政策,协助输入的外来文化被当地人接受,并顺利完成本土化。

达卡茨(1983)关于长老会教义在苏格兰传播和卫理会教义在威尔士传播的记载表明,传教士们使用盖尔语和威尔士语传道是这两个教派成功传播的关键因素。"人们一致认可,福音派基督教是通过恩典和盖尔语才得以进入苏格兰高地的"(达卡茨1983:6)。作为对照,英国圣公会教堂在爱尔兰和威尔士的建立,由于它拒绝使用爱尔兰语和威尔士语作为传道语言,在争取皈依者方面并不成功。

有时候,传教士(如圣·斯蒂芬)与其传道对象使用相同的母语。而更常见的情况是,传教士们说的是异邦语。那么他们是否需要学习他们传道对象的语言呢?要做到这一点并不容易。此外,以传教士的语言书写的福音材料,在没有经过翻译的情况下是根本不能在当地使用的。如果传教地区使用多种语言,那么已经学会一种当地语言的传教士,除非又学会另一种当地语言,否则是不能派往另一个教区的。鉴于上述限制,基督教传教士们频繁学习新的布道对象人群的语言确实值得钦佩。而这对他们来说是属于正常工作范畴。传教士们的一个主要贡献是,把世界各地数以百计的日常口语整理成书面语言,并作为先驱之一,对许多地方语言进行系统的语言学分析。

在既不使用传教士的语言,也不使用当地人语言的情况下,替代方案就是使用一种广为流传的通用语,正如16世纪在安第斯山地区传教的西班牙传教士(Heath and Laprade 1982)使用盖丘亚语和艾马拉语(Aymara)[44],这和在东非的基督教传教士使用斯瓦希里语来传教一样(马兹鲁伊和兹利姆

---

[44] 这是住在安第斯山脉的艾马拉人的一种语言,为玻利维亚的官方语言之一。艾马拉语是一种具有词形变化的语言,主要使用主宾谓结构。

1978）。

当传教士使用宗主国的语言来传道，而当地人又把该种语言看作是能带来物质好处的前提时，他们学习该语言的意愿就会吸引他们加入传教活动。前文所提到的吉兹语是阿克苏米特帝国的语言，该语言在埃塞俄比亚高原广泛传播，部分原因应归功于叙利亚传教士对它的应用，他们在传道过程中也使用吉兹语教导当地人改良农业和手工业技术。而在印度的新教传教士则需要应对当地人反对启蒙教育阶段使用英语作为教学媒介语的压力。其实，这些传教士更愿意使用当地语言作为教学媒介语，他们认为这是使当地人皈依的最佳方法；而当使用英语时，这通常是到了较高层次的教导和面向精英阶层的（达卡茨 1983）。

达卡茨关于 18 和 19 世纪威尔士和苏格兰高地流动学校的描述，是对宗教和教育在语言规划竞技场纷争的最佳诠释。这些仅有一个教师的学校，致力于使用威尔士语和盖尔语等母语进行读写教导，当基本读写能力的教导任务完成时，就立即从一个社区转移到另一个社区。使用《圣经》作为识字入门教材还能使当地人产生宗教热忱，随后使用威尔士语和盖尔语布道的牧师还能对此种热忱进行引导。

作为地位规划目标的其他功能

除了斯图尔特提出的上述几项以外，做出语言地位规划的决定至少与另外两项有关：即大众媒体语言和职业工作语言。

政府控制了大众媒体，也就能决定媒体用哪种语言来播送节目。举例来说，以色列政府对于用希伯来语、阿拉伯语和其他外语广播的电台和电视节目时间进行分配。决定媒体语言的压力来源包括：不同族裔语言社群的要求、迎合此种要求的意愿、推动或压抑特定语言的愿望、节目和工作人员的来源，以及使用特定语言制作新节目的可行性。

有关职业工作地位规划，最著名的例子应该就是加拿大魁北克省的情况。该省从 1970 年代中期起，就一直致力于使用法语而非英语作为工作用语。虽然讲法语者占总人口的80%,但经济和金融机构的控制权却掌握在讲英语的少数人和外国英语使用者手中。即便讲法语的人大量进入中层管理岗位,讲英语的人仍然在大公司的最高管理层中占据绝对主导地位。想要跻身最高管理层的讲法语的职员,则必须学习英语。学习英语带来的物质奖励使得不讲英语和法语(称作"讲其他语者"(Allophones))的移民去学习英语而非法语,并且标明自己属于讲英语的社群而不是讲法语的社群。法语的地位又由于讲法语的人口生育率的下降而进一步受到削弱,同时他们感到自己在魁北克省的相对重要性正受到威胁。相应地,即使在具民族主义倾向的魁北克人党(Parti Québécois)于1976年取得政权前,魁北克省已经通过立法确立法语作为工作语言。

早在1974年,自由党的《22号法案》——"官方语言法案"已经使法语成为魁北克省的官方语言,法案同时宣布,商务人员必须能用法语进行沟通,而且强制规定私人公司必须实施"法语化方案"。如果公司希望能得到政府扶持和政府合同的话,就必须实施该法案,最终达到在所有工作场合都使用法语。1977年,魁北克省政府在魁北克人党领导下通过了《101号法案》,即《法语宪章》,该法案进一步扩展了此前规定的范畴。宪章规定,凡雇佣50人以上的公司都必须获得特定执照证明该公司已经在实施"法语化方案",或者证明不需要这样的方案(Daoust-Blais 1983)。该宪章建立了一整套实施这些规定的机制,还包括确保公司能够服从的各种强制手段。《22号法案》和《101号法案》对推动和捍卫法语存在有所贡献者提出了超乎寻常的商业奖励细则。这两个法案也明确指出地位规划最终会指向该语言使用者。

结 论

在这一章里,我们分析了社群语言各种不同功能或用途的分配。通过以上例子,我们尝试提出只有当其被用来追求和维护权力时,地位规划才最有可能取得成功。之所以说是尝试,是因为所提的例子都与该假设保持一致。但是如果该假设是正确的,也仅仅是**部分**正确。语言规划作为一种活动太过复杂,远非单一因素可解。

在上一章我们了解到,一个社区内最具权力的个人和社群,也是那些能够在分配稀缺资源和价值上施加最多影响力的人和社群。精英们往往尝试通过这一过程,来维护和扩展他们的影响力;而民众,一旦在某种程度上被调动起来,寻求的是一个更为公平合理的过程;对于新兴精英阶层,他们试图以民众的名义,或作为新意识形态的代表,力图取代精英并抓住这一过程的控制权。各种语言变体组成了一个社区的语言库藏,即所有的专用语言、方言或者社区用语,都会被精英和新兴精英阶层所操控。这些口头的和书面的语言变体,既没有被平等地评估过,也没有被平等地推广过。它们没有被平等地评估过,是因为社区成员认为,一些变体比其他变体在特定语境和目的下"更好",或者更加"得体"。而它们没有被平等地推广过,是因为没有人能够控制所有的语言变体。举例来说,几乎所有人都知道怎样和一个婴幼儿交谈,但不是所有人都知道怎样像医生那样以职业的方式与病人交谈,像播音员那样播报新闻,像海上演习教官那样训斥部队,或者像农夫那样在集市上讨价还价。

但是精英阶层却可以影响社区内语言变体的评估和推广。他们通过地位规划影响该语言的价值,通过习得规划影响其推广。地位规划通过帮助规定其使用功能影响一个语言变体的价值。例如,假设高等教育是人人向往的,那如果用一种语言代替现有大学的教学媒介语,那么这种语言的使用者的地位也会得到提升。换句话说,地位规划是对特定语言资源**需求**进行管制的工作,而习得规划则是对那些资源的**分布**进行管制的工作。新兴精英阶层以两种方法来发动攻势。他们可以试图夺取受重视的语言资源的控制权,也可以减少或抵消这些资源的价值而提升他们所属意资源的价值。

原则上,地位规划可作用于任何一种交际功能。而在实际操作中,语言规划却倾向于指向那些可以使精英阶层维持或扩张权力的功能,或者给予新兴精英阶层一个攫取权力的机会。此外,当改变会威胁到精英阶层,或者是正如新兴精英阶层所期望时,便会牵涉到地位规划。即便当一项功能明显与追求和维持权力有关时,比如政府部门的行政语言,只要精英和新兴精英们看不到这样做有任何益处,地位规划便可能不会被启动。

的确,地位规划通常由意识形态这部引擎所驱动,以及像本-耶胡达这样不计个人得失致力于地位规划的语言英雄所推动着。但是对精英和新兴精英阶层来说,如果地位规划的结果不能有利于促进维持或追求权力的话,他们便既不可能被意识形态所束缚,也不会去利用他人的无私奉献。但是地位规划即使有精英和新兴精英阶层的支持和推动也不能保证成功时,也不能说明有了这样的支持和推动就有可能获得成功。

虽然在原则上,地位规划可以被用于维持社区语言的功能配置,只有当一种语言的状况已经发生了改变,语言维护才有必要成为地位规划的目的。举例来说,在比利时的外国孩子如果没有面临失去母语或不能以母语读写的危险时,外国政府完全没有任何理由为他们的孩子设立一个特殊的午后学校(Segers and van den Broeck 1972)。换句话说,**维持**语言配置的工作是一种帮助**回归**到先前更理想状态的努力。不管这些工作旨在回归到原先的语言配置,还是走向新的配置,地位规划通常都是为了改变而存在的。

也就是说,地位规划的实施通常是在一种社区语言的功能配置有必要改变的时候。但是精英和新兴精英阶层不能立刻改变现状,因为他们需要与整个社区分享对现状的评估,这个评估是他们要最终寻求改变的。例如,如果 A 语言承载着古老的文学传统,也是一个社区集体记忆的表现,而 B 语言仅仅适合现实任务,那么规划者就不会轻易倡议用 A 语言取代 B 语言作为学校的教学媒介语。规划者必须在能改变公众的意见前,先改变自身对该语言的评估。如果他们成功地改变了公众的评估,这些新的价值观也会成为未来新的地位规划的制约要素。

第六章 本体规划

"对摩天大楼设计产生过重要影响的美国建筑师路易斯·亨利·沙利文（Louis Henri Sullivan）(1856—1924) 在论及高层办公建筑的审美问题时，曾写道"形式是永远遵从功能的"。沙利文认为，形式和功能之间的完美关系是有机的而非机械的。也就是说，他认为真实的设计形式不必机械地反映其功用，而应该自然地表达根植于内的文明蕴含。因此，一份建筑设计应该同时体现产生它的环境及其所承担的特定功能（Koeper 1980）。

虽然"形式遵从功能"的格言演绎自建筑的美学理念，但它或许同样适用于语言本体规划。用建筑来打比方倒是可以恰当地说明语言本体规划。建筑学家和本体规划者都要植根于特定的社会、文化、政治和历史环境中，设计出能满足某特定功能的结构形式，同时二者又受到所处环境的影响。建筑学家和本体规划者或隐或显地都在同一个建筑理念下进行操作。比如，正如沙利文所认为的那样，即结构形式应该反映出其所滋生的文明蕴含，一些语言本体规划者也认为，本体理应反射出原住民的或古典的传统，或者是有与现代性、效率、透明度等价值理念相关的一些东西。正如建筑学家的设计可能让客户满意，也可能让客户不满意一样（客户可以采纳或者否定设计图，在建造大楼时可按原设计或进行修改，又或另寻他人，甚至放弃建造项目），语言的规划者也有可能取悦不了他们所针对的公众。比如，规划者可能设计出一套易学易用、印刷简约而实施起来又经济实惠的拼写系统，并且从技术上说，在所有的方面与他们所要改革的系统比较起来都有所进步。而公众面对这一改革方案，可能是热情地拥护，也有可能采取无所谓、轻蔑，甚至是厌恶的态度。

本体规划中，所谓形式遵从功能起码具有两个意义：本体规划者设计或选择某些结构形式,是基于这样一种假设,某特定功能(显性或隐性的)能通过对本体的修正和处理而实现。关于显性功能,上一章所谈的地位规划的实施经常需要本体规划的支持,尤其是当一种语言或语言的变体被选择来实现以前没有的某个交际功能的时候。举例来说,当俄国彼尔姆的圣·斯蒂芬不仅想用科米语来翻译礼拜仪式用语,而且要将它作为他所管辖下的学校里的教学媒介语时,他需要为尚无书写体系的科米语创造书写形式。他做到了。在19世纪末20世纪初的巴勒斯坦,当犹太人开始用希伯来语作为其新安置区内学校里的教学媒介语时,他们需要找到或者创造新的术语,以便老师和学生能用它们来探讨学校里所教授的现代课程。与此相应地,1904年教师工会重新启动了希伯来语理事会(该会于1890年由本-耶胡达创立后6个月解体),以便满足学校系统的需要。理事会投入巨大精力来创建学校和课程术语,在半个世纪之内建立了几乎所有高中课程科目的标准术语(Fellman 1977;鲁宾 1977)。1922年,新成立的爱尔兰政府[45]部门和军队开始使用爱尔兰语,而此时爱尔兰语的拼写具有多种变体,对标准正字法的需求日益增长,由此也出现了一系列对标准化拼写模式的提议(Ó Murchú 1977)。因此,从这个意义来说,形式遵从功能指的是,所需求的交际功能先于所设计和选择的形式结构。

但是,结构该采取哪种形式呢?它跟日常口语是近点好还是远点好?是采用土生土长的语言社区的表达,还是借用或调整都市或国际形式?是应该忠实于传统,还是得显示出点"摩登"?语言规划最终将走向非语言学目的,如果人们能接受我的这个论点,那么,该目的将影响本体的形式是毫不奇怪的。又比如,当彼尔姆的圣斯蒂芬把科米语简化为书写形式时,他实际上是发明了一种独特的书写系统,而不是采用周围民众所使用文字中的一种。他这么做的目的是为了鼓励,他希望科米人将这种字体看成他们自己的一种特色鲜明的文字,并由此再延伸一步,将教会看成他们的当地机

---

[45] 即爱尔兰自由邦(Irish Free State),是从大不列颠和爱尔兰王国分裂出来的26个郡组成的国家。奠基于由爱尔兰32个郡中英国和爱尔兰共和国代表于1921年12月6日,在伦敦签署的爱尔兰自由邦协定(或英爱协定)。

构。据弗格森(1967)的研究,圣徒所创制的一些字母的形状让人想起科米人用作财产标记的传统符号,所以字体的形式才带上了本地的特色。在这里,书写系统形式的选择受圣徒福音传道目标的影响。

面对世纪之交的巴勒斯坦日益增长的日常词汇的需要,希伯来语理事会决定主要使用来自古希伯来语的词,如果找不到合适的,那么则用古阿拉米语(Aramaic)。阿拉米语在几百年的历程中,已经成为几乎像希伯来语那样神圣的犹太语言,希伯来语是逐渐采用阿拉米字母来书写的。如果在上述二者中都找不到相应的词,则采用其他闪米特诸语言的词。而来自非闪米特诸语言的词最初被认为是不合适的。如需另起炉灶重新造词,理事会希望能用希伯来语的词根,如无法满足,则优先考虑其他闪米特诸语言的词根,特别是来自阿拉伯语的词根(芬伯格1983)。对希伯来语和阿拉米语原始语言材料的使用强调犹太人在巴勒斯坦的存在是自古如此,同时也使得犹太人在希伯来语祖先土地上具有自决权的断言进一步合法化。让人感兴趣的是,在20世纪初这些民族主义者就认为,包括阿拉伯语在内的闪米特诸语资源是与犹太民族运动的兴盛相辅相成的,而民族运动本身又进一步促进了使用希伯来语来达到日常交际的功能。

在爱尔兰语拼写标准化的过程中有没有什么潜在的目标嵌于其中呢?政府部门采用基本是限于礼仪的爱尔兰语是有目的的,那就是强调新政府统治的合法性。正如威严的服饰可以增强帝王的权力象征一样。当英王乔治五世[46](King George V)穿过伦敦的街道去召开议会时,他的马车金碧辉煌,就连驾车的马匹也装饰得精美绝伦;当他向议会发表演讲时,用什么样的文本形式是确定无疑的。英语拼写至迟在18世纪中叶就已经标准化了。当然,英语几乎是所有爱尔兰人最早学会的阅读语言。跟标准的英语拼写相比,缺少标准的爱尔兰语拼写法难道不也成了一个捉襟见肘的国家象征吗?

---

[46] 乔治五世是英国国王,于1910—1936年在位,温莎王朝的开创者,是目前在位的英女王伊丽莎白二世的祖父。乔治五世在位期间见证了1922年大英帝国的巅峰时期,其领土占到全球土地面积的22.6%,子民达到全球人口的五分一。

不错,爱尔兰语拼写本身曾经一度也经历了标准化的过程。早在16世纪,标准的拼写系统就已经演化形成,并且一直使用到20世纪之交。不过,此时古典模式开始遭到遗弃,因为作家开始青睐能反映流行特征的文学语言(穆尔舒1977),以及因为不同的地区说不同的口语,进而导致了拼写上的巨大差异。守旧派呼吁回归到古典的拼写,而另一些人则钟情于地域方言的表达形式,二者之间的冲突迟滞了标准规范的进程。

最终,独立后经过大约25年的时间,议会翻译部门的工作人员公布了他们的建议书,本质上保留了传统的规范,但去除了不少古典模式的冗余成分。虽然守旧派、地方主义者和那些认为改革不够激进的人们都拒绝妥协,但政府却立即采用它来出版官方出版物,然后又将之用于学校里的语法和教材。

新的拼写系统迅速传播开来(穆尔舒1977),保守派的反应最为激烈。穆尔舒(Ó Murchú)引用了前教育部长奥希莱(Ó Ceallaigh)1949年写的一段话:"我们有了……一些不知名的团体来毁坏传统的拼写法。传统拼写法应被视作神圣遗产,它是汇集1200年来圣贤和福音传道者思想、判断力以及先进技术的智慧大厦"。奥希莱为传统拼写法作为神圣遗产所做的充满激情的祈祷表明,圣像配饰的光芒和新政权的合法性才是标准化的重要动力。反过来说,标准化也因为爱尔兰语用作官方用语这项新的功能得以启动而确立。

然而,并非所有的本体规划都是为了某语言实现新的交际功能而进行的。比如,1960年代,美国维权人士开始倡导用"black"(黑人)替代"Negro"(黑鬼),用"gay"(同志)替代"homosexual"(同性恋),使用非男性中心的构词语素,使用易于理解的文件等,他们如此作其目的是为了增强黑人、同性恋、妇女和消费者的力量,或许也是为了提高领导者的权力,而不是让英语实现新的功能。正如科米语、希伯来语和爱尔兰语的情况一样,上述实例表明,非语言目的同样也影响了本体规划所需求的形式。因此,在本体规划中,形式遵从功能从某种意义上来说,并不仅仅体现在所需交际功能先于语言形式的设计,而且也体现在非交际目标(功能)影响所需求的形式。

迄今为止，上面提到的有关本体规划的实例，已经展示了文献中所探讨的本体规划的主要类型，另外我还增加了一类。传统的主要范畴有**文字化**、**规范化**和**现代化**。其他两类——**编典化**和**精致化**也经常被提到，但它们分属规范化和现代化的下位类型。此外，我还要提到第四种主要类型，即**革新化**。

文字化

弗格森(1968)注意到，语言学家之间普遍流传着这么一种假定，即并不存在一种"原始"的语言，也没有任何办法在语言演化的连续体中给结构的复杂性评判等级。不过他也表明，可以在非结构的维度中来比较语言的发展情况：文字化——将语言简化为文字形式；标准化——在地域或社会方言之上发展出一种标准形式；以及没有更好的术语姑且称之的现代化——在一系列具有工业化、世俗化、结构有别、"现代社会"等特征的主题和话语形式上发展出与其他语言之间的互译性。

为不成文的语言配备书写体系是一件盛事，成千上万的人参与其中，而基督教传教士大概是当今这项事业里最活跃的实践者了。就像圣·斯蒂芬一样，现代传教士必须在使用已有体系还是创制新体系之间做出重要选择。弗格森(1968)指出，在东正教教会东扩初期，通常的做法是采用希腊字母，找不到希腊字母来表达目标语发音时，则增加新的字母。但有时候，规划者有必要强调新书写体系的独特性。圣·斯蒂芬选择了后一种做法，这大概是因为当时科米人要反抗俄罗斯人日益增长的经济政治统治。而公元5世纪由圣·梅斯罗普(St. Mesrop)创制的亚美尼亚字母是采用独特新体系的又一例证，该系统不同于周边民族所使用的希腊和叙利亚字母。

如果决定创制一种新的字体，那么另一重要选择摆在面前：是创制一个符号表示一个音节的音节表，还是一个字母代表一个音素的字母表？比如在多大程度上保留语法和派生信息，有无特别需要的标点符号，是否要创制特殊标音符号，等等。

目前有关提供判断书写体系是否充分适当的标准的研究文献越来越多了（Berry 1958，1977；Bloomfield 1942；Bolinger 1946；C. Chomsky 1970；N. Chomsky 1970；Fishman 1977；Gudschinsky 1957，1959；International African Institute 1962；MacCarthy 1964；Nida 1954；Pike 1947；Sjoberg 1964，1966；Smalley 1964；Venezky 1977）。这些原则和标准可分为两大类：（1）从心理语言学或技术层面考虑的；（2）从社会语言学层面考虑的。

基于心理语言学和技术层面的原则和判断标准主要关心这样的问题：书写体系在多大程度上便于学习，易于阅读和书写，便于通过传输技术转化为别的语言，以及易于通过现代印刷技术进行大量复制等。正如贝利（Berry 1958，1977）所指出的那样，这些标准之间可能存在着矛盾，因为易于阅读的并不一定易于书写和印刷，便于学习的也并不一定就易于使用。又比如，韦内斯基（Venezky 1977）认为，对识字运动阶段的人来说，正字法应该标示字词的读音，而对级别更高的读者而言，正字法应该标示意义而不是读音。

同样，便于学习的也可能并不易于转化。许多书写体系都被设计成了过渡性的字母，这为那些一字不识的人学习国语或官方语言架起一道桥梁，而国语或官方语言日后也将成为他们最主要的书写语言。通常情况下，典型的做法是学习者这种过渡性的识字能力是通过自己的母语来传送的。但事实上，也有相反的证据表明，当学习者最终目标是获得第二语言的读写能力时，母语读写能力的传送功效甚微（参见 Engle 1975）。母语读写能力作为二语读写能力的桥梁发挥作用基于如下两个假设：（1）与第二语言相比，人们更容易在第一语言中获得初步读写技能。（2）如果书写体系相似而且学习者对第二语言有所了解，那么，读写能力从第一语言向第二语言的转化也是相对容易的。虽然几乎没有什么实验可以证明迁移（transfer）作为心理学问题的重要性，但不管怎么说，第二个假设听上去倒也合理。在任何情况下，如果书写体系被设计成过渡性的字母，使用与第二语言接近的书写体系是明智的，即使这个体系并不那么适合于第一语言的阅读，因为第二语言读写能力的获得才是最终的目标。

不仅目标之间存在着冲突，在由何种手段来实现给定目标的问题上也可能存在分歧。如果把便于阅读作为目标,那么如何使这一目标最大化呢?如果有人认为阅读需要书写符号和发音单位相结合,那么,他设计出的体系则是这样的:每一个独一无二的符号都代表着一个音素(如果使用字母的话)或音节(如果是音节制的话)。通过这种方式,该书写体系所表达的是每一个字的语音实现。因此,在字母体系里,比如"cat"(猫)和"fiddle"(小提琴)复数形式的词尾表达可能就不同。类似地,在如下成对出现的词语中"mendacious(虚伪的)-mendacity(虚伪)、narcosis(麻醉)-narcotic(麻醉的)、serene(安宁的)-serenity(安宁)、seduce(诱惑,动词)-seduction(诱惑,名词)、contrite(悔罪的)-contrition(悔罪)",每组前一个单词的第二个元音不同于后一单词中所对应的部分。另一方面,如果有人认为一个阅读流畅的人应识别符号与意义,而不是符号与声音的对应关系,那么他所设计出的系统应该能反映语法与词汇形式的底层关系。那么在这样的体系中,"cat"和"fiddle"复数形式的词尾表达就有可能是相同的,因为它只管表达复数这一词素而不是语音上的实现。类似地,在上面所列举的对应词组里,每组词第二个元音的拼写可能是相同的,因为拼写形式只是有助于确定其意义。

  贝利(1977)指出,如果第二种观点发展到极端,我们不免得出这样的结论:字母原则对于流畅阅读来说毫不相关,因为文本在阅读者眼里就像是表意的。当然,很少有人会采取如此极端的立场。另一方面,有人认为理想的书写体系应采用音位法来标音,如果发现这种方法不切实际,他们也乐于对它进行修改。如果主要目标是进行流畅的阅读,那么,在何种程度上,书写体系应该表达文本的语音实现呢?又是在何种程度上,它该表达抽象的底层语法和词汇结构呢?而且,这真的事关重要吗?

  韦内斯基(1977:47)指出,"当人们试图比较不同文化中的阅读能力时,其中少有的一个合于情理的看法是,**抛开正字法里的音素规律**,所有国家的儿童有相当大一部分是阅读有问题者,而该社群中的大部分出自较下层的社会经济环境。又比如,拉宾和施莱辛格(Rabin and Schlesinger 1974)在以色列七年级的小学生中做了一个实验。他们给这些小学生展示用三种文字来拼写的希伯来语文本,这三种文字拼写的规律性强弱不一(指这三种系统出现同形词的程度)。但实验发现,拼写对阅读速度和理解的程度并无系统的影响。

对于那些文字特征更有利于阅读是有分歧的,不同的观点主要来自对阅读本质理解的分歧。类似地,对学习、书写和迁移本质问题上的不同观点也会带来其他观念上的差异,比如达到这些目标该使用什么样的技术等。举个例子,如果我们假定阅读学习关涉书写符号和声音相结合,可以是读音差异最小(比如/p/和/b/)时用来表达的符号的差异也最小,也可以把符号的差异设计得最大,那么这两种哪个更容易学习呢?按韦内斯基(1977)的说法,目前这方面几乎没有基于对照组和参照组的调查来指引我们。总而言之,在设计书写体系时,如果某一特征的功效值得商榷,而且为了跟其他更可取特征相结合,它在任何情况下都必须让步的话,那样人们会怀疑死守着这么一个特征到底有多大意义。

对技术因素不必过分拘泥的一个更紧迫的原因是,当某书写体系被接受或遭否定时,与社会因素相比,技术上的考虑看起来并不那么重要。欧洲的犹太人用希伯来文书写犹太兹摩语(属于罗曼语)和依地语(属于日耳曼语),但这跟希伯来文在技术上能否充分表达这些语言并没有什么关系。类似地,非阿拉伯的穆斯林直到最近还采用阿拉伯文来书写,罗马天主教斯拉夫人用拉丁文书写自己的语言,而东正教斯拉夫人用的是西里尔文,这都出自社会功用而并非技术上的制约。社会因素是最主要的,这在不同族群采用不同文字书写同一种语言时体现得最为清楚。比如,同是塞尔维亚-克罗地亚语,天主教克罗地亚人采用拉丁文,东正教塞尔维亚人采用西里尔文来书写,而在这之前,波斯尼亚穆斯林曾经用阿拉伯文来书写这种语言(参见Billigmeier 1987)。

这些例子表明,不同的宗教归属影响了人们对书写体系的接受程度。确实,与神圣经典相关联的文字通常也随着经典本身被普遍接受而得以传播。《古兰经》由精致优美的阿拉伯文写成,穆斯林采用《古兰经》中的章节来装饰他们的清真寺;而罗马天主教们在举行献祭仪式时也会在教堂的地板上描摹出拉丁字母。超自然的神助是创制书写体系的常见论调,从相信由万神殿王之子创制文字的古美索不达米亚人,到将文字发明之功归于透特神(Thoth)[47]的古埃及人(Billigmeier 1987),再到西部阿帕切人宗教运动的发起人西拉斯·约翰·爱德华,都无一例外地采取了这样的说法。爱德华把在西部阿帕切人[48]中广为使用的书写体系归功于"上帝托梦"(Basso and Anderson 1973)。书写体系的彼世起源说使它所代表的权势进一步合法化。从亚述人的汉穆拉比王(公元前1950)到现在,统治者都要对自己制订的法令造册编典,以使其存留万世。而且,如果没有文字形式,要对大规模人口进行稳定管理,即便不是不可能,那也是相当困难的。

文字跟其他权力工具一样,谁抓住了它,谁就能用它为自己服务。如果说统治者用文字来维持权力,那么被统治者则通过文字来获得权力。因此,被统治的那些少数族裔通常希望尽量使用趋近统治者的文字体系,而不管该体系能不能在技术层面上充分表达他们自己的语言。如果他们想使自己的语言借用统治者文字体系中的某些元素,那么使用这种体系确实也能为习得该种语言的书面语提供便利。如果一种少数族裔的语言简化成了文字[49],而这种文字是获得强势语言读写能力的主要桥梁,那么,认为这两种文字体系拥有相似性的观点应该是合情理的。为了转化的方便,同时也是为了满足少数族裔社群向强势语言书写体系靠拢的愿望,现代基督教传教士们,特别是当今文字化最大的创制组织——暑期语言学院,倾向于使用国语或官方语言的文字,为该国其他无书面语的语言设计文字系统。

但有时候,少数族裔想要一个不同于他们的统治者的文字体系,一个属于他们自己的、独一无二的体系。这里有一个有趣的例子。西非原住民文字形式包括瓦伊语(Vai,也译崴语)、门德语(Mende)、洛马语(Loma)和格贝列语(Kpelle)的音节文字,利比里亚和塞拉利昂的巴萨字母,喀麦隆和尼日利亚东部的巴芒(Bamoun)文字,以及象牙海岸的贝特(Bete)音节文字,所有

---

[47] 透特神,古埃及神话中的重要神祇,其地位相当于古希腊神话中的赫尔姆斯(Hermes);在古埃及晚期历史中,透特神被认为是一切科学、宗教和哲学等的创制者。

[48] 西部阿帕切人是北美西南部印第安人阿帕切人的一支,他们没有集中的部落组织,安于种植,重视农业生产,20世纪后期尚有人口1.1万人。

[49] 原文如此,怀疑有误。

的这些都是在拉丁语和阿拉伯语字母引进以后才发展起来的(Dalby 1967, 1968)。其中,最早的利比亚瓦伊音节文字大概是1833年创制的。它的创制和流行几乎可以肯定是瓦伊人想通过它来获得权力和物质利益的结果,而这种权力和物质上的利益有时属于他们周围的识字者,包括美裔黑人、欧洲人和曼丁哥穆斯林(Dalby 1967)。非洲人开始把自己在识字文化上的缺失看成是地位上从属于他者的标志(Dalby 1968)。

瓦伊语基本是一种辅音-元音结构的语言,这种结构非常适合以音节文字来记录。但光是技术上的考虑并不能说明采纳文字体系的初衷。而实际上,瓦伊语的音节文字相对而言并没有灵活地迁就语言的特色(Kotei 1972)。相反,这种独具特色的字母与非洲人使用原住民符号来表达某些神秘意图的传统相一致。这样文字的使用便包裹在了"高度的神秘性和保密性"的云雾中。多尔比(1968)推测,瓦伊文字的确有半保密的用途。斯克里布纳和考尔(Scribner and Cole 1981)也曾报告说,识字者最常提及的认读瓦伊语的优势在于,在记录他们自己的事务时,瓦伊文保有一种私密性。

19世纪,与周边的非洲民族相比,瓦伊人在经济上处于领先地位,其威望也大为提升,这起码有一部分要归功于其所拥有的独特文字(多尔比1967)。根据多尔比(1968)的说法,瓦伊文刺激了其他民族在该领域与之竞争,其他民族因此也渴望能拥有属于自己的独一无二的文字。竞争加上保密的渴望导致在不同的日常口语中产生了不同的文字。

不过其他的动机也可能有助于这些原住民文字的创制和流通。科泰(Kotei 1972)的研究表明,虽然西非民族可能对与拉丁文知识和阿拉伯文相关联的权力和物质利益非常羡慕,但也有可能将这些文字看成统治者征服他们的手段。因此,非洲人民将非洲文字的使用不仅看成是改善物质条件的手段,同时也是抵制外族统治的途径。与科泰所谈相关的另一个动机是他们对与拉丁和阿拉伯文字相关联的文化革新的恐惧。这种恐惧曾在维多·佐博(Wido Zobo)的梦里有所暗示。维多·佐博是洛马语文字的发明者,他曾详细叙述了他创造文字时的灵感。他梦到自己与上帝面对面,他指责上帝无视洛马人的无知,没有赐予文字。上帝的回答是,他害怕文字的力量会使洛马人偏离传统的信仰和习俗。维多·佐博保证，洛马人仍将一如既往地生活，而且他永远不会把这些文字教给妇女。"于是，上帝教他怎么从蔓藤叶中配制墨水"（多尔比 1968）。

维多·佐博的启示意味着原住民文字就像一面筛子，它将所求从那些不愿得到的革新中分离出来。也就是说，原住民文字允许使用者受益于现代技术，而又不牺牲传统信仰和习俗。它为现代和传统在同一时空如何结合的问题提供了一个漂亮的解决方案。简而言之，西非原住民文字的发展和传播提供了一个非常有用的例证，那就是，在采纳文字书写体系时，基于社会语言学方面的考虑是多么重要。在决定选择哪种文字书写体系时，这些因素通常比技术考虑更为重要。对于一个在创制文字书写体系时寻求技术帮助的人来说，跟人类学家、政治科学家和社会学家商谈，在一定程度上远比跟语言学家和心理学家探讨更有用。

语言规范化："谨为百世万民"

13 世纪前叶，英国颁布皇家法令将"码"的长度"不多也不少"地规范为传统的 3 英尺，每英尺长为 12 英寸。该法令将英尺划为 12 英寸的举动真正确定了习惯用法的法定标准地位（Chisholm 1980）。诚然，"不多也不少"的这个要求确实使我们这些把英文长度单位当成理所当然之事的人吃惊，我们可能认为将英尺划为 12 英寸就像手上有五根手指一样正常。"不多也不少"的要求再次提醒了我们，这一长度标准也是人为的规定而非天然如此。事实上，如果规定每英尺为 10 而不是 12 英寸的话，使用起来可能会更方便。假设这道皇家法令让我们重新认识到大多数度量衡都是人为规定的话，那么它也就提醒了我们在不同的时空中，度量单位也是不同的。也正是因为使用不同度量单位才催生了该法令的颁布。

中世纪欧洲的度量衡系统传承自古罗马，就如同罗马语发展自拉丁文一样，随后发展为各种地区与国家标准相互冲突的大杂烩（Chisholm 1980）。这种体系的糟粕在今天依然可见。在这个公制单位备受推崇的现代社会，英制长度单位却还在沿用中世纪的标准。即使在英制长度体系中也还存在着不同的变体。美国还在沿用中世纪殖民地时期的重量单位加仑和蒲式耳（bushel），而英国早在1824年就改变这些单位了。由此，美制加仑和蒲式耳就比英制加仑和蒲式耳各小17%和3%（Chisholm 1980）。查理曼大帝经过不懈努力仍未统一中世纪欧洲的度量衡系统，结果使这一系统和古代高度统一的标准形成鲜明对比。例如公元前3000年前，古埃及所发明并被广泛应用的长度单位"腕尺"（cubit），指的是前小臂从臂弯到指尖的长度。该单位是参照一块长为一腕尺的标准黑岗岩而制订的，并要求埃及所有的一腕尺长棍棒都要定期参照标准进行校准，以保持统一。吉萨大金字塔[50]（Great Pyramid of Gizah）是反映这些标准棍棒的最好例子，其中每个金字塔的边不超过平均长度的0.05%（Chisholm 1980）。作为标准参照物的一腕尺长黑岗岩可以视作测量标准的古代先行者，比如法国国际度量衡局保存的白金铱圆柱[51]作为千克的标准。

虽然法国大革命带来的一个重大变革就是公制单位的推广，但很早之前人们就承认统一的度量体系的必要。在法国大革命120年前，里昂圣保罗大教堂的牧师加布里埃尔·莫顿（Gabriel Mouton）就已经建议使用一套初具现代公制单位雏形的长度单位。但是传统的习惯用法根深蒂固，直到一场革命才使得新的统一度量系统得以实施。奇泽姆（Chisholm 1980）指出，公制单位常在政治动荡时期被采用，例如，拉丁美洲、苏联和中国都曾出现过这种现象。1799年公制单位以法律形式得以在法国实施时，该体系的行为箴言表达了一种终极的规范化标准——"谨为百世万民"。

在鲁宾（1977）关于语言规范化的探讨中，她指出所有的人类互动行为都需要不同程度的规范化，即不同程度的相同期许和共识。如果每一个互动参与者都以一种不同的标准行动，那么这个交流就会卡壳。诚哉斯言，采

---

[50] 即吉萨金字塔群当中最大的胡夫金字塔，位于埃及开罗郊区的吉萨高原内之陵墓群，于1979年入选联合国教科文组织世界遗产。它同时也是古代世界七大奇迹中最古老及唯一尚存的建筑物，塔旁有著名的狮身人面像。

[51] 即国际千克原器，其质量为1 kg，是1889年第一届国际权度大会批准制造的。它是一个高度和直径均为39 mm的、用铂铱合金制成的圆柱体。原型保存在巴黎国际度量衡局。

用公制单位的另一个动因,是在科学界中应对不同国家或地区的长度单位造成的极大困难。如果人与人之间的交流只是基本局限在当地,在大多数人都相互了解并且只与这些人交往情况下,地区或国家之间的标准差异并不会造成太大问题。但当交流超越本地局限时,地方标准就会阻碍交流理解。就如同现代科学要求使用统一标准尺寸以及批量生产要求使用标准可更换零件一样,超社区交流自然也就要求超社区的标准。在世界各地,这种情况时有发生:村民之间会用本地话或地区方言交谈,但他们跟一个陌生人说话时会转用国家标准语。这种超本地的交流形式是人们都在使用的。事实上,决定两种变体是否为同一语言或不同语言的方言的标准之一,就是看它们的使用者是否能够理解实质上相似的一个主要标准变体(弗格森和甘伯兹 1960)。

正如地区和国家度量体系有时是从统一源头发展而来的一样,方言和标准语也可能是从统一语源进化而来。度量衡的标准化通常是由中心到周边,而语言的规范化则是以一种处于权力中心的大都市向农村扩散的形式发展的。如果说度量衡的标准化是政治动荡和政体重组的产物,那么语言的规范化也是如此。法兰西学术院就是在这种时期应运而生的。度量衡的标准化揭示了两种历史体制,一是多少有些偶然和无序的演变,如同英国体系中重量和度量的标准化;二是有计划的体系,比如公制单位(Chisholm 1980)。因此语言的规范化有时是无规划的自然演变,有时是目标明确的规划结果。黎塞留作为法兰西学术院的建立者,也是规范重量和度量单位法案(如 1629 年发布的《米肖法案》[52](Code Michaud))的颁布者。正如度量单位中的习惯变体很难被广泛理性化和统一化一样,语言中的习惯变体也很难精简到单一的公共标准。约翰逊(1755)在他编著的《英语词典》前言中引用了霍克(Hooker)的话说:"变革难免带来不便,即便是由坏到好"(McAdam and Milne 1963:7)。

但是度量衡的标准化和语言的规范化的比较也只能止步于此。首先,

---

[52] 据《不列颠百科全书》的定义,《米肖法案》是指一系列仰赖黎塞留的权威制定颁布的,用来规范 17 世纪上半叶法国的行会和贸易、公司、政府机构、教会、军队和度量衡标准的措施。

极度精确并不是语言中时时必要的。艺术家有时会通过语言寻求一种模糊意境,而政客则需要混淆视听。正如那个童话歌谣中的矮胖子所言,义随心变,"不多也不少"的措辞有时还是最有用的。其次,语言并不仅仅是一种工具。豪根(1971)对雷(1963)和陶立(1968)关于语言规范化的理论进行了批驳,提出他们关于语言是一种交流工具的这一假设是错误的。他在论证中写道,语言是一个高度复杂的认知系统,不能将其作用贬低为男人和女人为了延伸对周围环境的掌控而设计的工具。第三,语言变体是我们身份的一个标志物,如果我们以效率的名义来进行苍白而贫瘠的规范化,应该没有人会愿意放弃自己的语言。最后,我们不可能为了规范化而将一个鲜活的语言冰冻起来,因为语言即使被改变了,它自身还要继续地改变着。没有人比约翰逊(1755)在他的《英语词典》序言中说得更好了(McAdam and Milne 1963:24):

> 过去被邀请审阅我著作的人,将来会希望这一著作可以解决我们语言中存在的问题,并使得因为时间和事件造成的各种语言变化现象得到终止。面对这些期许,我必须坦白我曾自鸣得意过,但是现在我开始害怕我过于沉溺于这些期许当中,而无论因何理由或经历都不能为其正名。
>
> 我们都见证过人类的生老病死这一亘古定律,我们也曾嘲笑过所谓延年益寿的灵丹妙药;如果有报应的话,词典的编纂者也应当受到嘲笑,他自认为能以此书改变世俗,驱逐世间一切浮华虚荣。但他完全无法举例证明有任何一个国家能够保护他们的语言文字不受影响改变。[134]由此可见,他的这本字典是否能保存语言千年不朽、历久弥新实在是一个疑问。即便学术界有这样的愿望,无奈各种用法早已根深蒂固,人们习惯墨守成规,沉痼自若,守旧自封;编纂者尽量紧跟时代,吐故纳新,也总不免徒劳无益;这是因为语音变动不居,难以把握,难以一定之规加以限制;意图锁定音节不啻于螳臂当车,难免力不从心。

1960年,国际单位制替代了曾经秉持"谨为百世万民"(定于1799年)信条的公制体系。国际单位制整合梳理了盛行于20世纪的各种度量子系统,并对18世纪以来就被诟病因简陋而难以满足现代科技的度量衡进行了更改(Chisholm 1980)。然而公制单位亦不足以经久不变,遑论语言学者欲"保其语言千年不朽,历久弥新"。

约翰逊所指的局限主要指的是时间流逝带来的改变。历时演变无外乎是共时变异的产物。语言的各种变异用法我们随处可见,关乎社会阶层的语言变异尤为明显,这就是历时演变的前奏。所以规范"万民"语言不异于规范"百世"文书语言,实属水中捞月。

如果真有一个完美规范化的语言,那又应该是什么样的?弗格森(1962:10)对此写道:"完美规范化的语言应有单一且被广泛认同的准则,这一准则只接受出于各种语言使用目的所进行的细微改动或变化。区域变体、社会地位、说和写之间的差异应该微乎其微。"即使是一种假想的规范化语言都承认细微变体的存在,可见保证完美的统一性是多么的遥不可及。在此我们理应注意弗格森定义中的两点:观念上的和行为上的。所谓"准则",不论是语法书还是词典上的定义,或者编辑、教师、作家以及语言学者申明的观点都不能构成"规范化"。编典成籍和学说观点都有可能被忽视或反驳。"准则"必须是"广泛认同的",同时又是大众"可以接受的"。但这种观念上的条件不足以构成完美的规范化,因为想法必须能付诸行动,同时结果之间的差距又只能是"细微"的。

实际上,从观念上的要素入手达到语言规范化,比从行为要素入手更容易。大众很可能认同一种通用的"万能"模式的存在,即便他们觉得合适并真的使用的话,他们也不会是因为它"万能"而使用。拉波夫(1966,1968)就以"共通的价值评鉴"而非"共通的语言行为"定义了一个语言社群。

以上观点认为同属于一个语言社群的人们对语言行为的评价是相似的,例如"合适的""正确的"或者"很好的"以及"不合适的""错误的""糟糕的"。如果说话人都认同通用的"万能"模式是存在的,但却不愿在各种情况下使用它,这又是为什么呢?

首先,只有一种方式说话的人是不存在的。根据交流语境,目的不同,我们的说话方式也会多样化——口头的或书面的,正式或非正式,宗教的或世俗的,等等。语言与当时的交际氛围浑然一体是值得真正关心的,所以即使有了一种标准化的模式,我们也会因为交流环境的需要对它进行修改甚至放弃。因为我们所使用的说话方式本身就是表达意思的一部分,要是说话的方式带上了条条框框自然也就框住了交流的目的。只有在计算机上交流产生的口头或书面记录被局限为一种单一的风格。由于交流方式被局限为单一的交流功能,所以这是很正常的。因此,即使有了一种通用的交流模式,我们也不可能在任何情况下都只使用它。

其次,无论语言还是其他方面,社会精英阶层把他们自身的独特性视作他们自身优越性以及权势的证明(Kroch 1978)。正是统治阶级为维护自身利益,力推他们自己的语言变体作为衡量语言正确性的唯一标准。这种做法不光是达到"万民景仰"的目的,更重要的是为国家、宗教机构以及其他特权机构的法令公告冠以合法正当之名。以"不正确"语言写就和颁布的法律条例还能有合法性吗?上帝说话时会犯语法错误吗?更重要的是,拥有国家机器的统治阶级的语言难道不应该是正确的吗?由此,统治阶级所欣赏的语言模式自然而然就被学校所采用,继而不断提高公众对这种正确语言运用方式的接受程度,这就是詹姆斯·米耳罗伊与莱斯利·米耳罗伊(Milroy and Milroy 1985)在他们所著关于语言正确性一书中所用的词——"规范化的意识形态",即存在一种正确运用语言的方式,这样的语言是值得作为万民垂范的。

然而,那些认同这种模式或理想的人却又无法使它们为己所用。这正是精英阶层授之以鱼却未授之以渔之处,学校的功能就是通过每一代人的教育实现社会结构的再构建。另一方面,如果人们拒绝接受这个理想的话,那就是对现行社会秩序的颠覆。这也许就说明了詹姆斯·米耳罗伊与莱斯利·米耳罗伊所讨论的语言运用与爱国情操的必然联系。这似乎就是自恃为精英的人认同的现行社会秩序就是合乎道德规范的,同时语言规范作为该种秩序的一个象征。语言规范被视作增强道德观念、巩固秩序、抵御人心中腐蚀社会的污思秽想的坚实堡垒。由此我们就能理解查理曼大帝对学校和教会拉丁语进行改革的目的了。即是视为对原语发音的回归㊾。这样做的目的是"以便那些为了取悦上帝的人能以正确的方式生活,而又不会忽视以正确的话语取悦他"(Alcuin, c. 735—804, *De litteris colendis*,转引自拉宾 1985)。正确的语法和良好的道德之间的联系可以从尤多拉·韦尔蒂㊿(Eudora Welty)对自己童年故事的回忆一窥端倪:

以前学校的厕所分别修在男女生宿舍的地下室里。那天杜苓(Duling)小姐(校长)下课后,我和一个朋友在两个相邻的厕所隔间里计划周六的活动。我当时喊道:"那天你能不能来陪我玩?"她回答说:"天知道"。"是谁说的'天知道'?",这简直让我们觉得活见鬼了!

我们两个都惊呆了,因为我们都听出门外这种低沉的声音是谁的了。这是麦克维丽(McWillie)女士的声音!她是大厅那边的四年级的老师。她虽然不教我们,但大家都认识这个母老虎:她一天到晚穿得像个寡妇似的,扎着紫丝绒带的高领黑色褶皱衬衫,齐膝长的黑裙子,再加上两个大黑眼圈和一副苦大仇深的嘴脸——当时大家都传说她是老妖婆。我们俩顿时就呆住了。

麦克维丽女士说道:"我今天就盯在这儿不走了,还不信你们不出来。我倒要看看是谁说的'天知道'。"

当时如果伊丽莎白不出去的话我肯定也不会出去的。我们都知道她干得出这种事,不就是在地下室待一下午吗?周六待一天都不算什么!所以我们老老实实地出来了。我当时就指望着伊丽莎白能还我清白,是别的孩子而不是我,最好事不关己。

"就是你们啦。"她把我俩看作一丘之貉,不用区分是谁说的,反正不管谁说的都得连坐。"再让我在这地方听到你俩说一次'天知道'的话,我就把你俩告到校长那儿去,让你们课后留校一周!我希望你们俩意识到你们的言行多么令人羞耻!"说"天知道"是不对的,但是在地下

㊾ 查理曼大帝的改革大约发生在公元 8 世纪晚期的卡洛林王朝,当时欧洲普遍处于文盲或半文盲状态,所以查理曼广泛恢复和兴办学校与图书馆,然而由于古典拉丁语的弊端成了学习的最大障碍,所以查理曼下令对古典拉丁文进行改革。

㊿ 尤多拉·韦尔蒂(1909—2001),是美国著名女作家,擅长短篇和长篇小说写作,其作品多以严谨的态度描写类似其出生地密西西比的小城镇及德尔塔乡间的居民生活。

室说这话就把错误的语法变成一种罪过了。我觉得要是长老会派的人们知道了这事肯定觉得我们该下地狱。

约翰逊关于语言变迁就是"腐败溃烂"的语言演变等式,不光是与精英阶层的意识形态一致,更是和语言规范体现了公民的道德与美德这一概念相吻合,因此就应该予以保持。拒绝接受主流的意识形态就是生有反骨,甚至自甘堕落的表现。正如黎塞留视异端如同叛国一样:拒绝接受教堂的意识形态就是不对的。精英阶层则把拒绝接受语言规范这种行为视为意图颠覆政权。简言之,另一个原因是,大众在政治局势相对稳定的条件下,接受一种放之四海而皆准的意识形态,就是因为精英阶层通过在他们控制的体制内不遗余力地提高人们对它的接受程度。我们将这种约束力量和功效带来的荣誉联系起来看待,这种标准就是因为它本身存在而得到使用的。

我们倾向于接受这种通用标准的意识形态的第三个原因是我们对待写作的态度。我们通常认为口头语言无论多么精彩都只是昙花一现,属于我们所认识的能够表达真实、理想、完美的书面语言的一种虚幻而飘忽不定的倒影。

此种态度的极端表现形式可以从经典的高势语和低势语并存的社区中看到,例如在阿拉伯语世界。弗格森(1959)所定义的双语社区特征就是两种稳定并互相关联语言的并立存在,构成供同一集团内社区成员交际的语用库藏。一种语言通常是一种备受推崇的文学传统的载体,被不断规范化并使用于文学、研究、礼拜以及其他正式交流中。虽然这种规范化语言在学校中习得,但却从来不会在日常交流中应用到。另一种语言即是母语,其功用是用来进行普通日常生活交际的。弗格森指出这样的社区成员将规范化的语言视作一种"高档的"书面语,是经过提升了的书面语变体,是真正的语言。反之,口语则是一种语法上和词汇上都很"低档"的变体,是用于日常交际的口语,基本上不能视为一门语言。而在无高低势双语社区中,口语与书面语变体之间的区别则小得多,对于书面语变体的崇拜也较温和。但是无论哪种言语社区中,我们还是将书面语变体视为比口语变体更有价值。正是书面语所著的各种宗教经典及其带来的世俗权力,以及学习这种规范化的语言所带来的困难,给予了掌握这种语言的人以优越感。由于书面文本的意思自成一体,意思不必有真实物质环境的支撑,语言形式中的变体就成了理解的一大障碍。而在口语环境中,由于交流即使中断也可以及时发现并通过非语言提示进行补救,这一理解障碍就要小得多。由于出版发行者会去寻求尽可能大的读者市场,书面语言的变体同时也会给出版商造成困难。只有使用规范语言的人口越多,出版商的市场才会越广。

出版商必须为语言规范进行竞争的问题,在第一位英文书籍出版商威廉·卡克斯顿[55](William Caxton)那里就认识到了,他在出版的第一本书——同时也是他自己翻译的《伊尼衣德》(*Eneydos* 1490 版)著作的前言中写道:

> 所谓的通用英语在每个郡之间都各不相同。我年轻时经历过这样的事:一些商人乘泰晤士河上的一条船想渡海去荷兰,但是因为不顺风所以停靠在岸上。于是他们就去岸上放松放松。其中一个布商叫谢菲尔德(Sheffelde),他进到一间屋子里想买点肉食,他专门要求有鸡蛋,但是老板娘说她听不懂法语。布商就生气了,因为他说的不是法语,而是用英语说要买点鸡蛋,但她居然装作听不懂。还好,最后另外一个商人用当地话解释说布商是想买点"鸡子",老板娘才听懂了。当时的人到底应该写"鸡蛋"还是"鸡子"呢?由于语言的多样性和易变性,皆大欢喜的说法当然是没有的(Culley and Furnivall 1890:2—3)。

卡克斯顿当时的情况确实需要选择一种语言。这种来自英国东南部米德兰(Midland)地区的语言变体是当时伦敦的主流语言,他选择这种变体以使其出版市场最大化也是很明智的。也正是伦敦作为英国的政治、经济中心的影响力更进一步提升了他所选择的口语变体的地位。

书面语变体的规范化相较于口语变体的规范化取得的效果通常更好。成因不外乎有:第一,标准的书面语变体比标准的口语变体更有必要;第二,通过教育形式书面语变体更容易教授,因为标准的语言变体通常是小学生

---

[55] 威廉·卡克斯顿(1422—1492),英格兰商人、外交官、作家及出版家。他把印刷机传入英格兰,并且是首个以出版家自居的英格兰人。他同时是首个经营英国本地英语书籍的零售商(在此之前伦敦的零售书商都来自荷兰、法国和德国)。

们在正式开始上学后才开始一起学习的,而非强迫他们将入学前就使用的语言变体改为统一的规范;第三,作者对自己笔下的文字表达通常比演讲者的演说内容更有驾驭能力。举例来说,在整个英语文化圈里就有一种标准的书面英语,其仅仅在拼写和词汇上和其他英语变体有细微不同,而各种地区和标准英语口语则有很多不同标准。既然我们要推崇书面语变体,同时书面语变体也比口语变体更为标准,我们将书面语标准作为一个通用的模式也更理所当然。

综上所述,我们会接受某种通用标准的概念,是因为精英阶层为了自己的利益而推行这种意识形态,同时也是因为我们通常会将规范化的书面语视作各种语言的完美表现形式,达到以全概偏的目的。但是即使我们能够运用书面语的标准,我们也不会在所有交流语境中都践行这种概念,因为这种概念也仅仅只在部分语境中适用。如果在其他语境中的语言变体也被要求使用这种通用标准概念的话,只会造成词不达意、荒唐可笑的效果,或者别人能立刻辨别出使用者是外国人,或是触犯当地禁忌,让人难堪。还有会让人感觉不能依规矩办事,不懂什么场合说什么话。

这些就是游戏进行时必须遵守的规则,即所说的语言游戏。我们可以把这些规则理解为行为准则,因为它们会规定人们的实际行为。而相对应的另一套规则是"官方"规则,大多数人默认我们应该遵从,但实际上却只能在有限的语境下起作用。"官方"规则是一种硬性规定,明确说明了人们应该做什么。我们可能会接受这种规则作为一种通用规则,但如果真要使用它,也只会在规则明确指出的通行领域和地方我们才会使用这种标准。

如果是因为当权的精英阶层为了自己的利益推行某种规范标准,那么新兴精英阶层为了自己的利益也会提倡一种新的或者和现行规范相悖的标准。叛逆新标准的推行证实了克洛斯(1967)所说的扩展语言(Ausbau language)的众多存在。

克洛斯将两个德语单词 Ausbausprache(即原本彼此相同或相近但后来各有拓展变化的语言——扩展语言)与 Abstandsprache(即彼此差异甚大的语言——距离语言)的概念进行了区分。"距离语言"(Abstand language)

指的是一种语言的结构与其他任何语言的结构都不同;"扩展语言"则是指一种语言在长时间的不断改良重塑中形成自己的书面语标准规范,与其他语言的书面语标准都不相同。克洛斯指出世界上许多大的(great)语言,如英语、法语和德语既是"距离语言"又是"扩展语言"。而它们各自的口语结构和其他语言不同,并且它们的书面语都在不断地有意改变或重塑着。

克洛斯写道还有很多语言作为独立语言存在并非因为语言结构不同,而是因为它们的语言是经过人工塑造的结果。他举例说,法罗语㊱(Faroese)和苏格兰盖尔语㊲(Scots Gaelic)作为扩展语言是因为它们的语言标准被人为修改为完全不同的。但是如果所有法罗语使用者采纳冰岛语体系为语言标准,同时苏格兰盖尔语使用者采用爱尔兰语体系作为标准,那么从此法罗语和苏格兰盖尔语就不是两种语言了,而分别是冰岛语和爱尔兰语的方言分支。

克洛斯不光运用距离语言与扩展语言进行对比,他同时还运用跨境标准语言来进行比较(Stewart 1968),比如,统一标准下的两种变体:塞尔维亚-克罗地亚语,摩尔多瓦语㊳(Moldavia)和罗马尼亚语,巴西和葡萄牙所使用的葡萄牙语。相比之下,捷克语和斯洛伐克语,保加利亚语和马其顿语,丹麦语和瑞典语的对比,这些都最恰当地揭示了语言学家所谓基于不同方言的语言标准,它们在尚无文字时期属于同一语言的不同方言。

我们可以通过描述荷兰语的出现和南非荷兰语作为当地标准语,以及通过对比这些语言的发展和佛兰德语未能作为一种标准语出现来进一步解释扩展语言的发展。荷兰语是荷兰的国语,而法语是比利时两种官方语言之一。虽然同一语言因用法不同被冠以两种名字,荷兰人所说的荷兰语和

㊱ 法罗语为法罗群岛的官方语言,使用人数为8万左右,其中4.8万使用者在法罗群岛,2.5万使用者在丹麦,另有5千使用者在冰岛。法罗群岛大学使用法罗语进行教学,该语言在当地与丹麦语有相等的地位。

㊲ 苏格兰盖尔语简称盖尔语,属于凯尔特语族盖尔亚支的一种语言。也被称为高地盖尔语或高地苏格兰语。

㊳ 摩尔多瓦语是摩尔多瓦共和国对罗马尼亚语的称呼之一。1991年摩尔多瓦独立后,宪法称官方语言为摩尔多瓦语,2013年12月,摩尔多瓦宪法法院的裁决规定官方语言是罗马尼亚语。

比利时人所说的佛兰德语，同属荷兰语系，实际上就是一种标准语言。虽然在荷—比分界线上居住的人们的语言文字发生了极大变化，但是本国居民的方言并没有这种变化。荷兰和比利时的本地方言都从属于从北海到阿尔卑斯山脉的巨大方言带，语言上的变化在毗邻的村庄间存在着细微的差别。在12、13世纪，这些地方方言的书面语化也形成了一个渐进的过渡链。但到了16世纪中叶，作为布拉邦特公国(59)（Brabant）政治和经济中心的布鲁塞尔和安特卫普异军突起，它们的本地方言迅速成为整个荷兰语言社群中的标准。此后，发生了反对哈布斯堡家族霸主地位的叛乱并由此导致了政治分裂，北部省份成为第一个名义上由宗主国哈布斯堡统治的自治省，并随后获得了独立。

哈布斯堡家族之后继续统治着公国的南部省份，只是主权在西班牙和奥地利之间一直交替到1797年。之后法国曾短时间统治过这些省份（1797—1814），并曾一度和北方省份有过短期的统一（1814—1830），最后南方省份独立成为了比利时王国的一部分。法语成为了该国的上流社会语言，而社会底层则继续使用荷兰语方言、罗马语方言或日耳曼语方言，并没有因为独立而形成一种比利时-荷兰语的超标准方言。

与之形成对比的是北部省份成为自治联合省后，以阿姆斯特丹方言为主很快就发展出一种标准语言。这种变化应该归功于几个因素：在17世纪早期，阿姆斯特丹作为欧洲船运、渔业和金融中心的强势崛起替代了安特卫普的经济中心地位；17世纪中叶，联合省在经济和海运事务中已经有着举足轻重的地位。荷兰和西班牙达成《12年停战协议》（*The Twelve Years' Truce*，1609）前，西班牙驳回了联合省的和平协议，但却承认联合省为一个主权国家；而1713年《乌德勒支和平协议》（*Peace of Utrecht*）的达成，也标志着荷兰顺应英国金融力量导向，荷兰的经济和政治力量此时在历史舞台达到顶点，也就是荷兰历史上所谓的“黄金年代”。荷兰在这段时期经济昌盛，抗争获 141

(59) 布拉邦特公国是神圣罗马帝国成员之一。1183年，布拉邦特被腓特烈一世提升为公国，其后该公国不断扩张，13世纪后形成以鲁汶和布鲁塞尔为中心的一个强大领主。1430年，该公国绝嗣，被勃艮第公国的菲利普三世并吞。1477年，其统治权转入哈布斯堡王朝。

取的政治独立以及充满朝气的使命感造就了前所未有的文化繁荣景象。正是基于此,标准荷兰语才得以发展壮大。荷兰语的出现正是荷兰政治自治的一种法律象征,同时也确立了富有的城市商人和资本家作为荷兰精英主体阶层的优势所在。

比利时荷兰语与早期联合省荷兰语的一枝独秀形成巨大反差,前者直到 1938 年才获得官方认可其与法语的同等地位。为了区分北方的标准荷兰语,人们为促成标准佛兰德语的诞生做了巨大努力,但终究功亏一篑。虽然标准荷兰语也被比利时人们所接受,但是本地使用荷兰语方言的人们语言流畅度远比荷兰的要差。

在比利时即使荷兰语的使用者远比罗曼语族使用者多,在人们的传统观念中,学习标准法语却要比学习标准荷兰语更有好处,荷兰语使用者学习标准法语的可能性要远大于罗曼语族使用者学习标准荷兰语的可能性。"二战"以前,法语使用者控制着比利时的经济命脉。对于处于某一社会经济水平以上的荷兰语使用者来说,学习法语是进入社会上层的先决条件(Louckx 1978)。战后,伴随着荷兰语为主的教育网络体系发展,国家立法推广荷兰语以及佛兰德斯(Flanders)所提供的巨大经济契机,都极大提升了标准荷兰语的地位。然而,比利时的荷兰语使用者自身的经济以及政治力量都不足以支撑标准佛兰德语的问世。具有讽刺意味的是,在比利时荷兰语使用者中,法语使用者比之北部的荷兰语使用者虽数量更少但权势更大。

虽然标准佛兰德语未能问世,但在南非,17 世纪欧洲殖民者所使用的联合省的方言所演化的——标准荷兰语的近亲——南非荷兰语,却在那至少已经使用了 75 年。自 17 世纪荷兰开始在那里进行殖民统治,这种方言似乎就成为了现代南非荷兰语演变的源头(Moulton 1980)。长期的两地分离,加之黑、白种人等非母语使用者对荷兰语的影响,使得南非本地所使用的荷兰语和最早的荷兰殖民者家乡使用的方言逐渐分道扬镳。在过去的两百年里,南非荷兰语一直作为一种口头方言而存在,其书写标准则沿用标准荷兰语。

19 世纪中叶左右开始了一场意图将南非荷兰语确立为标准书面语言的

运动。而作为始于 18 世纪扩张的延续,南非荷兰语使用者继续深入到国家的内地并在那建立了自治共和国,虽然根本原因是为了逃避英国统治(此时二者的冲突也愈演愈烈),但历史的必然性使得确立荷兰语作为标准书面语和自治共和国运动两件事发生在同一时间。在 19 世纪前期,英国人攫取了原属于荷兰殖民者的统治地区,并随后意欲将内地使用南非荷兰语的新建居民点也纳入自己统治之下。但是,英国政府不愿付出控制广大的内陆地区所需的巨大经费,最终导致他们于 19 世纪中期不得不承认这个拓殖者们建立的共和国已独立。

虽然拓殖者们获得了独立但并未停止和英国的冲突:因为在那片领土上发现了钻石矿和黄金矿脉,英国政府决定必须控制这片领土。英国政府为确立宗主国地位付出了努力,这反而激起了泛南非白人(Afrikaner)民族主义的爆发,随着南非白人和英国统治者之间的矛盾不断升级,悲壮的南非战争(1899—1902)最终爆发并以拓殖者们主权的丧失而告终。然而,英国政府于 1906 年又授予了南非白人共和国以自治权,并且于 1910 年允许加入英国控制下的南非地区,如开普殖民地(Cape Colony)和纳塔尔(Natal),形成南非联盟(即随后成立的共和国),最终在政治上形成了完全由 17 世纪欧洲殖民者后裔,即南非荷兰语使用者一手掌控的国家。

创立南非荷兰语书面语标准的事业,是伴随着南非白人民族主义运动一同成长壮大的。南非荷兰语是拓殖者身份的集体象征,并且是南非白人在非洲存在的合法象征。标准荷兰语被视为是来自欧洲的舶来品甚至被贬低为夷蛮之语,但标准南非荷兰语却在当地使用了数个世纪,自然被视为非洲的原住民产物,同时也是当地人民的一种标志。推广南非荷兰语的各项努力始于 19 世纪中叶,之后慢慢地被各种南非白人媒体采用,并于 1914 年和 1919 年分别被南非白人学校和荷兰归正会(Dutch Reformed Church)正式使用,直至 1925 年,在官方语言的使用方面,整个南非联盟都采用其替代了标准荷兰语。至此,一种扩展语言(即南非荷兰语)代替了另一种扩展语言(即标准荷兰语)。虽然它们的书面语差异鲜明,但理解荷兰语的人能不费劲地读懂南非荷兰语,能说荷兰语的人只要稍加练习就能进行南非荷兰语的对话(Moulton 1980)。

以上对标准荷兰语和标准南非荷兰语产生的简要回顾,主要是为了与胎死腹中的标准佛兰德语的际遇进行对比,进而印证克洛斯的观点:距离语言是从口语演化而来的概念,而扩展语言是从书面语标准演化来的概念。该回顾也同样显示了扩展语言是历史的产物。

我们也可认为所有的标准语言(不管是**扩展语言**,还是**距离语言**)都是历史的产物。卡尔·多伊奇(Deutsch 1942)曾描述过欧洲地方方言使用者逐步接受一种统一标准语的历史过程。由于地方方言使用者会进入政治经济力量主导的更广阔的交际圈,这些人就必须接受将统治力量所使用的语言作为根本标准的基础,特别是统治者中精英阶层所用的语言。正如乡村从属于市镇,市镇隶属于州省,地方方言自然要迎合全国标准语。标准语首先被运用于书面语,随着正式教育的普及和超地区交流的扩大,标准语也就被来自不同地区的人们使用,而且在强调超地区价值的交流语境中使用。不管是民族主义者还是分裂主义者的各种运动,既可能兴起于地方方言使用者中,也可能由逐渐被视为异类的标准语接受者开始。当这些人越来越商业化、工业化,当阅读能力逐渐提升后,他们的政治和文化代表就会要求提倡一种独一无二、有民族特色的语言标准。独特的标准也即是他们自己的标准,在不同的方言使用者中强调了一种共同的身份认同感的同时,又将他们独立分离的要求正当化,这也就是他们为什么要求自主自决,同时控制这种标准的人们不断将自己的权威合法化、权力扩大化。

多伊奇(1942)指出,自19世纪初直到"二战"爆发期间,标准欧洲语言的数量极大地增多,这也预示了全世界更多标准语言的出现。工业化、阅读能力的提高、民族主义运动高涨这些因素共同促成了国家标准语言的出现。语言规划就是这些民族主义运动的附加物,运动的发起人寻求塑造新的语言标准,以此动员并团结那些被他们领导的人,使这些运动的诉求合法化,并最终支撑他们自己的权威(费什曼 1972,1983)。

如果说语言规范化服务于民族主义运动,它也服务于殖民地和帝国政权。安思莱(Ansre 1971)指出,在非洲撒哈拉以南主张语言规范化的策划者主要都是欧洲人，正是他们不遗余力地使他们在行政、教育和宗教事务中使用的本地语言得到了规范化。在很多情况下，他们将一种方言选为新标准的基础，如将盎格鲁方言作为标准埃维语（Ewe）[60]；在另外一些情况下，他们将数种主要的方言混合以作为标准语言基础，如标准绍纳语[61]（Shona）的创造。上面两个例子都表明，语言规范化成为了政府事务、教育事业和宗教传播的推动手段。虽然那些殖民地的语言规划者自视是为非洲进步事业做贡献的，但他们无非是自己所提倡的语言规范化的既得利益者。

举例来说，苏联大力推行标准突厥语族就是为了使其从属语言的拼写、语法和词汇都大相径庭（Henze 1977）。这样做的目的就是为了将泛突厥语族通用语的出现消弭于无形之中，以免造成泛突厥语族使用者的民族意识的觉醒。同样，苏联的语言规划者们提倡一种基于中亚塔吉克地区的波斯方言为主的标准语，以此达到分离塔吉克人和苏联境外波斯语使用者之间的联系（Henze 1977）。同样基于此，塞尔维亚语和克罗地亚语之间，乌克兰语和波兰语之间的不同都是由宗教势力或国家权贵所造成的，目的就是为了阻碍宗教上或政治上的大一统（费什曼 1983）。综上所述，新标准的努力创造并不一定需要革命事业或民族主义运动倡导者促成。迟滞整合就是提倡社会和政治差异的另一种伎俩。

促成语言规范化的整个进程，即是推崇本地社会网络与更广阔互动网络一体化的进程，该互动网络向边缘地区不断辐射各种政治、经济和文化影响。当新兴精英阶层试图分裂边缘化人群，或当权精英阶级为了防止边缘人群被甩出时，他们都会推崇一种有归属感的集体象征，以及接受这些象征背后的益处。鉴于规范化语言肩负如此大任，我们就可预见如果此种语言不存在，当权精英阶层和新兴精英阶层必会将其创造出来。

---

  [60] 埃维语是一种通行于加纳、多哥和贝宁的尼日尔-刚果语系格贝语支的语言，其使用者约有600万人。埃维语是一种声调语言，只要声调不同，它的意义就可能会有所不同。

  [61] 绍纳语是属于班图语支的一种语言。绍纳语是赞比亚南部与津巴布韦修纳人的母语。它是津巴布韦的官方语言之一。

编典

到此为止所讨论的尚止于导致标准化的过程。标准化本身的过程如何呢？鲁宾(1977b)将标准化的过程分为六个相互关联的部分，头三个部分为：(1)将标准分离出来，(2)一组重要人士对标准进行评估，以决定哪些是"正确的"或"可取的"，(3)规定标准适用的"语境"或者"功能"。根据鲁宾的意见，这头三个组成部分永远是在一起发生的。如果规定被忽视，标准化便失败。要使标准化发生作用，所规定的标准必须：(4)被接受，(5)被使用，(6)处于有效状态直至另一个标准将其取代。这个过程的共同特征(即使不是绝对根本的)便是编典，即对标准的显性表达。

典型的编典是指成文的规定。的确，"典"(code)一词源自拉丁语"codex"，原意是指编辑成文。拉丁语"codex"的意思是树干，也指一堆劈好的木片，也就是一本书(因为古罗马人把字写在打过蜡的木片上)。事实正是如此，表达明确的规定是可以口头流传的。例如，《基督教教义问答手册》(*Christian Catechism*)最初并不是用来读的，而是由传统的口头教规发展而来的。我们今天仍这样通过口耳相传进行学习。孩子们也是通过口耳将游戏规则代代相传下来的。我们所用的绝大多数谚语，比如"船员谕天警，朝霞不出行""早上天下雨，中午天放晴"等，不管是不是有文字记录，也都是口耳相传的。我们绝大多数人是靠口头学会乘法口诀表的。甚至一些拼写的规则也都是口头传诵的，就好像"'i'要在'e'之前，除非有'c'夹中间……"虽如此说，典型的书面语编典规则还是要记载成文的。事实上，像字典、语法、拼写规则以及语体手册等，这些通常的书面语的标准化还是以文字形式存世的。

那些尚未经过书面语规范的无文字记录的语言，使用者仍不妨在若干个变体中选择最好或最可取的语言形式，在这个意义上说，这样的语言也是可以有标准可依的。既是这样，认为成文的规范有助于语言的标准化也是符合常理的。成文的规范化对使用者的影响可以跨越时空，从而更有可能促进其所订规范的稳定性。但也并不是凡成文的规范化都可以作为理想的形式来者不拒。例如,那些语言研究院还是得周期性地发表一些新术语词表,很多都是为了规范公众的,但他们却并不理会。虽然本杰明·富兰克林(Benjamin Franklin)在美国独立运动的领导人之间鼓吹他发表于 1779 年的英语拼写法改革的倡议,但仍被置之不理(韦恩斯坦 1982)。

再举一个例子,在伦纳德(Leonard 1929)对 18 世纪英语语法的那个著名研究中,作者在结论部分提出了 300 多个语法和逻辑问题(其中包括 "they"(他们)的用法及其性别泛化的屈折形式,这已在第一章中讨论过),其中只有十来种不适当的构词方式今天还会被认为是不标准用法了(237)。伦纳德指出偶尔也可以取得比较好的效果。另一方面,伦纳德总结说这些文法学家的工作的的确确有些效果:(1)他们使人们"对使用英语的技巧和神秘怀有一种更加普遍的赞赏和崇敬之情"(232),(2)他们有助于作家将注意力集中在句子近义结构的推敲上,从而使写作时的表达更加明晰,(3)他们把都市文人们业已接受的标准传播到外省。伦纳德不赞同是文法学家规范了都市文人们语言使用的观点。但他认为,生活在 18 世纪初的爱迪生(Addison)及其同时代的其他作家所使用的语言风格,的确与一个世纪后的现代语言用法非常接近。

与这些文法学家们并肩奋斗的是塞缪尔·约翰逊,他的 18 世纪英国伟大的语言学编典之作便是久享盛誉的《英语词典》(Dictionary of the English Language),该书的第一版发行于 1755 年(关于对该词典的分析,特别应该阅读 Sledd and Kolb 1955, Fussell 1971, Bate 1975)。与约翰逊同时代的一些人认为,这部词典帮助语言走向了标准化,特别是英语的拼写法。例如,在该词典面世前不久,吉士菲尔伯爵(Lord Chesterfield)发表在《词语》(Word)上的一篇文章不免有些过于奉承地写道:"我们目前有两种大为不同的正词法,一则以酸腐,一则以儒雅:前者建立在枯燥难解的词源学和语法学规则之上,后者则单单只是诉诸耳朵的精妙与细腻。我完全有理由相信,约翰逊先生将致力于创建后者,……拼写,也像音乐那样,最好是由书本来表现,而不仅仅是由耳朵来感觉"(转引自 Bloomfield and Newmark

1963:293)。

博思维尔(Boswell)把约翰逊称作"是一个赋予自己国家的语言以稳定的人"(转引自 Baugh and Cable 1978:272)。托马斯·谢里丹(Thomas Sheridan)写道:"如果我们的语言曾经被整理过,他肯定会被所有的后人尊为奠基者的,他的词典也会被看作是奠基石。"他这样说绝没有把约翰逊偶像化之意(转引自 McKnight 1929:376)。约翰逊在词典的前言中自己写道:"在我最初开始论证我的这一工程时,我发现我们的语言冗长无序,充满活力却毫无拘束;无论我的视野转向哪里,哪里都是待解的团团乱麻和失范的迷局……"在前言的后面,他把英语正词法描绘成"至今仍充满争议和随心所欲"(McAdam and Milne 1963:4)。尽管约翰逊声言拼写法尚待厘定,但他前言中却也不打自招,又说他一般还是遵循约定俗成的,说明当时标准的拼写法还是已经出现了:我试图做些(拼写法上的)改变……,需要确定无疑的是,有一个人人都**知晓**的规则,要比只是知道**正确**更为重要(McAdam and Milne 1963:7)。吉士菲尔所指的大量的错别字也是所言不虚,他自己写字若正之以现代正词法,错的也是不止一点一划。的确,怀尔德(Wyld 1920:162)认为到 17 世纪末时英语的正词法已经统一。当然,随便地拿约翰逊的正词法与 18 世纪早期的词典对比一下,就会发现,两者也并没有什么显著的不同。施莱德和考尔布(Sledd and Kolb 1955:33)相信,约翰逊是对"已经在印刷业早已建立起来的拼写法"进行了编典。尽管他俩也说,该词典"在正词法上享有较高的权威"(33)。所以伦纳德(1929)说,正如 18 世纪语法学家们的著作一样,约翰逊的词典对将已经建立起来的都市标准传播到外省有所帮助,他所做的这一论断听起来很有道理。同样,施莱德和考尔布所作的"倘若约翰逊从来就不曾存在,英语也完全还是今天的样子"的判断(134)也是言之成理的。

另一方面,诺亚·韦伯斯特(Noah Webster)的编典、他的拼写法和词典对传播他所鼓吹的美国英语改革中的一些措施都很有帮助。在一本致力于语言统一的教科书里,韦伯斯特在宣扬他的有别于英国英语的标准美国英语时说,这可以有助于美国的团结:"让我们抓住眼前的机遇(1789),建立起

民族的语言和民族的政府……作为独立的人民,我们在海外的声誉要求我们这样做,我们在所有的方面都应该是联邦的、民族的;因为如果我们不尊重**我们自己**,别的国家就不会尊重我们"(强调为韦伯斯特所加,转引自韦恩斯坦 1982:94—95)。韦恩斯坦讲道,在《韦氏美语拼写法》的第二版(1790)中,韦伯斯特告诉读者们,传统的力量使他不能将自己所有的改革愿望包括在内。比如,用 hed,proov,hiz 和 det 来表示以下单词 head(头)、prove(证明)、his(他的)和 debt(债务)的读音。我们也注意到了韦氏拼写法不同版本之间的不一致:在 1804 年的费城版里,我们就看到了 behaviour(行为)、savor(气味)、favor(好感),而在同一年的威尔明顿(Wilmington)版中,我们也发现了 labor(劳力)、humour(幽默)和 saviour(拯救者)这样的拼法。韦恩斯坦提出了一个可能的解释:印刷商接受了某些改革,但也拒绝了其他的。

到了 1804 年,韦伯斯特的拼写法著作可能卖掉了 200 万册,成了供他编写词典的收入来源。在 1806 年初版到 1828 年版(该版即美国词典迄今的基础)之间,韦伯斯特就已经把他的改革减少了一些。在 1828 年版前言中,他承认很多词他都不得已接受了通俗拼法。韦恩斯坦将韦伯斯特的渐趋保守归根于这样几个因素:他对暴力和激进政治变动的恐惧,比如由法国大革命所激变的事件,与这些事件相伴而生的信仰构成对权势的威胁,有可能在大众中引发暴力;他向原教旨主义新教的皈依(1808),使他相信人类对上帝所创造的世界的干预有可能是一种罪过,此时他也认识到了,英国及英国的西印度群岛地区(British West Indies)代表了美国农产品(韦恩斯坦也提到书籍)的一个重要市场;在他的朋友圈子以及他所接触的更为广阔的社交圈里,很多人是不同意他的那些激进改革的,他人的意见也得尊重。新英格兰地区的印刷商可能对激进的改变也有所抵制;最后,太激进的改革也可能影响到词典的销量,而这是他的一个重要的生活来源。结果,他的大部分激进改革设想都未能真正实施,包括以"f"代替"philosophy"(哲学)中的"ph"、以"k"代替"chorus"(合唱团)中的"ch"、去掉像"examine"(考试)这样单词中的最后一个字母"e",把"th"合并成一个字母。在美国英语中公众最后接受的改变并不是很多。韦恩斯坦(91)列出的有：

1. 去掉类似"colour"(颜色)中的"u"；
2. 使用后缀"-ize"代替"-ise"，如"organize"(组织)；
3. 使用后缀"-ice"代替"-ise"，如"practice"(实践)；
4. 使用"ct"代替"x"，如"connection"(连接)；
5. 使用"er"代替"re"，"theater"(剧院)和"center"(中心)；
6. 无需双写字母"l"，如"traveled"(旅行)和"labeled"(贴标签)。

改变虽然小，依附于其上的情结却是巨大的。这一点看看一些美国科学家是如何反对将"meter"变为"metre"的经过就知道了(豪根 1983)。1971年，美国国家标准局为了与英国拼法取得一致(作为交换，英国也去掉"kilogramme"(公斤)中的"-me")，提议改变国际体系中的一些计量单位名称。该提议所激起的情绪，可以以美国光学学会期刊《实用光学》(*Applied Optics*)1971年举行的一次编辑会议上的反应为例。据报道，在一次美国物理研究所出版董事会的会议上，"所有物理学期刊的编辑们以绝对压倒的优势，投票反对放弃 meter(米)、liter(公升)、diopter(屈光度)这些合乎语音学规律的拼法，绝不跟魔鬼有任何妥协"(转引自豪根 1983:278)。

韦恩斯坦对韦伯斯特工作的介绍，是想说明语言战略家和无政府背景革新者在语言规划和变迁中，可以通过对语言的改变影响社会。但对我来说，正可以用来说明语言战略家们所受的约束。我们承认韦伯斯特的一些改革一直使用至今，但他的编典过程也同约翰逊一样，与他们的创造相比，更能反映的是已经存在着的标准。

既然如此，编典在规范化中的作用是什么呢？编典是在规范化之前还是之后呢？拜伦(Byron 1976)在研究阿尔巴尼亚语的规范化时认为，"在阿尔巴尼亚语中使用先于对其评鉴；也就是说，那些后来成为标准的选项在1944年之前的文学传统中已经存在，或者说，其中的一些，也许是绝大部分，已在口语中使用，但是在一些变项中彼此处于竞争关系(阿尔巴尼亚共产党在1944年掌控了国家政权，随后开始了一场加强民族自治和国家经济现代化的运动)。"接下来的语言规划者的活动就是，在将其中具有优势的选项扶正的同时,把绝大部分相竞争的异体淘汰出局"(130)。她在引证弗格森(转引自鲁宾和颜诺 1971b:xx)和柯拉普(Krapp 1913)的使用先于规范化的论点时,也引述了阿拉伯语(艾尔托马 1970)、斯瓦希里语(安思莱 1971)和希伯来语(费尔曼 1973)的例子,在这几种语言中,一些用法在官方认可前规范就已出现了。"这种现象也正在预料之中。大部分正在规范中的语言同时也是正在使用的,使用的程度可以满足操该语者的需要。很多规范前的一些特点后来受到语言规划人员的青睐也并不奇怪"(130)。

一些经过编典的用法虽然在发表之初是非官方的,即便本身是非强制的,至少可以成为新标准的基础。例如,卡拉季奇(Vuk Stefanovic Karadzic)1814 年的语法书以及他 1818 年的词典都为南斯拉夫主要用语塞尔维亚-克罗地亚语奠定了基础。同样地,伊瓦·奥森 1864 年的语法书以及他 1873 年的词典也都成为了挪威两种官方语言之一的新挪威语(Nynorsk)的基础(豪根 1965)。也许可以公平地说,我们尚完全无法具体地指出在什么情况下,编典过程(1)能够反映已经存在的标准,(2)促进这样一个标准的传播,(3)作为新标准的基础,(4)获得认可。虽或如此,一个可能的猜想是,如果编典代表了一种革新,并且这个革新要成为权威的用法,那它就必须能够很好地为精英或新兴精英的经济和政治利益服务。

现代化

现代化是弗格森语言发展指标里的第三个也是最后一项。它是指一种过程,在此过程中一种语言成为了能够表达现代话题和话语形式的恰当交际媒介。在有些方面,语言现代化是一个不幸的说法。正如弗格森所指出,这个过程其实并没有什么新的或者特别的现代之处。当一种语言需要适应新的功能和话题,是本已存在的一些资源为了满足新的需要而扩大了。而且,这样的过程也并不限于一个正处于发展和现代化中的社会的语言,它也发生在已经发达的现代社会。虽然这么说,这个概念还是有可用之处的,因为它寓意着与社会的现代化过程能够形成一个恰当的类比。

在这一过程的众多特色中,现代社会所共享的是知识的快速扩展、新知识在商品生产和服务中的应用、劳动分工的强化、机构的分化(原来少数几个机构可以完成的功能被分化在更多的机构中)、方向的调整更趋向普遍性和实用价值,特别是效率的最大化(Germani 1980)。

现代社会走向知识、技术、生产、效率和劳动与机构的分工可以刺激语言的精细化。的确,语言的现代化有时就是指精细化。新的知识和技术要求新的术语。专家和专业机构对知识与技术的应用要求新的语体和话语形式。例如,个人电脑技术不仅酝酿出了新的术语(例如,光驱、软盘和硬盘),而且也产生了新的语体,比如电脑软件和系统的参考手册("你的屏幕看起来会是这样:终止编辑(是/否)?")。

术语和话语形式的标准化比现代化更加反映了人类对生产效率最大化的关心。例如,有些美国的制造厂商为了避免印刷两套标签,就选择使用"metre"而非"meter"(豪根 1983)。虽然这样,标准化过程本身也被看作是"现代的",这种态度在一些发展中国家有时就促进了语言的标准化(鲁宾 1977b)。

现代的话语模式包括新闻广播、体育转播、电视脱口秀和以电脑为驱动的教学辅导等,虽然这些话语模式的规划同新术语的规划一样都是语言现代化的一部分,但更加引起规划者仔细考虑的是后者。事实上,精心的术语规划在语言规划中所占据的工作量是超乎人们想象的。例如,印度的科技术语理事会(Council of Scientific and Technological Terminology)曾经批准过20多万个印地语术语(Misra 1982);32万多印尼语术语也获得批准(Lowenberg 1983 引自 Alisjahbana 1976)。见微知著,若想了解人们在术语规范化方面的时间和精力投入,可以找来费尔曼和费什曼(1977)的报告,希伯来语学院委员会(Hebrew Language Academy Committee)在将联合国教科文组织所用术语翻译成希伯来语应用于图书馆时,委员们在三年期间开了大约50次会议。

负责术语精致化的规划者可以面临多种选择。第一个是采纳一个已经在用的术语,还是另造一个新的。不管有没有一个获得批准的术语存在,人们也是要用嘴和笔谈论股市、时尚和足球的。如果可以达成一致,就是大多数人已经有一个口头或书面的特定术语来表达一个特定的概念,阻力最小的路径就由规划机构对多数人的用法给予认可。这个选择(正是通常所作的)避免了努力劝说公众对术语弃此就彼的必要性。尽管我说不出有什么实证性的测验可以证实这一命题,但劝说人们采用一个没有现实竞争的新术语,可能会比劝说他们弃此就彼来得容易。但是,有的时候,对于判断一致性是不是已经出现却不是那么清楚,可能是因为大家确实还没有共识,也可能是因为规划者还不能决定选择哪个术语。此时规划者就要决定是否要在几个正在使用中的进行选择,如果这样,就要定下来一个,或者干脆另造新术语。

唯一的没有可能认可既有用法(不管是多数人或少数人的)的情况是根本就没有使用,也就是无论是口头的还是书面的,大家还没有因为某一特定的事物需要一个术语。这里的问题就变成了是否要为一个罕有需要表达的事物提供一个术语。费尔曼和费什曼(1977)在描述希伯来语学院术语委员会为图书管理员和无机化学制订术语工作时报告说,"这成了一个关于自尊与可信的问题"(82),即希伯来语的术语表与国际标准语言的术语之间存在完全的语际互译。

费尔曼和费什曼的报告指出,在可能的情况下,图书馆员委员会都尽力批准在官员们中久已存在的用法。但是,在几个少数的情况下,该委员会决定反对采纳现成的术语,这可能是因为,委员们觉得这些用法对相应的教科文组织的术语的翻译很糟糕,或者因为在年轻的专业人员中这些老术语不再通行。调查者的报告显示,在图书馆员和无机化学委员会里都是这样,老的委员都不情愿放弃他们已经习惯的术语。可以这样推测,在几个通俗用法被拒绝的事例中,规划者批准了少数人的用法。要是不这样做的话,他们就不得不另起炉灶,重新创造术语。

如果语言规划者选择另造新术语而不是认可既有的,他们又面临两种选择:(1)以本土资源来构建术语,或者通过(a)为已有的词语赋予新意,

(b)基于一个本土词根创造新术语,或者(c)翻译国外术语(造出来一个借贷词(loan translation/loanwords));或者(2)从外语里借用。如果是后者,就要对能在多大程度上将借贷词本土化做出进一步的决定,是改变发音、拼写,还是使用词缀来适应本土语言的结构。

颜诺(1977a)指出,术语创造者需要面对不同目的之间的冲突。一方面,他们希望所针对的言语社区对该术语能够见词知义。另一方面,他们希望利于境内外交流的顺畅。追求前一个目标就要利用本土资源,若是后者那就是国际的借用。颜诺写道,即便二者基本不可兼容,也仍有充分理由力争鱼与熊掌兼得。本土型术语自然会妨碍更广大范围的交际,而国际化术语又使借用者无法见词知义。

如果规划者决定借用,则他们就又面对着一个源语言问题。莱维斯(Lewis 1972,1983)描述了苏联各种民族语言中无所不在的俄语术语的影响。通过源于俄语或借俄语而引入的国际术语,苏联语言规划者满足了这些语言中对新的特殊术语的需求。在苏维埃社会主义共和国联盟(USSR)的多数语言中,百分之七八十的新术语都是借自俄语的,这些技术词汇的统一性无疑为加盟共和国中很多语言教材的开发提供了便利,这跟词汇的丰富化促进了以这些语言为媒介语的教育是一样的。但是,这些国语的精致化规划,是通过互相之间的一体化包括与俄语的一体化而实现的,长远地看,通过将俄语作为第二语言的教学来促进俄语读写,很可能使俄语的地位得到了加强。

与苏联语言规划者将俄语术语强加于非俄语的语言相比,印尼语的规划者在借用术语时却并没有只依赖单一的源语言。罗文伯格(Lowenberg 1983)对于印尼语的术语规划过程的介绍为我们提供了一个生动的描述。自1949年赢得独立以来,印尼语在工商业、政府管理、科技、大众传媒以及高等教育等领域里的应用扩大了,所需要的大部分术语都是从印尼语或境内其他语言已有的词语和词素中拿来的,有一些是外语词汇的借贷翻译。尽管如此,外语术语还是蜂拥而入,在印尼的语言规划者之间爆发了激烈的论战。

论战围绕着的是借词的来源：欧洲语言（特别是英语）或者是印度尼西亚语言传统上借词最多的语言（尤其是梵语）。印尼的政治力量从公元7世纪到14世纪在东南亚曾经达到过顶峰[22]，梵语是印尼受印地文化影响达到黄金时代时的语言。罗文伯格的介绍显示上述两种方向难分伯仲。如果需要的是文学、文化和学术方面的术语，语言规划者一般会求助于梵语。相反，现代科学技术领域的术语几乎总是诉诸欧洲语言。

罗文伯格还使我们看到，这种两种来源各司其职的情况，也恰可以用来解释那些无规划的自发性的借词。当印尼的政治和军事领导人需要唤起人们的民族主义情结对其政策进行支持时，便在语言生活中反复地打出梵语这张牌。同样，政治家和军人可以利用梵语的传统权威，社会的其他部门也将欧洲语言（特别是英语）作为现代化和国际主义的象征。对欧洲词汇的自发性借贷，也总是与时尚、电影、科技、全国及国际的政治和贸易这些现代和都市的话语领域相联系。

一个有趣的借贷词是英语里的"you"（你）。"为了消除背景差异，向印尼摩登而有教养的阶层表达身份认同"，很多受过教育的城里人在私下交谈时越来越喜欢使用这个英语代词。"而政府在推广与"you"相对的"anda"，用这个词来称呼别人时，也可以不带地位的差别，大众媒体已经开始采用。在印尼语里，"you"被限制在年龄、教育和收入情况相同人士之间的非正式交谈。

简而言之，罗文伯格的考察表明，无论是在规划的还是非规划的词义现代化中，是所借贷术语的使用范围和功能决定了被借用语的来源。印尼语的解决方案代表了本体规划现代化和本土正统性（authenticity）两个极端的完美妥协，费什曼（1983）认为，对于成功的术语现代化来说，这两点都是必须具备的。

㉒ 公元8世纪至10世纪间，爪哇岛上的农业佛教国夏连特拉王国及印度教国马打兰王国在此期间历经繁盛至没落，留下了雄伟的遗迹，如夏连特拉的婆罗浮屠及马打兰的巴兰班南。尤其是到了13世纪末14世纪初，印度尼西亚历史上的大帝国满者伯夷在东爪哇建立，至加查·玛达（Gajah Mada）统治时期，采行扩张政策，版图包含现今印度尼西亚大部分及马来西亚部分地区。

全世界范围内有上百种语言进行过词汇精致化规划,尽管付出了巨大的努力,对于人们易于接受的术语有哪些特点,以及采纳这些术语的使用者或者写作者的特点等方面,却几乎没有什么实证性研究可以用来指导规划者。这种研究一个鲜见的例子,是芬伯格(1983)对希伯来语学院所批准的 25 个术语接受程度的研究(见第四章)。鲁宾(1971)曾呼吁进行中期评估,以便为规划者提供反馈,实践中却鲜有实行。但是也许我们应该赞叹成百上千的术语就那样造出来了的既成事实,而不是斤斤计较很少检查这些术语在多大程度上被接受了的事实。

有关语言规划术语的小注

语言规划作为一个研究领域,却陷进了至少一个术语的泥潭,说起来这不免有点讽刺。这便是语言**精致化**(elaboration)和**培育**(cultivation)之间的区别是什么,以及这两个术语又与语言**现代化**(modernization)这一术语是否有区别?从最广泛的意义上说,现代化是指允许一种语言完成新的交际功能的过程,这个过程对一个社区来说可能是全新的,也可能是在该社区中该功能原来由另一种语言来承担。一种仍在现代化进程中的语言为了满足新的需要,其词汇系统需要扩展,使用者也要发展出新的语体、体裁和语域(register)。精致化和培育就是这一过程的两个最常用术语。

对诺伊斯图普尼(1970)来说,"培育"这一术语是指跟正确性、效率、语域的专业化以及语体风格有关的问题的处理(见颜诺 1977b)。他建议语言规划的培育方法通常与较发达的语言相关。豪根(1983)觉得这一术语过于阳春白雪,脱离大众,便建议还是选择更加中性的"精致化"。但豪根使用的"精致化"指的是词汇和语体的现代化。费什曼(1977)把诺伊斯图普尼的"培育"看作是精致化的深化,即为越来越专门化的交际功能所作的规划。语言规划的最核心问题也存在着术语使用的混乱,这就提醒我们即便对语言的最"发达"部分来说,标准化和现代化也还是一个连续的过程。

革新

尽管文字化、规范化和现代化是大部分本体规划的对象,至少还有另外一个对象应该注意。我这里冒着被指责为多此一举的风险,提出本体规划对象的另一个对象术语——"革新"(renovation)。我认为,下面这些旨在改变已然发达的编码(developed code)的举措,不管是以提高效率、增益审美意趣的名义,还是为了国家或政治意识形态,它们都是革新:革命成功后,苏联语言规划者对中亚突厥语族的各语言的书写系统实施了改革,造成了快速而连续的从阿拉伯文到拉丁文,再到西里尔文的转变(Henze 1977);作为始于1920年代土耳其改革的一部分,规划者进行了从土耳其语中发展波斯语和阿拉伯语借贷词的试验(Heyd 1954,加拉格尔 1971);对改革荷兰语拼写法持之以恒的不懈努力(Geerts, van den Broeck, and Verdoodt 1977);语言简化和女权主义运动。取代已经存在的书写系统不是文字化,而是再文字化(regraphization),使已经很标准的语言更加纯化这样的规划活动不能再叫规范化,这是再规范化。革新后的语言完成新的交际功能。但是如果利用新形式来实现老功能的话,也可以达到语言规划的非语言学目的,这样的语言革新可能是出自如下动机:使新登上历史舞台的精英地位合法化、损害被代替精英的声誉、动员政治支持或者是为了提高觉悟。

好的本体规划

费什曼(1983)说成功的本体规划是在新与旧、传统与理性之间"保持一个微妙的平衡"(117)。"现如今每个人都需要一个他自己的化学术语,至少将其作为一个低级和中级的追求,但它们一般是希望这个术语既能'对化学合适',又能'作为他们自己的创造而接受下来'"(110)。能达到这种境界绝非轻而易举之事。这也不是一件仅仅通过技术考虑就可以解决的事情。确切地说,成功的本体规划要求对使用的人口会"喜欢、学习和使用"什么具有相当的敏感性(115)。当然,如果付出努力,也可以引导使用人口去喜欢某个好用法的模式。的确,费什曼写道,必须使公众知道"你所给的用法为什么是值得拥护的、令人羡慕的,又是堪为典范的"(112)。

由于顽强不屈的传统主义和永不调和的理性皆非解决本体规划的有效方案,便产生了各种各样如何使借贷词获得接受的论点。费什曼曾经提到几例。其中之一是通过营造使人产生好感的言语网络,将借贷词推广成具有吸引力的流行用法。另一个解决方案是使其成为"他们的就是我们的"。一个最极端的例子来自土耳其语规划者的一个理论,他们在引进英语和法语借贷词的同时,将来自阿拉伯语和波斯语的用法从土耳其语中排挤了出去,而该理论得以将此做法合理化。土耳其语被宣布为所有欧洲语言的最终来源。这样,使用欧洲语言的词汇便不再是借他山之石而是物归原主及认祖归宗。此即所谓的大太阳理论。第三种办法是把所引进的借贷词描述成来自人们并无恶感的第三种语言,那么对该术语的使用也就变成了世人皆可有份的国际主义。

费什曼提醒我们,当旧与新、他们的与我们的、现代的与传统的这些平衡一旦发生了改变,原来所建立的好用法的模式就会渐渐失去公众的青睐,此时本体规划者就要承担为该模式进行辩护的风险。发生这种情况时,对规划者的产品,年轻人置之不理,这还算好的,更糟的是他们还要加以嘲弄。

在这整个一章中我都在强调,当权精英和新兴精英利用本体规划作为获取和维护权力的一种工具。诚然,本体规划倡导的目的也有可能超出仅仅是对权力的追求和维护。但是,同地位规划一样,如果将规划的目的转化成符合当权精英或新兴精英的利益,获得成功的可能性就大大增加了。如果有一群大公无私而又不希冀获得个人物质回报的个体,将毕生奉献给了规划理想语言本体的愿景,他们规划出来的产品如果获得成功,绝大部分也是要依赖在推进其他人目标和野心中的作用。

但是为什么本体规划要提高这样的目标和野心呢?为什么本体规划如果满足了本土的忠诚和传统,就可以促进权力中央化、动员起民众的拥护和提高集团自觉性这些目标了呢?如果精英领导并操纵了民众,民众也可以领导那些忽视他们情绪、不顾他们利益的精英。对诸如传统和本土忠诚这些价值观的满足，本体规划便可以成为连接大众与他们往昔荣光的纽带，将种族、民族、宗教或阶级编织成一个支持网络，这种对正统和本土真实的诉求，也能够把大众与那些挑动这些情绪并代表了这个团结网络的精英连接在一起。这些连接作用有可能加强了个体的尊严感、自我价值、社会联系和作为集团成员与过去和未来都相联接的终极意义。本体规划固然充满了自私目的，但也不仅限于此。如果它可以服务于精英，那么它同样可以服务于普通大众。

第七章　习得规划

　　以色列那些旨在帮助人们学习希伯来语的众多举措曾经使许多新移民受益匪浅。"融入中心"（absorption centers）是帮助新移民解决就业和安排住房的地方，这里也以现场授课的方式，为他们提供享有补贴的六个月希伯来语强化课程。而市政府提供的其他课程，不管是强化型的还是非强化型的，均按正常标准收费。大学也为外国学生和新移民教师及其配偶开办特别的语言课程。新移民儿童入学时，如果学生达到开班人数，学校也为他们开办希伯来语作为二语的课程。否则，学校会允许孩子们每周集中到一起上几个小时的个别辅导课。此外还有简拼的希伯来文周报，经过简化的希伯来语广播（读速也会放慢）以及希伯来文学翻译作品的简化版。1970年代还拍摄了简化的希伯来语电视连续剧，并且反复播放。所有这些项目和措施都可以看作是语言习得规划的事例，即有组织地推广语言学习的努力。

　　其他应该看作是语言习得规划的例子还有：

　　为了提高韩裔的韩语技能，加利福尼亚大学洛杉矶分校从1987年开始了一个项目，该校的韩裔学生可以去首尔国立大学参加10个星期的韩语学习计划。为了给苏联的非俄罗斯族人的俄语习得提供方便，苏联的语言规划者对绝大部分少数族裔语言书面语进行了西里尔（文字）转写，并且按照俄语的模式，对这些语言的词汇进行了现代化。

　　为了推广英语学习，英国文化委员会（British Council）在海外建立了图书馆，选派专家通过工作坊方式为当地人员进行教学法培训。法语联盟（Alliance Française）和歌德学院（Goethe Institute）为推广法语和德语也分别开展了类似的语言传播活动。

爱尔兰的盖尔塔科特(Gaeltacht)地区是仍把爱尔兰语当作母语并作为日常生活主要用语的地区。为了阻止人口从这一地区移出,爱尔兰政府专门设立了一些机构发展该地区的经济。为了创造利于讲爱尔兰语者将语言传承给下一代的城市环境,政府在都柏林专门规划了两项城市发展项目,方便了讲爱尔兰语者的日常接触,由此也为促进在家庭以外使用这种语言创造了社会条件(Dorian 1987)。

至1945年,日语作为唯一媒介语和占主导地位的语言在台湾已经使用了50年,中国在这一年从日本手里收回台湾时,在所有的媒体禁止了日语的使用。在中国大陆,政府从1920和1930年代就开始了实施将官话(Mandarin)作为"国语"的推广政策,后来,政府在台湾也实施了这一政策。正如伯格(Berg 1985)所指出的那样,因为日本人撤离时留下了一个国民教育系统,学校成了台湾推广国语的天然媒介。但开始时学校允许汉语方言(即闽南话和客家话)用于口头交流。文言文被重新引入,很快国语的标准读音被规定为正式要求,但有些老师还无法执行这一规定。台湾地区的国语推广(委员会)从大陆聘请了能讲国语的老师,并且利用这些老师对其他教师进行国语培训。这样,学校逐渐培养了更多的可以阅读中文的人才,这些人也至少能够讲一些国语(伯格 1985)。利用收音机和报纸传播国语知识并向民众解释国语推广政策的缘由和目的,构成了初期诸多普及国语措施的一个重要环节,其中包括一个示范国语发音的广播节目(1946—1959),以及出版一些利用注音字母标注国语发音的报纸(Kwock Ping Tse 1986)。

最后一个例子是1980年代早期的为复兴毛利语而设立的"语言巢"(毛利语:kohunga reo)。在新西兰,为了遏制毛利语人口不断萎缩的趋势,毛利社区领袖建议开办以毛利语为媒介语的学前教育,并聘用较年长的讲毛利语者为保育员。因为已经很少有学前儿童的父母能讲毛利语,这些保育员实际就是孩子们的祖父母一代了。这些新开办的学前教育从毛利语事务部获得支持,但是当地社区如果想组织或实施毛利语项目,则主要需要依靠他们自己的力量。这些中心发展迅猛:1982年有4所,1984年猛增到280所,到了1987年则达到了近500所。"'语言巢'的效果是无论如何评价也不算夸张的;刚开始时(1981年),只有区区数个学龄儿童入学时具备一些毛利语知识,现在每年初级班上已经有两千到三千名孩子生活在以毛利语为日常交际用语的环境中,其中很多人成为流利的双语使用者"(Spolsky 1987)。看到越来越多的孩子可以讲毛利语,父母们深受鼓舞,对孩子们学习祖先的语言感到欣喜,便向校方施压争取开设更多的英语-毛利语双语项目。而校方的态度是只要校长愿意并且教室也具备,校董们总是尽量支持,至少是支持如仪。虽然聘请到通晓毛利语又愿意教的员工不易,项目还是能够开始,要是碰到缺少教学资料的情况,老师们就自己动手编写(Spolsky 1987)。

  这些习得规划的例子至少在两个基本方面互有区别。(1)显性语言规划目标,以及(2)为达成目的而采取的手段。就显性目标而言,至少可以再分为如下三种:(a)二语或外语习得,例如,埃塞俄比亚的非阿姆哈拉人对阿姆哈拉语的习得,蒙特利尔的英语母语者对法语的习得,中国台湾地区的人对官话的习得。(b)民众对某种语言的再习得。这种语言既可能是一种大众日常口语,例如对希伯来语的再次本族化(renativization),对爱尔兰语再国语化的尝试,毛利语的复活,也可能是对一种语言特有功能的再习得,汉语书面语重返中国台湾即是一例。(c)语言维护,可以举为防止爱尔兰语在盖尔塔科特的进一步退化所作的努力为例。或许有人说这最后一例目标根本不能算语言习得。但是,我把它包括在此,是因为对语言的维护本身就是为着下一代人的习得。当一种语言萎缩时,紧接着而来的一代人中还要习得该语言的人便会越来越少。

  至于用来达致习得目标的手段,我们也许可以把他们分为如下三类:主要是旨在创造或改进学习的机会,主要是旨在创造或者改进学习的诱因,以及那些既为了创造或改进学习的机会,同时也为了创造或改进学习的诱因的手段。那些致力于创造学习机会的手段又可以分为直接方式和间接方式两种类型。前者是指课堂教学、为自学该目的语提供学习材料,以及为所学目的语而制作简化版的文学读物、报章和广播电视节目等。间接的手段包括那些针对学习者母语所做的适当改造以使它更加接近所学之目的语,这样就可以假设学习起来容易一些了。苏联对非俄罗斯族少数族裔语言所实施的规划便可以视为一例。

　　那些致力于学习诱因的举措可以以色列中学英语教学为例。英文在以色列中学毕业考试里是一门必修的考试课,这一要求可以鼓励那些想获得中学毕业证书的学生严肃地对待英文这门科目。有些情况下语言成了进入职场的先决条件,在爱尔兰(Eire),某些公务员的职位就要求掌握爱尔兰语;加拿大的魁北克省也力主法语作为工作语言,对不执行法语化指示的公司进行惩戒。

　　同时改进学习机会和诱因的手段,可以是在学习者被迫或希望参与的情境下,将该目的语作为教学媒介语使用。例子有语言沉浸或双语教育项目,譬如加拿大蒙特利尔把法语作为英语孩童的教学媒介语,新西兰的"语言巢"项目,公元4世纪时传教士通过吉兹语举办的职业教育,还有20世纪传教士在埃塞俄比亚把阿姆哈拉语作为教学媒介语。

　　综上所述,我们可以得到一个分为九个场域的习得规划基本框架,这个框架由两个变项交叉构成:即显性目标(语言习得、语言再习得以及语言维护)和为取得目标而进行努力的主要手段(致力于学习的机会、致力于学习的诱因以及同时致力于学习的机会和诱因)。

　　诚如上述引例所证明,习得规划远远不只语言教学的规划。但也毋庸讳言,语言的教学规划确实构成了习得规划中相当重要的部分。并且,上至教育部总督学,下至课堂上的一线教师,教学活动的每一层组织都可见习得规划的特点。普拉特(Prator)是为数不多将语言教学看作语言规划目标之一的学者,他曾有力地指出:"语言政策就是相关机构针对语言社团的语言应用和语言的正确形式所做出的一系列决定。它也包括教育工作者和媒体总监等相关领域人员做出的决定,这些决定关乎是否将那些初级的决定付诸可见成效的实施。根据这一定义,在课堂上对某种语言技能或语言形式的教学——甚至教科书的选用,凡是对诸如此类具体事情的决定加以强调,都会变成语言政策的一部分。后者便是语言教师所应关注的基本问题之一。最好是将制定和实施语言政策的整个步骤看作一个螺旋式上升的过程,比较理想的是从最高一级机构开始,降次往下是一个放大的圆圈,直到可以真正支持或抵制政策实施的实践者这一级别。"(来自个人通信内容)马基(1988)也将教学看作是语言规划的一种形式,他以专业英语为例,提出了地位规划和本体规划决策中需要考虑的一些细节。

  教师在执行语言规划决策上的作用很有可能比其他人员更引人注目,比方那些被限量播报希伯来语歌曲的以色列唱盘机操作员们,再比如那些根据一套规范原则对播音文稿进行语法编辑的希伯来语导师们。与习得规划相比,那些中低级人员的作用在地位规划和本体规划方面无论如何不应该再受到忽视。但至少那些涉及直接教学活动的习得规划,让我们意识到这些人员的作用。

  当规划者试图促进二语或外语的习得时,他们通常走向学校。学校如果不仅仅把目的语当作语言来教,而是把它作为教学媒介语,那么就更有可能在语言推广方面取得成功。一旦目的语不只作为一个学习的科目,而是直接作为教学媒介语,那就不仅能使学习者充分接触该语言,而且也提供了学习的动力。除非是存在着什么实用目的,不管学校多么努力地想将语言习得融入到教学中,这种努力也不大可能导致该语言在课外的**应用**。这是爱尔兰经验的一个教训。当爱尔兰获得独立的时候,它就已经是一个讲英语的国家。在盖尔塔科特之外,爱尔兰语在日常生活中基本就没有什么用处。政府规定爱尔兰语知识应该作为就业的一个条件,这也许为学习爱尔兰语提供了一点动力,但是,通常的情况是,在职场中爱尔兰语并不怎么需要,人们一旦找到工作,再继续学习爱尔兰语的必要便微乎其微了。我在第一章中曾经竭力指出,在将希伯来语重新本族化的过程中,物质刺激在课外可能还是管用的:民族主义者的狂热可以使希伯来语进入教育系统,但犹太人口的语言异质性又使希伯来语在课堂之外起到了日常口语的作用。

  毛利语复活运动的最终影响仍不得而知。如果运动能持续下去,那么无可置疑,会有更多的毛利儿童将能够讲一口流利的毛利语。但是,课外有足够大的动力来保证这些孩子们在完成学业后仍继续使用毛利语吗? 或者说,毛利人自己的孩子还要把毛利语作为二语来学习吗? 复活毛利语的倡议是毛利人自己提出来的,这本身是个令人鼓舞的信号。在盖尔塔科特,保持爱尔兰人口数量并使人们经常使用爱尔兰语的努力已经失败了。根据芬奈尔(Fennell 1981,转引自 Dorian 1987)的观察,失败的原因之一,是以政府为主导的语言维护运动没有严肃认真地激发盖尔塔科特民族自己的热情,所以倡议是来自外部的。在毛利语的例子里不乏本地人的热情,但可能仍不足以为毛利语的课外使用创造足够的条件。

在爱尔兰,学校培养了大量的双语者,这些人原本只是普普通通的讲英语的单语者,但学校教育并未能把他们的语言能力转化为积极的应用。道廉(Dorian 1987)认为,虽然如此,语言习得即便未转化为语言应用,对语言维护来说仍然价值重大。她提到其中的三点:(1)社区的支持加上学校对濒危语言的教学,可以缓和对该语言及其使用者的负面态度,而通常这种负面态度会伴随着语言的萎缩,并被讲该语言的人及其潜在使用者内化;(2)语言的推广活动通常可以帮助传承族裔历史和传统生活方式,否则这些也会同语言一道面临濒危:"通过信息的恢复获得自我意识和自信心这本身就是有价值的,这恰如美国黑人社区所发现并强烈声明的那样"(64);(3)引用斯波斯基(Spolsky 1978)的说法,参与语言复活及维护活动的当地社区也可以获得经济上的实利,可以为教师、教辅人员、教师培训人员以及课程和教材开发人员等带来工作机会。

当学习一种目的语的机会主要体现为课堂教学这样的活动时,我们可以按达到某水准的人数来评估这些教学活动的成功程度。但是学习的机会常常并不只限于这些有组织的项目。在第五章提到的里夫斯(1983)对阿拉伯儿童希伯来语和英语习得的研究,便是一个恰如其分的例证。如上述所示,如果没有正规的教育,这些儿童显然是不大可能学会英语的,但若不接受正规教育,他们却有可能学会希伯来语。但在这些学生习得希伯来语的过程中,正规教育作为输入端是否也应该占有一定的分量呢?如果有,又是多大呢?

关于新移民对希伯来语的掌握我们也可以提出同样的问题。移民们在日常生活中所具有的动力和碰到的机会是巨大无比的,考虑到这一点,那些影响语言习得过程的因素中,有哪些应该归之于规划呢?希伯来语作为日常生活主要用语的地位一旦建立,若没有组织的帮助,难道这些新来者就不可能学会这门语言了吗?诚如西梅尔兹和巴什(1974:769)所言,成年移民学会讲希伯来语的人数,无论是在数量上还是质量上,都超过了靠公共教育直接输出所能做的合理估算。

如果有人想评估语言规划项目的效益,他会如何进行呢?他不能比较那些已经参加某些课程的学习者和未参加者的水准,因为这两组人是自我选择(而非随机抽样),所以他们一开始就不大可能是相等的。如果前者的学习动机很高(通常会是这样的),那么即便没有正规的教育,他/她还是有可能比后者达到更高的水准。

当然,这些评估的难度并非只限于习得规划。因为无论是对语言形式还是功能抑或习得进行语言规划,它们都不是发生在真空的社会里,对规划效果进行评估的难度还是相当大的。决定具体规划目的的实现程度极少是轻而易举的事。若要确定何种因素导致何种结果更是极为困难,要确定每个因素导致如此结果的相应作用更是难上加难。这样的困难并不是语言规划研究者所独有,而是所有想要了解一般社会规划和更加一般的社会变迁的人们共同面对的难题。社会变迁正是我们下面要关注的题目。

第八章　社会变迁

本书中每个关于语言规划的例子都发生于社会变迁中。从我们定义的示例来看,法兰西学术院产生于政治中央化和对秩序的日益渴望;希伯来语的再国语化则产生于对俄罗斯犹太人迫害的变本加厉,日益高涨的犹太民族主义运动以及越来越多的犹太人向巴勒斯坦的移民;在语言使用中反对性别歧视的女权运动,是伴随着越来越多的妇女加入美国劳动大军而出现的;而埃塞俄比亚的大众识字运动则与政治和经济革命相伴随。我们对社会变迁与语言规划之间相辅相成的这种关系丝毫不必感到大惊小怪,因为语言规划涉及对变迁的管理,其本身就是社会变迁的一例而已。在一个完全稳定平衡的世界,如果生活日复一日地重复着,每个社会成员都安于现状,语言规划便不大可能发生。社会变迁是作为社会中某一集团或整个社会作为一体的社会文化模式的出现,这样意义上的社会变迁,在本书中迄今为止还隐而未显,在这最后一章中,我们将使这种社会变迁昭示于读者面前。

社会变迁的成因

是什么因素导致了社会变迁?人们最常引用的因素包括物理环境、人口、发现与发明、文化传播、意识形态以及决策。

1. **物理环境**。根据亨廷顿(Huntington 1924)的说法,社会变迁源于地理条件的变化。他声称,权力从克里特[63](Crete)到希腊、从罗马再到君士坦

---

[63] 克里特位于地中海北部,是希腊的第一大岛,米诺斯文明发源地,总面积8300平方公里。行政上属于克里特大区。1913年正式划归希腊,经济以农业为主。

丁堡的不断变换,是由于气候条件的原因。公元前 1500 年爱琴岛上的火山
爆发,摧毁了克里特的米诺斯㉔(Minoan)文明,这便是环境决定论的一个令
人信服的例子,但这样的例子还是比较鲜见的。

　　罗伯森(Robertson 1981)指出,在绝大多数情况下,变迁是环境因素与社
会力量共同作用的结果。例如,小亚细亚作为地理交叉路口,就一直是社会
变迁的中心地带。另一个社会环境与物理环境交互作用的例子,就是因管
理不善造成土地流失,进而又导致经济和政治的衰退(LaPiere 1965:26)。

　　埃塞俄比亚的革命从某种程度上说,也是物理环境与社会行为交互变
迁的结果,反过来又导致民众识字运动。君主统治没有能力改进交通、农业
技术和灌溉系统以使其足以防止由干旱引起的农作物减产,再加上粮食损
失后统治者不愿请求国际援助,结果发生灾难性大饥荒。作为众多事件之
一,大饥荒对失去君主统治的合法性起到了推波助澜的作用,最终又把皇帝
赶下了台。

　　2. **人口**。人口在数量、增长、出生率或者人口统计学结构方面的实质性
增加或减少,也可以带来社会变迁。以埃塞俄比亚为例,业已增加的人口使
粮食减产造成的恶果更是雪上加霜。美国二战后出现的"婴儿潮"(Baby
Boom)为我们提供了另外一个例子。对物质繁荣的期待提高了,每个家庭生
养孩子的数量增加了,因通货膨胀给家庭带来的经济压力,迫使妇女在孩童
尚幼时就要离家工作。同时,人口的增长带来消费需求的增加,由此推动的
繁荣为妇女创造了更多的就业机会,与之相伴而生的是,开明政治理念为女
权主义运动提供了有利的条件。

　　人口锐减的效果可以 19 世纪中期的爱尔兰大移民为例(其本身也是经
济剥削、马铃薯减产和英国对定居放任自流意识形态的结果),人口流失导
致了将爱尔兰语作为日常口语者不可逆转的减少。

　　3. **发现与发明**。威斯顿相信发现与发明可能是社会变迁的最重要源泉
(Weston 1977)。无论在重要性上是不是可以居于首位,没有人会否定发现

　　㉔ 米诺斯文明是爱琴海地区的古代文明,出现于古希腊迈锡尼文明之前的青铜时代,约公元
前 3650 年至前 1400 年。该文明的发展主要集中在克里特岛。

与发明作为社会变迁引擎的重大意义。发现是指对既存现实某个方面的认识,例如血液循环、杠杆原理以及蒸汽动力原理。相反,发明则是指利用既存元素的结合而有所创新,不管是物质的(如开瓶器)还是社会的(如公司)(罗伯森1981)。正如塔蒂(Tarde 1903)所指出的那样,社会中的元素越丰富,将既有元素合成产生出新元素的可能性就越大,所以发明具有呈加速积累的趋势。这就是为什么今天处在现代化进程中的社会,比老牌的工业化社会所需的现代化时间要少的原因。

发明和发现促进了社会的变迁,但究竟哪一项发明的出现促进了具体哪一方面的社会变迁,却往往很难确定。就以活字印刷的发明以及随之出现的购书费用的减少为例,这些对识字率的普及和语言的规范化可能有所贡献。但是其他一些因素,例如交通和通讯的改善、商业中心的形成以及政治权力的集中,也都有可能贡献了力量。因为众多的发明永远不可能在社会和技术真空中产生,它们对社会变迁的贡献通常是与其他因素互动的结果。

4. **文化传播**。源于一个社会的发现、发明和思想会向其他地方传播。今天,很少有不受到他者影响的社会。任何社会部门的文化传播都没有语言这样明显。作为语言变迁催化剂的双语者,把一种语言里的因素带到另一个语言,双语者用单语者所讲的第二语言与他们相接触,从而对这些单语者产生影响。语言纯洁主义者可能会对语言的最新介入成分大加挞伐,却没有意识到原先就蕴藏其中的外来成分早已根深蒂固。例如,以色列的立法者在1980年代曾经通过法案,禁止希伯来语广告使用借词,结果不了了之。这些人可能没有意识到,数百个希伯来语词汇早在上千年前就是从希腊语、拉丁语以及波斯语借来的。南美洲、非洲、亚洲以及大洋洲由殖民势力带来的经济、政治和文化上的巨大变迁就更加明显。的确,帝国语言的传播,特别是英语作为科学、管理和国际贸易用语的传播,是现代殖民主义最鲜明的遗产。

5. **意识形态**。思想、信仰和意识形态在从一个社会向另一个社会传播方面并不比技术逊色。当新的思想或意识形态与旧的思想或意识形态相冲突时,经过一番抗争,变化的结果可能就是妥协共存。正如马克思所说,意识形态是一种社会产品,韦伯和涂尔干(Durkheim)坚信意识形态本身无疑对社会变迁具有贡献。价值观和意识形态可以在社会之间或同一社会内部的部群之间传播。

在17世纪的法国,对和平、秩序和公民社会的渴望,为法兰西学术院所致力的语言学理想开花结果准备了基础。在以色列,民族主义意识形态的传播及其与之共生的语言与民族之间的罗曼蒂克关系,促进了希伯来语的再本土化。而在20世纪的美国,自我实现与个人表达思想的传播,推动了女权运动的发展。马克思主义、民族主义和现代化意识形态,催生了埃塞俄比亚的革命。

6. 决策。从某种意义上说,所有的社会变迁源自决策。人们做出某种决策,接受某些选择而不是另外一些。领导人的决策常常被认为对社会变迁具有决定性的效果。一些历史学家接受"伟人"历史观,但绝大部分学者拒不接受此种历史观。他们指出是历史塑造了个人,而不是个人塑造了历史;如果不是其本身就已摇摇欲坠,恺撒是不可能毁掉罗马共和国的;如果社会和经济不是在希特勒上台前就备受困扰,他就不可能上台掌权(罗伯森1981)。

同样地,如果没有一个导致语言正确性、精致化和标准化意识形态的社会文化氛围,黎塞留法兰西学术院的创立便很难发挥什么作用。在贝蒂·弗里丹的《女性的神秘》发表之前,社会结构的变迁已经为人们接受书中所倡议的理念并付诸行动做出了准备,否则该书绝难成为社会变迁的有效催化剂,而是会像如玛丽·沃斯通克拉夫特的《女权的辩护》(*Vindication of the Rights of Woman*)一书那样,成为一本书斋名著。社会变迁正是源自无数男人和女人的无数决策。

并非所有决策都可以成为那些通常被认为社会变迁源泉的决策。例如,它不是指像美国小轿车普及过程中产生中产阶级消费者那样,一而百,百而千,上百万人争先恐后地加入汽车消费行列,从而大规模地一举改变了美国的文化和经济景观。同样,它也不是指发生在爱尔兰的从爱尔兰语向英语迁移现象那样。无数的爱尔兰父母们逐渐认识到爱尔兰语绝无前途,从而做出在家里讲英语的决定(麦克纳马拉 1971)。恰恰相反,成为推动社会变迁关键驱动力的是那些集体性行为,他们致力于社会的改良或革命,以及那些处心积虑谋求通过政策制定推动社会变迁的机构和组织。

本书中我们碰到的社会运动的例子有:女权运动、美国民权运动、各种民族解放及复兴运动,以及改变宗教信仰运动。社会组织做出决策的例子有:埃塞俄比亚革命政府所实施的土地改革、以色列政府向所有移民颁发公民权、美国政府挑起的越南战争以及本书中所描述的众多语言规划的例子,包括美国联邦政府、州政府和市政当局的双语教育政策、第一次世界大战前"德国犹太人援助协会"(Hilfsverein der Deutschen Juden)在巴勒斯坦开办以德语为媒介语技术学院的愿望。各国语言学院为了将各自语言标准化、纯洁化和现代化所做出的努力、传教组织及政府机构为减少少数族裔语言的工作等。

总之,促进社会变迁的力量数量众多、关系复杂。这个世界包含了所有其他因素,每一种因素都发挥作用。所以,那些只把这些因素中的某一种或某种之一作为社会变迁之源的理论,几乎肯定是错误的:"那些认为社会变迁是由于某些经济利益、思想、单个人的个性、地理条件等等来决定的观点,是不可接受的。这些单因素理论属于社会科学发展的幼稚园阶段。任何单个因素总是与其他一些因素互相依存的"(Parsons 1966:113)。

社会变迁的机制

社会学在欧洲的产生是因应了法国大革命带来的巨变。在美国,这门学科的出现,则是由于内战后与工业革命相伴而生的大转变。在这两个例子中,社会学作为学科既是为了研究理解社会变迁机制对智慧的挑战,又是为了应对如何控制或舒缓社会巨变的更为现实的挑战(Berger and Berger 1976)。直至今天,这种双重挑战在包括语言规划的所有社会科学中仍然存在。

虽然学者们提出了无数关于社会变迁的理论,但没有一种能够被人们普遍接受。因为没有哪一种理论能够成功解释社会变迁的所有类型,或成功预测在相关领域所发生的一切。建构一种有关社会变迁的成功理论困难有两个(罗伯森 1981)。第一,为了理解变迁,人们需要理解稳定及**目前状况**(status quo)的结构。第二,促成变迁的因素纷繁复杂并且互相关联纠结。这些相关的因素对变迁的贡献是一个积累的过程,要确认哪些是具有独立作用的因变量,简直是个难以想象的任务。在接下来的讨论中,我把那些讨论社会变迁以及与语言规划相关的理论简要分为五个派别:进化论、循环论、功能论、冲突论、依存论。

进化论

早期的社会学家相信社会的进化性,即社会按照一系列的固定阶段而发展的思想,而且这些阶段的顺序是注定不变的,自简单的起源逐渐复杂、直到最后的完美阶段。在西方,社会进步的思想标志着与神授观念的毅然决裂,这种观念把社会秩序看作是男人女人失去圣洁而堕落的结果。相反,始于孔德(Comte)的早期社会学家认为社会变迁意味着进步。

孔德根据人类智慧发展的相应阶段,提出了一个社会发展的三段论,即神学的、形而上学的和乐观的。所有的社会都将逐步到达乐观阶段,只不过有的社会到达得早,有的晚些。

斯宾塞(Spencer)应用达尔文关于人类社会的进化论,也认为社会发展的过程是一系列固定的、互有关联的阶段。据此观点,社会是按照"适者生存"法则,在对稀有资源的竞争中发生变迁的。当然,西方欧洲社会被认为是最适合生存的。

一些早期的人类学家依据一些未经过专业训练的观察者关于异域风情的报告建构了一些理论,主张所有的社会都不可避免地经历一个顺序,最后达到西方文明的高峰。这些理论在 19 世纪晚期西欧国家进行殖民扩张时期正好投其所好,因为可以为他们殖民征服的不光彩事实张目。

马克思也将人类历史看作固定有序的阶段,低下层阶级起来推翻压迫者,前后阶段相互接续,直到最后底层最受损害者,即工业无产者,推翻整个系统,以革命手段建立社会主义,最终实现共产主义。

决定论认为社会变迁是受某种不可阻挡力量控制的产物,必定沿着预定方向发展,这种理论今天遭到了绝大多数社会学家的摒弃。他们主张人类活动可以通过包括新标准、价值观和集体行动在内的文化扩散来影响历史进程。

但进化论并未就此寿终正寝。如下面我们将看到,功能论把社会变迁看作是不断专业化的结果,这样的进化论在某种意义上认为,发展地看,复杂是在简单之后发展而来的。与早期的进化论相反,现代功能论宣称,复杂既并不一定好于简单,也不存在一个发展的必然过程。

但是,也有一种现代的进化论流派并不把变迁看作是一系列阶段。与早期那些进化论不同,在现代进化论看来,社会的变迁并不是一个包罗万象的理论。相反,它只局限在经济发展领域,这就是所谓的现代化学派。

现代化理论中最有名的是罗斯托(Rostow 1960)的"经济发展阶段论"。他发现了经济发展的五个阶段,认为这是每一个社会为了取得现代化都必须经历的。关键的是第三阶段,这是经济"起飞"冲向自我持续性增长时期,此时,为了实现对经济增长需求的制度化,政治和社会结构都需要发生相应的变迁。

福斯特-卡特(Foster-Carter, 1985)针对学者们对该理论的主要批评进行了综述。首先,罗斯托的中心论点声称,"起飞"阶段的特点是投资的猛增,经济史专家们并不赞同这一点。其次,罗斯托的第一阶段是现代化科技之前的农业社会,这样的社会具有等级森严的社会结构,而且社会地位基本是父死子承的。但相当一些拉丁美洲的原住民社会,因被征服而遭受灭绝的命运而不可能从第一阶段开始,或者干脆就不存在这样的一个阶段。第三,很多批评者指出,罗斯托未能强调发展中的社会与其他社会,特别是更为发达的社会之间的联系。最后,如果"起飞"只有成为实事后才被认可,如果发展是自动展开的,那就很难推荐倡导新的政策了。罗斯托理论是在不公开地青睐保守的、**放任自流**(laissez-faire)的立场,而拒绝承认一个事实,即像英国甚至包括美国那样的国家,所有真正的起飞,都是由于中央政府的政策积极追求的结果。

在罗斯托发展的先决条件范围内,关于他理论中政策难有所为主张的批评也许是不合理的。这些先决条件构成了第二阶段即"起飞"前阶段的发展。不管发展的源动力是什么,大范围变迁开始的情形是:贸易和服务增长,特别是扩张型工业的发展,经济的自主能力越发减少,崛起的精英进行利润再投资。"通常人们所说的'现代'派内部不同派系对于究竟是哪个或哪组具体因素对发展更为关键有不同的看法——对工程师来说,重要的可能是新能源的利用;教育家要强调的,是向孩子们灌输一种科学态度;生物学家和医疗工作者所努力的,是提高人们健康和营养的水准。对所有这些专业来说,西方的标准和方法都是仿效的模范。而且,所需要提供的因素——机械、种子、教科书和医药——都应该来自西方"。(Worsley 1987:65)因此,对这一流派的另一种批评意见是族裔中心主义,亦即将西方的发展当作范例和方法。

对于一般的社会科学以及具体语言规划来说,早期社会学家的那些大一统、单线条的决定论今天已经难以令人信服。但这些理论仍然有其用处,那就是,它们提醒我们,改变社会必将变得越来越复杂,系统中的一个部分发生改变可能会引起该系统其他部分的变化。今天,很多人更愿意接受一种多线条的、进化的观点,主张社会具有从简单、小型的社区走向规模更大、功能更为复杂的社区的趋势。这种变迁可以有许多发展途径,而且不一定总是进步的。

尽管饱受批评,对语言规划来说,不管是理论视角还是实践探索,现代化学说有可能还是有用的,依其所示,针对其所提出的先决条件,我们可以提出两个问题:其一,先决条件在多大程度上对成功的语言规划是必要的?其二,语言规划在多大程度上可以作为经济可持续发展的先决条件?

对于第一个问题,我已经建议过,在该语言的功能发生变迁前,本体规划有可能不会起到什么效果。只有被规划语言的新功能开始使用以后,针对这些新功能的本体规划才可能结出硕果。与此相似,如果所规划的语言对其所要服务的人口无所作为,那么习得规划也就不大可能产生什么效果。

对第二个问题,即语言规划对经济发展是否构成实质性的先决条件,回答也尚不清楚。语言规划通常跟识字率的普及相提并论,还有就是关涉到第三世界教育水准的提升。说发展与教育之间存在某种关系是合乎逻辑的,但要真正建立起联系也并非易事(福斯特-卡特1985)。齐波拉(Cipolla 1969)曾指出,英国工业革命开始时,识字率相对较高,但此后几代人的时间过去了,英国的识字率才开始增长。另一方面,欧洲那些最早引进英国工业革命成果的国家,将获得的部分新利润直接投资于基础教育,所以工业化同识字率是并驾齐驱的。不同的识字率被作为发展的门槛,但即便其中之一是正确的,由于取得所规定的某一识字率与其对经济发生作用的时间并不是立竿见影的,所以情况也变化莫测,效果如何很难确定,就更不用说识字率会与别的因素共同发挥作用时,将某一变项分离出来加以确定,这是很困难的。在第三世界国家,毕业生失业是一种普遍现象。但很难知晓这是超常的大规模教育投资的结果,还是由于取得某一固定识字率水平与其经济效益之间必要的时间滞后,或者仅仅是因为某些必要条件的缺失。"教育有可能是必要的,但不论是经济方面还是社会方面,它肯定不是发展的充分条件。特别是,被寄予厚望的教育发展并不能取代那些可创造工作机会的更直接的措施。"(福斯特-卡特1985:17)

循环理论

并非所有的社会变迁决定论都是单线性的。有些学者提出循环模式,强调人类社会的过渡性。正如人之生命循环那样,起起落落。从古到今,不少思想家们都提出了这样的看法,包括柏拉图、赫拉克利特(Heraclitus)、伊本·赫勒敦(Ibn Khaldun)、吉本(Gibbon)、莱布尼茨(Leibnitz)、斯宾格勒(Spengler)、汤因比(Toynbee)和索罗金(Sorokin)。

和早期的进化论者一样,循环论理论家也认为社会变迁是不可避免的。

所不同的是,循环论理论家相信社会变迁的终点并不是走向完美化,而是以衰落为结局(LaPiere 1965)。尽管其中有些人(如索罗金)将其看作是一个再生和重新开始的过程。社会变迁循环论今天已经不再流行(LaPiere 1965:22)。"仔细研究历史进程不仅给人以大循环的印象,并且令人感觉大循环之中还有无数的小循环,小循环中又包含更小的循环,比如某一门具体的艺术门类或统治家族的兴衰。对史料研读得越仔细,读者会变得越发糊涂,直至根据循环论所解释的秩序再度分解为混乱不堪的诸多奇特事件"(LaPiere 1965:22)。

令人称奇的是,在18世纪的欧洲,循环论所主张的出生、成长和衰落用于对语言变迁的解释却很是盛行。如约翰逊将语言的变迁等同于"腐败与衰亡"。这对于一个在正规教育中强调希腊文与拉丁文的社会也不足为奇。这些语言的巨大声誉加上其古韵,可能导致人们认为那些在学校里并不教授的现代欧洲语言低人一等,只是辉煌历史的腐朽残留。

功能主义

关于社会变迁的性质主要存有两项争议,并且都可以追溯到19世纪。第一个是社会变迁是否是一种宿命的过程,一种不可抗拒力量的产物。这个问题已在某种程度上获得了解决,答案是否定的。

第二个问题仍然在争论着,即社会变迁到底是一种暂时现象,一种非正常条件下的平衡,还是一种永久现象,一种正常条件下作为社会内部不同利益不断冲突的产物(Weston 1977)。将社会看作正常状态下的一种平衡的观点被称作功能主义,而将其看作是一个不断地竞争与冲突过程的观点则是冲突学派。

涂尔干和韦伯为现代功能主义的建立奠定了主要的基础。与孔德、斯宾塞和马克思这几位理论家相比,涂尔干和韦伯更倾向使其理论在较小规模上解决问题,而孔德、斯宾塞和马克思的理论对象则无所不包,他们不但试图解释社会的变迁,而且也要预言社会的发展方向。

涂尔干试图决定社会现象的结果,目的是解释将这些现象蕴含其中的社会。以宗教为例,它可以为其信仰者提供一整套价值观,作为加强行为一体化的纽带。再以涂尔干对犯罪行为的论述为例,它可以通过对社会规范破坏者的惩罚唤起人们的集体尊严感,从而强化社会舆论的共识。涂尔干是英国在拉德克利夫-布朗(Radcliffe-Brown)和马林诺夫斯基(Malinowski)社会学占统治地位下开创社会学分析方法的直接先驱(Coser 1977)。

对涂尔干来说,社会变迁的主要引擎就是愈加细化的社会劳动分工,这种社会分工因人口不断增长而引起,并为工业化所加速。更大规模的社会分工弱化了将社区联系在一起的纽带。当社会分工有限时,我们与周围人的互动是多角色的。一个成员与其他成员的关系是无所不包的。例如,旧时一个理想化的乡村城镇里,你孩子们的老师很有可能也是你教堂的教友,他也完全更有可能就是社区消防队的志愿者同事以及镇上跟你一起吹小号的那个乐队的指挥。但随着分工的增加,我们则倾向以特定的关系与他人互动。这种关系是局部的、功能性的、不太牢固的。

涂尔干将这种转变称作从**机械团结**(mechanical solidarity)到**有机团结**(organic solidarity)的变迁。有机团结的特点是,社会成员与其所接触的大部分人处于有限的关系中,从而给人带来一种缺乏安全的社会关系的危险感,这是一种被疏离感和无依靠感,涂尔干称作**失范**(anomie)。社会关系的破碎导致作为个体粘合剂的共同意义的破碎(Berger and Berger 1976)。

唐尼斯(Tönnies)独立地提出了一个规范性程式,这个程式与涂尔干的从机械团结变迁到有机团结相平行。他认为向现代性的转变是一种从**礼俗社会**(Gemeinschaft)向**体制社会**(Gesellschaft)的变迁,前者是一种简单而亲密的社区,其所有成员之间的联系是浑然一体的,而后者则是一种复杂的、城镇化的、非个人性的中心,其成员之间的联系是部分的。

在从礼俗社会到体制社会的转变过程中,个人的作用逐渐地彼此相别,随着社会个体成员差异性的增加,人们感到与共同一体的价值体系越来越疏远。赋予生命以意义的一体化共同价值观便是宗教的本质。在其《宗教生活的基本形式》(*The Elementary Forms of the Religious Life*)一书中,涂尔干向读者们展现了植根于社会的宗教如何反映了社会。宗教是一种社会现象。彼得·伯格尔与布丽奇特·伯格尔(Berger and Berger 1976)认为,涂尔干的著作甚至更加从根本上阐明了社会是一种宗教现象:社会是建立在其成员所共同遵守一整套终极价值观的基础上的。

涂尔干将由前现代社会到现代社会的转变看作是从机械团结向有机团结的变迁,而韦伯则将变迁的焦点置于个体的行动中来考察。韦伯的超凡魅力(charisma)与理性化理论认为,个人行动可以使社会发生转变,这一理论对我们理解社会变迁具有巨大的贡献。

超凡魅力即领导人由于非凡的个人素质基础上的权威而产生的领导者吸引力,韦伯将其看作贯穿历史发展的重要革命力量。因为超凡魅力拒绝合法性,"它颠覆、烦扰、粉碎现存的体制结构,不管这种体制是宗教的、政治的、还是其他别的什么"(彼得·伯格尔与布丽奇特·伯格尔 1976:336)。一旦取得成功,超凡魅力运动将转变旧的一切而做出新的安排。但是,韦伯又指出,超凡魅力革命成功后并不能使它自己持续下去。为了巩固革命成果并推行其政策,非正规组织必须由正式的组织所代替,这些非正规组织在激发充沛的超凡魅力领导素质过程中,发挥过促进作用。在第一代具有超凡魅力领导者看来令人无比激动的新事业,在第二代人看来只是例行公事。用韦伯的话来说,超凡魅力变得程式化(寻常化)了:具有超凡魅力领导人的后代们开创了一个新的王朝,或者那些继承者将前一代领导人个人的超凡魅力转化为他们现在担任的职务。将之应用于语言规划,具有超凡魅力领导人的功绩对第二代来说变得理所当然。

人类借以改造社会的第二个机制是通过从强调一种活动类型到强调另一种的变迁。韦伯相信,西方社会现代化的特色之一,就是对目的导向、理性活动以及理性的选择目标与手段的不断强调。理性化对现存秩序的颠覆,并不亚于超凡魅力,因为同超凡魅力一样,理性化也是否定传统的合法性。与超凡魅力不同的是,它并不自我毁灭。"理性不会被程式化。事实上,理性化即程式化的过程"(彼得·伯格尔与布丽奇特·伯格尔 1976:346)。

第八章 社会变迁

对韦伯来说,理性是现代西方社会的显著特征。这一特征特别表现在官僚体系不断增加的重要性,如等级森严的组织、劳动分工以及普遍的制度。但是西方的理性也体现在法制体系、科学和宗教,特别是新教教义的发展。

韦伯认为在资本主义发展过程中,加尔文新教教义的作用是抗衡了马克思主义信徒们的严格经济决定论。韦伯并不否定社会经济力量是变迁的引擎,但他认为经济过程本身受价值观和信仰的影响。他主张,如果没有对专业经济活动的加尔文主义合法化及其对禁欲主义延期报偿的强调,资本主义就不可能发展,与此相关的加尔文主义因素还包括,个人救赎先天神定的教条以及晚期加尔文主义信奉者的观点,即,认为世俗成功便是神谕并因此获得救赎的观点。这样一套信仰体系鼓励刻苦工作并将获得的利润进行再投资,这些对资本主义发展都是有利的条件。尽管该理论无法证明,但它很具说服力并且影响巨大。今天的社会科学家几乎没有人会否定价值观的重要性,以及信仰作为社会变迁的潜在动因。

帕森斯(Parsons)是现代功能主义最为重要的代表人物。同涂尔干一样,他认为社会的变迁伴随着日益专业的分工。在强调价值观调解社会作用这一点上,他也同涂尔干不谋而合。同韦伯一样,他认为要理解社会系统,必须考察社会行动者的动机。不同的是,韦伯强调社会价值观与社会过程的互惠关系,帕森斯将二者的关系看作是单向的,社会过程影响社会价值观。

在其早期著作中(帕森斯 1937,1951),帕森斯强调社会组织的保守性和其对社会深度变革的阻碍作用。社会的组成部分互相依赖,形成一个网络系统,每一个部分都对系统的平衡起着维护的作用。其中任何一个部分的变化都会牵一发而动全身,对其他部分产生影响,引发其进行调解来吸收所产生的干扰性震荡,以使整个系统处于平衡状态。但他这种早期的观点无法解释(确实也不允许)共同价值观或这些价值观所控制的整个社会系统所产生的激烈变革。

但在他后期的著作中(帕森斯 1961,1966),帕森斯试图对革命性变化的可能性以及社会为在平衡体系中的自我调解性这一概念进行调和。根据他后期著作所论,社会变迁不是干扰而是改变社会的平衡。社会变迁在质的方面产生新的平衡(罗伯森 1981)。变迁是革命性的,它产生了一个更加复杂的社会,表现为社会机构发生前所未有的分化——出现新的社会机构来承担原来为单一机构所承担的功能。例如,某一经济和社会化功能从家庭中分离出来,重新组织为若干个互不辖属的体制性框架。

但是,是什么造成了这种区别呢?按帕森斯的说法,是体系内部个体或集团(次级社团)的不完美社会化,这种不完美的社会化导致一些人对社会资源分配的不满,或者是对他人所期待于自己的作为不满。这些不满引发了社会运动,反过来又诱使精英们改变那些引起人们不满的角色或结构。为减少或消除不满情绪,精英们对新角色进行区分,将新角色建构进新的系统,为了适应新的角色,对价值观进行再改造,从而以一个更新更复杂的体系恢复平衡。帕森斯相信这是个渐变的过程:价值观的改变是缓慢的,既有的共同价值观因其重要性迟滞了这个变化的过程。变迁的缓慢还由于社会因共识而团结一致。尽管冲突导致产生一个更加复杂和分工细致的社会,但这是一种非正常的不自然状态。

功能主义观点同我们所了解的语言规划在多大程度上相一致呢?就语言规划的目的而言,该理论最扣人心弦的部分可能就是——价值的概念可以作为一个控制机制。按照彼得·伯格尔与布丽奇特·伯格尔(1976)对涂尔干观点的解读,如果社会是一种宗教现象,依附而又控制其成员的共同价值观,那么这些价值观便可以左右规划的制订,并抑制人们对规划所倡导内容的接受。以 19 世纪晚期的巴勒斯坦移民为例,希伯来语在新开办的学校中作为教学媒介语是一个具有吸引力的选择。这种选择不仅与移民们将自己看作是 3000 年传统继承人的观点相一致(正是这个传统使得将巴勒斯坦作为犹太人自治家园的选择合理化),而且也与 19 世纪将语言与土地这对孪生兄弟作为立国基础的理念相吻合。因此,新移民的价值观和理念导致希伯来语学校的建立。与此相似,"德国犹太人援助协会"理事们视德语为高等文化语言的信念以及促进德国和犹太人利益的愿望,导致他们坚持将德语作为首家巴勒斯坦现代技术学院的教学媒介语。而犹太人教师拒绝理事们的决定,则是为他们的民族主义价值观所驱使。在现代以色列,操意第绪语的狂热宗教徒对希伯来语用作世俗目的之抵制,不仅与他们视希伯来语为世俗所亵渎的神圣语言的观点相符,而且也出自他们渴望远离一个无上帝的世俗世界的心情。

　　语言规划者在面对可选择的若干政策并选定其中之一进行推广时,若能考虑到所针对的国民(人口)的价值观,便可使自己的工作卓有成效。在第六章中所提到的土耳其的伟大太阳理论,不仅针对规划所影响的国民的自我认识投其所好,而且也对他们的伊斯兰情绪产生抚慰效果,不然的话,这种情绪很容易被那些旨在清除阿拉伯语和波斯语借词的努力所激化。价值观和信仰体系成为鼓吹革新接受新事物的一个因素,二者的兼容不仅仅限于语言的改革,而且也与众多有关革新推广的研究发现相一致(Katz, Levin, and Hamilton 1963; Rogers 1983)。

　　功能理论的其他方面与我们所了解的语言规划相一致的是关于角色分工引起社会变迁的理念。新机构产生也常常伴随着新语言的产生,例如现代教育和世俗的司法系统。正如原来由单一机构完成的功能现在需要由几个机构来完成,因此由单一语言完成的功能,现在需要几种语言来完成。例如,通常情况是,当一些由家庭承担的社会化活动转移到了学校,原来与这些社会化目的相关的地方性的非标准方言或地方性语言,便会被标准方言或大社区语言所代替,新的方言或语言通常是作为书面语媒介,但也常常会是教学媒介语。如果地方性语言继续为新的机构服务,由此发生的语言现代化运动本质上就是精致化的问题,包括词汇、语法和语体上的精致化。如果没有角色的分工,语言的精致化是指什么呢?所以我们说机构的分工导致功能与形式的语言学分工。

　　功能主义认为系统的所有部分相互关联,其中一个部分发生变化便会牵动整个系统,从而引起其他部分的变化,所谓的牵一发而动全身,这种观点与我们所熟知的语言规划也是一致的。语言规划的单一因素理论(single-factor theory)并不比一般意义上的社会变迁单一理论更可行。正如四个定义的例示所清楚展示的那样(而且我希望其他的例子也是如此),要更好地了解某一语言规划实例的动因,我们必须了解语言规划所处的社会环境。

最后,现代功能主义将社会看作是一个稳定的、具有自我调解能力的系统,这一观点也与语言活动相一致,但仅仅是部分的一致。语言也像社会一样,只要接下来的变化与其原来相比不是面目全非,便是稳定的。当英语从古英语(Old English)变为中古英语(Middle English),或者中古英语变为现代英语(Modern English)时,警报并没有响起。这些转变的发生就像彩虹光谱之间的过渡那样连续不断,并且天衣无缝。变化了的语言还是英语。操现代希伯来语者认为,他们所说的就是其祖先在 2000 多年前在巴勒斯坦说的那种语言,在某种意义上说他们这样认为是对的。但仅仅是在某种意义上。若让操圣经希伯来语者来理解他们后代所说的现代希伯来语,恐怕会遇到相当大的困难。

冲突论

如果说功能论集中在使社会整合并巩固在一起的力量,冲突论则集中在使社会受到干扰并将其分离的对立上。冲突论理论家们视长期的平衡为一种非正常状态。对他们来说,变化才是正常。按照冲突论所主张,变化源自社会中不同集团价值观和利益相互竞争的结果。虽然马克思并非第一个冲突论理论家(17 世纪的哲学家托马斯·霍布斯(Thomas Hobbes)早于马克思认为,国家就是防止"所有人对所有人"战争的一种机制),但他确实在冲突论理论家中居于最伟大而且最有影响的地位。

对马克思来说,冲突是因经济利益之间的竞争而产生的。用《共产党宣言》(1848)中的话来说:"所有的历史都是阶级斗争的历史"。也就是,被剥削阶级与他们的剥削者之间的冲突。阶级关系是围绕生产方式而组织起来的,因为生产技术手段的发展要快于阶级关系的构成,冲突便由此而生。封建社会中农民被束缚于土地,便被资本主义所推翻,因为后者需要流动的劳动力。在当前的阶级关系构成中,资产阶级对生产资料的占有和他们对政府的控制,使其能够通过获得剩余价值(超出工人自己生存所必需的那部分生产)来剥削工业无产阶级。当无产阶级的阶级意识增长后,他们便起来反抗压迫者,直至现存的体系被捣毁。取代由资本家控制、代表其利益政府的是一个由工人控制并维护工人利益的政府。马克思在将这种演进视作是一个不以人的意志而转移的过程,同时,他相信人类的能动性是可以加速这个过程的。他号召革命,他将革命合理化的努力部分地解释了他的理论为什么对革命的新生精英具有吸引力。

最有影响的现代冲突论理论家达伦多夫(Dahrendorf 1959)相信,冲突不局限在阶级之间的竞争。冲突也产生于其他社会集团,如种族、部族、宗教和民族之间。在他看来,社会变迁可以是任意两个集团之间利益冲突的结果。冲突对社会来说是个无法摆脱的固有特征,每一个因素都是社会变迁的潜在贡献者。引起冲突的不是对生产资料的控制,而是权力本身。私有制可以被取消,但权力的不平等恒在。那些权力的拥有者会千方百计地保持现有的安排,包括主体的价值体系,并以此控制那些"任取所需"的东西的分配,包括物质的和非物质的。与此同时,那些没有这种权力的人则要通过斗争改变这些安排。他相信,功能论所共享价值体系的假定,对文化同质性程度的估计是不现实的。在达伦多夫及其他现代冲突论理论家看来,不是共同价值观而是强制力规定了社会秩序。

米尔斯(Mills 1956,1959)是另一位有影响的现代冲突论理论家,他将现代社会看作是由政治、军事和经济精英所支配的,"权力精英"通过操纵创造并维护大众对其统治的接受。根据米尔斯理论,现代化将更大的权力集中到这些精英的手中,相应减少了大众的政治权力。这种观点受到另一些理论家的挑战,他们重视那些具有竞争关系的精英之间的利益冲突,将其看作是可对精英权力进行调解的一个因素。

冲突是社会固有特征的假设与本书中所描述的语言规划的事例是相符的。每一个事例至少都可以部分地通过权力斗争的结果获得解释。"既得者"(haves)设法维持或改进现存体系,"未得者"(have nots)试图改变这个体系以增加他们自己的权势。任何一个因素都可能成为社会变迁的潜在来源,这样的一种假设也是与我们所掌握的关于语言规划的知识相一致的。例如,我们看到,妇女、黑人、同性恋者以及犹太人都是语言政策的倡导者,这是无法完全从经济上获得解释的。这种泛社会冲突论与拉波夫(1972)关于语言学变化可以源自社会任何一个部门的发现相契合。他的数据显示,语言的改变既起于下层,也源于较上的社会经济阶层,而且不同的民族和宗教集团都有。作为与外部集团相接触的结果,改变可能开始于集团内部。与外部集团的接触使集团内部把作为本身团结标志的自我语音特色进行夸大,或者是通过"过度修正"(overcorrection)将所仰慕的外部集团的语音区别也进行了夸大。关于支配地位和被支配地位之间意识形态的冲突假设,与拉波夫(1963,1966)和特鲁吉尔(Trudgill 1972)所建立的非标准语言形式的潜在声誉也是相一致的。

罗伯逊(1981)在评价冲突理论时认为,冲突论为人们解释重大历史事件和当今资本主义推翻封建主义的过程提供了一个令人信服的分析方法,包括美国的民权运动和仍在继续的民族关系。但是,他也认为对于因技术发展而带来的剧烈的社会变迁速度,冲突论的解释效率却极微弱,对于帮助我们理解家庭组织形式的变化以及未来社会变迁的发展方向,也几乎是无能为力的。如果一个综合的社会变迁理论确实可能的话,也许我们既需要功能论又需要冲突论,才能对社会变迁做出充分的解释。

依存论

依存理论是一个相对简单的社会变迁理论。同上面谈到社会变迁进化论时所描述的现代化理论一样,依存理论的核心是关注第三世界的经济发展。现代化理论认为,欠发达国家在沿着更发达的道路前进,不同的是,依存理论认为这种前进是在奔向绝路,是一条不知所终之路(福斯特-卡特1985)。在这个观点看来,欠发达国家不是说它不发展,而应该说,它发展得不充分,它们若是不与发达的工业强国共处一个世界,便会更欠发达。

依存理论坚持认为,资本主义社会必须作为一个一体的、世界性的体系来分析。西方的发达和第三世界的发展不充分,只能作为一个互相作用的结果。换句话说,发达的西方获得的发展是以牺牲第三世界为代价的。西方资本主义社会的发展,不只是通过剥夺它自己工人的剩余价值,而且也是通过对其殖民地的剥削实现的。西方国家迫使其殖民地作为廉价劳动力和原材料的来源,同时也作为倾销其产品的市场,这个市场是被他们锁在囚笼中的。殖民化创造了一个层级化的国际体系,中心区国家扮演着统治阶级的角色,殖民地是被统治阶级。这个观点认为,随着中心区国家与其前殖民地的政治分离,这样的一个体系仍然基本没有什么改变。

依存学派最著名的代表是弗兰克(Frank 1967),他的关键术语"不充分发展的发展"(the development of underdevelopment),是福斯特-卡特(1985)的"起飞"说法的另一个版本。弗兰克"大都会-卫星城"关系的比喻,抓住了世界资本主义体系的要害,这是一个通过一系列准边缘国家,将世界从处于支配地位的国家到边缘国家连接起来的链条。准边缘国家既是剥削者又是被剥削者。他们受到处于支配地位的国家剥削的同时,又剥削边缘国家以及自己国家内部的边缘地区。这正如中产阶级受统治阶级的剥削,而又从剥削工人中获利。剩余价值的剥夺发生在各个层面,并且呈现上行和外向趋势。整个链条一言以蔽之就是偷盗(福斯特-卡特 1985)。

根据依存理论,发展不充分是卫星国家处于世界体系中从属地位的结果。目前的发达国家,在最开始时也是欠发达的,只是它们从未受到过列强的剥削。它们就从没有发展不充分过。

依存理论的一些立场受到批评。其中,在福斯特-卡特(1985)和伊滋尼-哈莱维(Etzioni-Halevy 1981)所做的综述中,就包括如下这些批评:至少在有些第三世界国家是存在真正的经济增长的;殖民主义至少还是引起了一些进步的社会变化;第三世界国家本身可能存在着一些发展障碍,这与中心区列强所强加的畸形经济无关,当然也存在二者共同的作用;世界体系理论无法解释一些像加拿大这样国家的"上行"(upward-mobility)结果;一个不能给予共产党国家和石油输出国以适当地位的世界体系框架是成问题的。

依存理论所贡献的一些深刻见解会与语言规划相关吗?依存理论至少摆出了一个问题:第三世界的依赖性在多大程度上是因语言推广所养成的呢?包括英语的推广以及中心区国家的语言被作为教育、科学、行政、贸易用语和第三世界国家之间的交际用语。

依存理论家批评第三世界的现代教育培养了文化依赖性,也造就了一批"受个人主义传染孤立无根的精英,他们过度认同西方,无知并蔑视自己的社会(或者在有的情形下与自己的社会割裂开来)"(福斯特-卡特 1985:182)。采用中心区国家的语言作为中等及高等教育媒介语,使得第三世界的精英与西方步调一致,却在他们与基本没有机会接触这些语言的民众之间钉进了一个大楔子。

把中心地区国家的语言教授给年轻人,使他们通过这些教学媒介语受益,这些努力都花费了很大的财力和精力。实际上,他们对这些语言的掌握的平均水平很糟,以至于他们以这些语言为媒介语接受教育时,对知识的学习受到损害,这反过来又降低了毕业生为国服务的能力。而那些真正掌握了这些语言的毕业生被诱惑着移民去了这些中心区国家。同时,第三世界国家为语言教学材料和服务(包括那些中心区国家的语言教学专家)提供了一个市场。在第三世界国家内部,使用这些中心国家语言的结果,有可能也提高了中心国家向这些国家出口的竞争力。

另一方面,使用地方语言可能更加不可行。在语言混杂多样的第三世界国家,为了国际目的采用一门中心国家的语言,这样会被当地人看作是将每一个族裔语言社群放在了平等的劣势地位(不管是真的还是假的)——这对通常因只采用一个社群集团的语言而为该集团带来优势的做法,也算是另一个别样选择。同时采用多种地方性语言通常也是不现实的。而且,至少有一些人是必须学习一种中心国家语言的,这是因为国际交流总还是需要的。

最后,中心国家语言至少在其边缘地带正在土著化,带上了当地的语境色彩,这是边缘化的产物,也是中心化的产物(关于对英语非母语的研究可见 Kachru 1986)。

语言规划的理论是可能的吗?

威斯顿(Weston 1977)坚信有这样一种动向,社会学家们离开寻求社会变迁的单一的一般性理论,开始构建应用于社会某一具体部门的小型理论。她认为这种趋势会分离出关于变迁的另一种理论,包括政治的变迁、组织的变迁、人口统计学的变迁,等等。获得一个关于语言规划的理论是可能的吗?

语言规划的理论应该可以使我们用来解释语言规划的倡议,影响目标的手段选择和实施的结果。换句话说,我们应该明白制订地位、本体和习得规划的目标以及选择某种手段达到这些目标的动因,同时也要了解,在一定的社会环境下,所选择的手段是否影响这些目标的原因。

这样的一个理论似乎如哲学家的点金石和青春保养秘诀那样虚无缥缈。至少对于我们目前的能力水平,这样的理论是遥不可及的,不仅因为语言规划是如此复杂的活动,其影响因素不计其数——如经济的、意识形态的、政治的,等等——也不仅因为它要指向如此多的不同的地位、本体和习得规划的目标,更为根本的是,它要作为一个工具为如此之多不同的潜在目的服务,例如经济的现代化、国家的整合、民族的解放、帝国的霸权、种族的、性别的、经济的平等、精英的维持以及新的精英对他们的取代。

语言规划为这么多的隐性目标服务也并不值得大惊小怪。语言是社会的基本实践,不仅因为它是个体所要经历的第一个实践,而且也因为所有的其他实践都要以它为调解模式而建立(彼得·伯格尔与布丽奇特·伯格尔1976)。规划语言就是规划社会。所以,一个令人满意的语言规划理论有待于一个令人满意的社会变迁理论的出现。

第九章　总结与终论

我在本书中提供了四个用来定义语言规划的推导范例，也讨论了本领域中的各种观点，我将语言规划定义为：有关人们语码的习得、结构或者功能的配置并以此影响他人行为的有意识的努力。

我认为这些描述性框架可以有助于我们构建关于语言规划的可验证性命题，我也提供了一些借助四个学科领域而构建的框架。利用这些框架，我讨论了语言规划中三个最基本的焦点：地位规划、本体规划和习得规划。最后我又借助有关社会变迁的各种理论考察了语言规划。

语言规划既是一个研究领域，又是一种实践活动，下面我应该对这次语言规划之旅进行一下归纳了。

1. 语言规划是一个广泛而长期的实践。它既不是一个新鲜事物，也不仅仅局限于发展中或发展不充分国家。

2. 对语言规划的理解不能脱离其社会环境或者离开产生这个环境的历史。

3. 在典型情况下，语言规划是受利益的获取或维护所驱动的努力，这个利益可以是物质的，也可以是非物质的，或者二者兼而有之。仅就此而言，这一点对语言规划来说也不算怎么特别。利益所系，在斗争中人们无所不用。

4. 语言规划可以由社会任何阶层来启动，但是除非能得到精英或新兴精英阶层的倡导和支持，否则其取得成功的可能性不大。

5. 不管是精英还是新兴精英，除非他们把它看作符合自己利益的行为，否则不大可能去支持由别人所倡导的语言规划。

6. 语言规划不一定必须由那些关心语言的人士倡导，不只是作家、诗

人、语言学家、语言教师、词典学家和翻译家可以倡导,传教士、士兵、立法者 184
和管理者同样可以倡导语言规划。

7. 精英们既影响社区内对语言变项的评鉴,又影响语言的扩散。他们通过地位规划影响对语言的评鉴,通过习得规划影响语言的扩散。

人们对某一语言变项的评鉴来自它的功能,地位规划通过赋予新的功能来影响人们对它的评鉴。地位规划属于调解人们对某一特定言语表达资源需求的一种努力,而习得规划则是对这些资源的分配进行调解。

8. 如果语言规划可以服务于精英和新兴的精英,那么它同样可以服务于普通大众,特别是当规划内容加强了个体的尊严感、自我价值、社会联系和作为集团成员与过去和未来都相连接的终极意义时。

9. 若推广某一标准符合掌权精英的利益,则推广一种与之相抗衡的标准便符合新兴精英的利益。

10. 当新兴的精英寻求边缘与中心相分离,而得势的精英试图防止这种分离时,双方便都要发展可象征集体归属感的符号。规范的语言在一定程度上正是这样的一种象征符号,如果这种符号还不存在,这时我们便会看到,两个集团的精英们都竭尽努力来建立这样的一些符号。

11. 对语言规范化来说,诉诸态度比诉诸行为更有可能获得成功。亦即,与在任何场合都使用一种号称正确的变体相比,人们更有可能同意存在着一种万能的通行变体。

12. 政治民主化或政治的参与带来了增加识读率的压力。这可能导致两个结果:或者减小口语与书面语的差距,或者增加接受正规教育的机会,也有可能二者兼而有之。

13. 在某些情况下,语言规划可以是经济发展的必要条件,但不太可能是充分条件。

14. 社会机构分工的增加会促进语言功能和形式的分工。

15. 语言政策的选择结果既可能与所针对人口的价值和信仰体系相一致,也可能相冲突,相较而言,前者的选择更有可能取得成功。

16. 本体规划如果先于语言使用功能的改变,则不大可能产生预期的效果。只有当语言开始用于新的功能,本体规划代表了这些新的功能,此时的规划才可能生效。

17. 如果规划的语言对所规划的人口不能产生有用的功能,习得规划便不大可能有效果。

18. 涉及变迁管理的语言规划,其本身即是社会变迁之一例。当已得势的精英想扩大他们的影响或阻挠对手对其利益的侵入时,当新兴的精英试图推翻现状时,当刚得势的精英竭力巩固权力时,我们看到语言规划的压力便产生了。意识形态和技术变迁也会引发变迁的压力。这些压力有时成为重新安排政治和经济格局的变迁动力,有时只是反映了这种变迁。

19. 语言规划既有助于保持连续性,同时也有助于变迁,这种情况不只是对所规划的语言而言,而且也适用于其他社会机构。说语言规划带来了变迁,是因为它对下面诸多方面的促进作用,即语言变体新功能的分配、这些变体的结构性改变以及新生人口对这些变体的习得。说语言规划也有助于稳定性,是因为它受限于所规划语言的结构性要求,也受限于语言变体所代表的使用者价值观。

20. 语言规划可以由各个级别的组织在任何层面来实施。较高权威部门做出的决策要求在较低的微观决策层面来实施。

21. 成功的语言规划极少是一蹴而就的。决策的实施可能要求规划者反复努力,来应对来自他们试图影响的使用者的阻力。

22. 要对语言规划的实效进行评估,以此来决定达到规划目标的满意程度,或在导致某一结果的各种因素中决定其相对作用是很难的。

23. 语言规划极少遵循决策制定或问题解决式的理性化范式。

24. 理论应该不只能够使我们解释设定具体的地位、本体和习得规划目标的动机,还要能对为取得这些目标选择(或避免)某种手段的原因以及实施的结果做出解释,这样的一种理论是超出我们的掌握能力的。这可能要等待更令人满意的社会变迁理论的出现。

注　　释

1. 我关于法兰西学术院建立方面的参考文献主要来自 Auchincloss(1972)、Boulenger(1963)、Burckhardt(1940)、Church(1972)、Elliott(1984)、Lough(1954)、Maland(1970)、Mandrou(1975)、O'ConneU(1980)、Tapik(1974)、Treasure(1972)和 Wiley(1967)。
2. 我非常感谢克里福特·普拉特(Clifford Prator)将语言学院作为四个推导范例之一的建议。
3. 我关于女权主义个案研究的文献主要来自 Carden(1974)、Chafe(1975)、Cooper(1984)、Friedan(1963)、Grossman(1982)、Mellor 与 Stamas(1982)、O'Neill(1969)、Norwood(1985) 和 Rytina(1982a,1982b)。
4. 上述个案研究中所用的数据是由 Patty Daggy、Hilde Dewulf、Elizabeth Kimmel、Margaret Kirk、Sylvia Norris、Rita M. Purcell、Keith Walters 以及我本人进行搜集和整理的。
5. 是艾伦·斯波斯基(Ellen Spolsky,私人交往)强烈地向我指出了这一点。
6. 关于埃塞俄比亚的个案研究我所使用的主要文献是 Baissa(1979); Bender, Bowen, Cooper, and Ferguson(1976)、Bereket(1980)、Erlich(1979)、Gilkes(1975)、Harbeson(1979)、Legum and Lee(1977)、Niguse and Bender(1984); Ottaway(1982)、Ottaway and Ottaway(1978)和 Ullendorf(1965)。
7. 所调查过的国家包括乌干达(Ladefoged, Glick, and Criper 1971)、肯尼亚(Whiteley 1974)、埃塞俄比亚(Bender, Bowen, Cooper, and Ferguson 1976)、赞比亚(Ohamessian and Kashoki 1978)及坦桑尼亚(Polome and Hill 1980)。

参考文献

Abir, Mordechai. 1980. *Ethiopia and the Red Sea: the rise and decline of the Solomonic dynasty and Muslim-European rivalry in the region*. London: Frank Cass.

Ackoff, Russell L. 1978. *The Art of Problem Solving: accompanied by Ackoff's fables*. New York: John Wiley.

Afendras, Evangelos A. 1969. Sociolinguistic history, sociolinguistic geography and bilingualism. In Second International Congress of Social Sciences of the Luigi Sturzo Institute, *International Days of Sociolinguistics*. Rome: Luigi Sturzo Institute, pp. 663—682.

Alford, Robert. 1969. *Bureaucracy and Participation: political culture in four Wisconsin cities*. Chicago: Rand McNally.

Alisjahbana, S. Takdir. 1976. *Language Planning and Modernization: the case of Indonesian and Malaysian*. The Hague: Mouton.

Allen, J. P. B., Bernard Spolsky, and H. G. Widdowson. 1980. Aims. *Applied Linguistics*, 1, (1): inside back cover.

Altoma, Salih J. 1970. Language education in Arab countries and the role of the academies. In Thomas A. Sebeok, (Ed.), *Current Trends in Linguistics*. The Hague: Mouton. Vol. 6, pp. 690—720.

Ansre, Gilbert. 1971. Language standardisation in sub-Saharan Africa. In Thomas A. Sebeok, (Ed.), *Current Trends in Linguistics*. The Hague: Mouton. Vol. 7, pp. 680—698.

Apte, Mahadev L. 1976 (a). Language controversies in the Indian parliament, (Lok Sabha): 1952—1960. In William M. O'Barr and Jean F. O'Barr, (Eds.), *Language and Politics*. The Hague: Mouton, pp. 213—234.

　　1976 (b). Multilingualism in India and its sociopolitical implications: an overview. In William M. O'Barr and Jean F. O'Barr, (Eds.), *Language and Politics*. The Hague: Mouton, pp. 141—164.

Auchincloss, Louis. 1972. *Richelieu*. London: Michael Joseph.

Bachi, Roberto. 1977. *The Population of Israel*. Jerusalem: Institute of Contemporary Jewry, Hebrew University of Jerusalem, in conjunction with the Demographic Center of the Prime-Minister's Office in Israel.

Baissa, Marilyn Hall. 1979. Civil-military elite interaction in the Ethiopian revolution: the role of students. In Robert L. Hess, (Ed.), *Proceedings of the Fifth International Conference on*

Ethiopian Studies: session B, April 13—16, Chicago, USA, pp. 771—782.
Basso, Keith H. and Ned Anderson. 1973. A western Apache writing system: the symbols of Silas John. *Science*, 180: 1013—1022.
Bate, Walter Jackson. 1975. Storming the main gate: the *Dictionary. Samuel Johnson*. New York: Harcourt Brace Jovanovich, pp. 240—260.
Bauer, Raymond A. 1968. The study of policy formation: an introduction. In Raymond A. Bauer and Kenneth J. Gergen, (Eds.), *The Study of Policy Formation*. New York: The Free Press.
Baugh, Albert C. and Thomas Cable. 1978. *A History of the English Language*. Third edition. Englewood Cliffs: Prentice-Hall.
Beebe, Leslie and Howard Giles. 1984. Speech-accommodation theories: a discussion in terms of second-language acquisition. *International Journal of the Sociology of Language*, 46: 5—32.
Bender, M. Lionel. 1986. Ethiopian language policy 1974—81. *Anthropological Linguistics* 27: 273—279.
Bender, M. Lionel, J. Donald Bo wen, Robert L. Cooper, and Charles A. Ferguson, (Eds.). 1976. *Language in Ethiopia*. London: Oxford University Press.
Bereket Habte Selassie. 1980. *Conflict and Intervention in the Horn of Africa*. New York: Monthly Review Press.
Berg, Marinus E. van den. 1985. *Language Planning and Language Use in Taiwan: a study of language choice behavior in public settings*. Dordrecht: ICG Printing.
Berger, Peter L. and Brigitte Berger. 1976. *Sociology: a biographical approach*. Revised edition. Harmondsworth: Penguin Books.
Berry, Jack. 1958. The making of alphabets. In Eva Siversten, (Ed.), *Proceedings of the Eighth International Congress of Linguists*. Oslo: Oslo University Press, pp. 752—764.
1977. "The making of alphabets" revisited. In Joshua A. Fishman, (Ed.), *Advances in the Creation and Revision of Writing Systems*. The Hague: Mouton, pp. 3—16.
Billigmeier, Jon-Christian. 1987. Alphabets. *The Encyclopedia of Religion*. New York: Macmillan. Vol. 1, pp. 216—222.
Blanc, Haim. 1968. The Israeli koine as an emergent national standard. In Joshua A. Fishman, Charles A. Ferguson, and Jyotirindra Das Gupta, (Eds.), *Language Problems of Developing Nations*. New York: Wiley, pp. 237—251.
Bloomfield, Leonard. 1942. Linguistics and reading. *Elementary English Review*, 19, (4): 125—130; 19, (5): 183—186.
Bloomfield, Morton W. and Leonard Newmark. 1963. *A Linguistic Introduction to the History of English*. New York: Alfred A. Knopf.
Boix, Emili. 1985. The "Norma" campaign in Catalonia: an attempt to influence interethnic language etiquette. Unpublished seminar paper, Linguistic Society of America Summer

Institute, Georgetown University.

Bolinger, Dwight L. 1946. Visual morphemes. *Language*, 22:333—340.

Boone, Lalia P. 1949. Patterns of innovation in the language of the oil field. *American Speech*, 24:31—37.

Boulenger, Jacques. 1963. *The Seventeenth Century in France*. New York: Capricorn Books.

Brim, O. G. Jr., D. C. Glass, D. E. Lavin, and N. Goodman. 1962. *Personality and Decision Processes*. Stanford: Stanford University Press.

Brosnahan, L. F. 1963. Some historical cases of language imposition. In John Spencer, (Ed.), *Language in Africa*. Cambridge: Cambridge University Press, pp. 7—24.

Burckhardt, Carl J. 1940. *Richelieu and His Age: his rise to power*. Translated and abridged by Edwin and Willa Muir. London: George Allen and Unwin. First published in German as *Richelieu: Der Aufsteig zur Macht*, Munich, 1935.

Byron, Janet. 1976. *Selection among Alternates in Language Standardization: the case of Albanian*. The Hague: Mouton.

Calvet, Louis-Jean. 1982. The spread of Mandingo: military, commercial, and colonial influence on a linguistic datum. In Robert L. Cooper, (Ed.), *Language Spread: studies in diffusion and social change*. Bloomington: Indiana University Press in cooperation with the Center for Applied Linguistics, Washington, pp. 184—197.

Carden, Maren Lockwood. 1974. *The New Feminist Movement*. New York: Russell Sage Foundation.

Chafe, William H. 1975. The paradox of progress. In James T. Patterson, (Ed.), *Paths to the Present*. Minneapolis: Burgess, pp. 8—24.

Chen, Matthew Y. and William S-Y. Wang. 1975. Sound change: actuation and complementation. *Language*, 51:255—281.

Chisholm, Lawrence James. 1980. Weights and measures. *Encyclopedia Britannica*, Macropedia Vol. 19, pp. 728—735.

Chomsky, Carol. 1970. Reading, writing, and phonology. *Harvard Educational Review*, 40:287—309.

Chomsky, Noam. 1970. Phonology and reading. In Harry Levin and Joanna P. Williams, (Eds.). *Basic Studies on Reading*. New York: Basic Books, pp. 3—18.

Church, William F. 1972. *Richelieu and Reason of State*. Princeton: Princeton University Press.

Cipolla, Carlo M. 1969. *Literacy and Development in the West*. Harmondsworth: Penguin Books.

Cobarrubias, Juan and Joshua A. Fishman, (Eds.). 1983. *Progress in Language Planning: international perspectives*. Berlin: Mouton.

Cooper, Robert L. 1979. Language planning, language spread, and language change. In James E. Alatis and G. Richard Tucker, (Eds.). *Georgetown University Round Table on Languages and Linguistics 1979*. Washington: Georgetown University Press, pp. 23—50.

1982(a). A framework for the study of language spread. In Robert L. Cooper, (Ed.),

Language Spread: studies in diffusion and social change. Bloomington: Indiana University Press in cooperation with the Center for Applied Linguistics, Washington, pp. 5—36.

(Ed.). 1982(b). Language Spread: studies in diffusion and social change. Bloomington: Indiana University Press in cooperation with the Center for Applied Linguistics, Washington.

1984. The avoidance of androcentric generics. International Journal of the Sociology of Language, 50:5—20.

1985. Selling language reform. In Deborah Tannen and James E. Alatis, (Eds.), Georgetown University Round Table on Languages and Linguistics 1985. Washington: Georgetown University Press, pp. 275—281.

Cooper, Robert L. and Fern Seckbach. 1977. Economic incentives for the learning of a language of wider communication. In Joshua A. Fishman, Robert L. Cooper, and Andrew W. Conrad, The Spread of English : the sociology of English as an additional language. Rowley: Newbury House, pp. 212—219.

Coser, Lewis. 1977. Masters of Sociological Thought : ideas in historical and social context. Second edition. New York: Harcourt Brace Jovanovich.

Culley, W. T. and F. J. Furnivall, (Eds.). 1890. Caxton's Eneydos 1490 : Englisht from the French Liure des Eneydes, 1483. London: N. Trubner and Co.

Dahrendorf, Ralf. 1959. Class and Class Conflict in Industrial Society. London: Routledge and Kegan Paul. Translated, revised, and expanded by the author. First published in German in 1957 as Soziale Klassen und Klassenkonflikt in der industriellen Gesellschaft.

Dalby, David. 1967. A survey of the indigenous scripts of Liberia and Sierra Leone: Vai, Mende, Loma, Kpelle and Bassa. African Language Studies, 8:1—51.

1968. The indigenous scripts of West Africa and Surinam : their inspiration and design. African Language Studies, 9:156—197.

Daoud, Mohamed. 1987. Arabization in Tunisia : the tug of war. Unpublished seminar paper, Program in Applied Linguistics, University of California at Los Angeles.

Daoust-Blais, Denise. 1983. Corpus and status language planning in Quebec: a look at linguistic education. In Juan Cobarrubias and Joshua A. Fishman, (Eds.), Progress in Language Planning : international perspectives. Berlin: Mouton, pp. 207—234.

Das Gupta, Jyotirindra. 1970. Language Conflict and National Development: group politics and national language policy in India. Berkeley: University of California Press.

1973. Language planning and public policy: analytical outline of the policy process related to language planning in India. In Roger Shuy, (Ed.), Report of the Twenty-Third Annual Round Table Meeting on Linguistics and Language Studies. Washington: Georgetown University Press, pp. 157—165.

Davis, Alva L. and Raven I. McDavid. 1949. "Shivaree": an example of cultural diffusion. American Speech, 24:249—255.

Deutsch, Karl W. 1942. The trend of European nationalism — the language aspect. *American Political Science Review*, 36:533—541.

Dorian, Nancy C. 1987. The value of language-maintenance efforts which are unlikely to succeed. *International Journal of the Sociology of Language*, 68:57—67.

Durkacz, Victor Edward. 1983. *The Decline of the Celtic Languages: a study of linguistic and cultural conflict in Scotland, Wales and Ireland from the Reformation to the twentieth century.* Edinburgh: John Donald.

Dye, Thomas R. and John S. Robey. 1980. "Politics versus economics": development of the literature on policy determination. In Thomas R. Dye and Virginia Gray, (Eds.), *The Determinants of Public Policy.* Lexington: Lexington Books, (D. Heath and Co.), pp. 3—17.

Dyste, Connie Diane. 1987. Proposition 63: the California English language amendment. Unpublished masters essay, Department of English, (TESL), University of California at Los Angeles.

Easton, David. 1968. Political science. *International Encyclopedia of the Social Sciences*, 12:282—298.

Edelman, Martin, Robert L. Cooper, and Joshua A. Fishman. 1968. The contextualization of schoolchildren's bilingualism. *Irish Journal of Education*, 2:106—111.

Edwards, George C. III and Ira Sharkansky. 1978. *The Policy Predicament: making and implementing public policy.* San Francisco: W. H. Freeman. Edwards, Ward and Amos Tversky. 1967. Introduction. In Ward Edwards and Amos Tversky, (Eds.), *Decision Making: selected readings.* Harmondsworth: Penguin Books, pp. 7—10.

Elliott, J. H. 1984. *Richelieu and Olivares.* Cambridge: Cambridge University Press.

Ellsworth, John W. and Arthur A. Stahnke. 1976. *Politics and Political Systems: an introduction to political science.* New York: McGraw-Hill.

Engle, Patricia. 1975. Language medium in early school years for minority language groups. *Review of Educatonal Research*, 45:283—325.

Erlich, Haggai. 1979. The establishment of the Derg: the turning of a protest movement into a revolution. In Robert L. Hess, (Ed.), *Proceedings of the Fifth International Conference on Ethiopian Studies: Session B, April 13—16, Chicago, USA.* Chicago: University of Chicago at Chicago Circle, pp. 761—769.

Etzioni-Halevy, Eva. 1981. *Social Change: the advent and maturation of modern society.* London: Routledge and Kegan Paul.

Fainberg, Yaffa Allony. 1983. Linguistic and sociodemographic factors influencing the acceptance of Hebrew neologisms. *International Journal of the Sociology of Language*, 41:9—40.

Fellman, Jack. 1973. Concerning the "revival" of the Hebrew language. *Anthropological Linguistics*, 15:250—257.

1974. *The Revival of a Classical Tongue* : *Eliezer Ben-Yehuda and the Modern Hebrew Language. The Hague* : *Mouton*.

1977. The Hebrew Academy: orientation and operation. In Joan Rubin, Bjorn H. Jernudd, Jyotirindra Das Gupta, Joshua A. Fishman, and Charles A. Ferguson, (Eds.) , *Language Planning Processes*. The Hague: Mouton, pp. 97—109.

Fellman, Jack and Joshua A. Fishman. 1977. Language planning in Israel: solving terminological problems. In Joan Rubin, Bjorn H. Jernudd, Jyotirindra Das Gupta, Joshua A. Fishman, and Charles A. Ferguson, (Eds.) , *Language Planning Processes*. The Hague: Mouton, pp. 79—95.

Fennell, D. 1981. Can a shrinking linguistic minority be saved? In E. Haugen, J. D. McClure, and D. Thompson, (Eds.) , *Minority Languages Today*. Edinburgh : Edinburgh University Press, pp. 32—39.

Ferguson, Charles A. 1959. Diglossia. *Word*, 15 : 325—340.

1962. The language factor in national development. In Frank A. Rice, (Ed.) , *Study of the Role of Second Languages in Asia, Africa, and Latin America*. Washington : Center for Applied Linguistics of the Modern Language Association of America, pp. 8—14. First published in *Anthropological Linguistics*, 1962, 4, (1): 23—27.

1966. National sociolinguistic profile formulas. In William Bright, (Ed.) , *Sociolinguistics* : *proceedings of the UCLA Sociolinguistics Conference, 1964*. The Hague: Mouton, pp. 309—324.

1967. St. Stefan of Perm and applied linguistics. In *To Honor Roman Jakobson* : *essays on the occasion of his seventieth birthday, 11 October 1966*. The Hague : Mouton, Vol. 1, pp. 643—653.

1968. Language development. In Joshua A. Fishman, Charles A. Ferguson, and Jyotirindra Das Gupta, (Eds.) , *Language Problems of Developing Nations*. New York: John Wiley and Sons, pp. 27—35.

1971. Applied linguistics. *Language Structure and Language Use* : *essays by Charles A. Ferguson*. Selected and introduced by Anwar S. Dil. Stanford : Stanford University Press, pp. 135—147. First published in Robert G. Mead, (Ed.) , *Language Teaching* : *broader contexts*. Menasha: The Northeast Conference on the Teaching of Foreign Languages, 1966, pp. 50—58.

1983. Language planning and language change. In Juan Cobarrubias and Joshua A. Fishman, (Eds.) , *Progress in Language Planning* : *international perspectives*. Berlin : Mouton, pp. 29—40.

Ferguson, Charles A. and John J. Gumperz. 1960. Introduction. In Charles A. Ferguson and John J. Gumperz, (Eds.) , *Linguistic Diversity in South Asia* : *studies in regional, social and functional variation*. Bloomington : Indiana University Research Center in Anthropology, Folklore, and Linguistics, pp. 1—18.

Fillmore, Lily Wong, Paul Ammon, Barry McLaughlin, and Mary Sue Ammon. 1985. *Final Report for Learning English through Bilingual Instruction*. Submitted to the National Institute of Education. Berkeley and Santa Cruz: University of California.

Fillmore, Lily Wong and Concepcidn Valadez. 1986. Teaching bilingual learners. In Merlin C. Wittrock, (Ed.), *Handbook of Research on Teaching*. Third edition. New York: Macmillan, pp. 648—685.

Fischer, John L. 1958. Social influence in the choice of a linguistic variant. *Word*, 14:47—56.

Fisherman, Haya. 1972. The "official languages" of Israel: their status in law and police attitudes and knowledge concerning them. *Language Behavior Papers*, 1:3—23.

Fishman, Joshua A. 1964. Language maintenance and language shift as a field of inquiry. *Linguistics*, 9:32—70.

1971. The sociology of language: an interdisciplinary social science approach to language in society. In Joshua A. Fishman, (Ed.), *Advances in the Sociology of Language*. The Hague: Mouton, Vol. 1, pp. 217—404.

1972 (a). Language maintenance and language shift as a field of inquiry: revisited. *Language in Sociocultural Change*: essays by Joshua A. Fishman. Selected and introduced by Anwar S. Dil. Stanford: Stanford University Press, pp. 76—134.

1972 (b). *Language and Nationalism*: two integrative essays. Rowley: Newbury House.

(Ed.). 1974 (a). *Advances in Language Planning*. The Hague: Mouton.

1974 (b). Language modernization and planning in comparison with other types of national modernization and planning. In Joshua A. Fishman, (Ed.), *Advances in Language Planning*. The Hague: Mouton, pp. 79—102.

1976. *Bilingual Education*: an international sociological perspective. With an appendix by E. Glyn Lewis. Rowley: Newbury House.

1977. Advances in the creation and revision of writing systems. In Joshua A. Fishman, (Ed.), *Advances in the Creation and Revision of Writing Systems*. The Hague: Mouton, pp. xi—xxviii.

1982. Attracting a following to high-culture functions for a language of everyday life: the role of the Tshernovits language conference in the "rise of Yiddish". In Robert L. Cooper, (Ed.), *Language Spread*: studies in diffusion and social change. Bloomington: Indiana University Press in cooperation with the Center for Applied Linguistics, Washington, pp. 291—320.

1983. Modeling rationales in corpus planning: modernity and tradition in images of the good corpus. In Juan Cobarrubias and Joshua A. Fishman, (Eds.), *Progress in Language Planning*: international perspectives. Berlin: Mouton, pp. 107—118.

1985. Macrosociolinguistics and the sociology of language in the early eighties. *Annual Review of Sociology*, 11:113—127.

Fishman, Joshua A., Robert L. Cooper, and Roxana Ma. 1971. *Bilingualism in the Barrio*.

Bloomington: Language Science Monographs, Indiana University.

Fishman, Joshua A. , Robert L. Cooper, and Andrew W. Conrad. 1977. *The Spread of English: the sociology of English as an additonal language*. Rowley: Newbury House.

Fishman, Joshua A. , Robert L. Cooper, and Yehudit Rosenbaum. 1977. English around the world. In Joshua A. Fishman, Robert L. Cooper, and Andrew W. Conrad. *The Spread of English: the sociology of English as an additional language*. Rowley: Newbury House, pp. 77—107.

Fitzgerald, C. P. 1954. *China: a short cultural history*. Fourth revised edition. New York: Frederick A. Praeger.

Foster, Philip J. 1971. Problems of literacy in sub-Saharan Africa. In Thomas A. Sebeok, (Ed.), *Current Trends in Linguistics*, 7: 587—617.

Foster-Carter, Aidan. 1985. The sociology of development. In Michael Haralambos, (Ed.), *Sociology: new directions*. Ormskirk: Causeway Press, pp. 1—213.

Frank, Andre Gunder. 1967. *Capitalism and Under development in Latin America: historical studies of Chile and Brazil*. New York: Monthly Review Press.

1969. *Capitalism and Under development in Latin America*. New York: Monthly Review Press.

Frey, Frederick Ward. 1980. Political power. *Encyclopedia Britannica*. 15th edition. Macropedia 14: 697—702.

Friedan, Betty. 1963. *The Feminine Mystique*. New York: Norton.

Frohock, Fred M. 1979. *Public Policy: scope and logic*. Englewood Cliffs: Prentice-Hall.

Fuchs, Victor R. 1986. Sex differences in economic well-being. *Science*, 232: 459—464.

Fussell, Paul. 1971. Writing a dictionary. *Samuel Johnson and the Life of Writing*. New York: Norton, pp. 181—215.

Gallagher, Charles F. 1968. North African problems and prospects: language and identity. In Joshua A. Fishman, Charles A. Ferguson, and Jyotirindra Das Gupta, (Eds.), *Language Problems of Developing Nations*. New York: John Wiley, pp. 129—150.

1971. Language reform and social modernization in Turkey. In Joan Rubin and Bjorn H. Jernudd, (Eds.), *Can Language Be Planned? Sociolinguistic theory and practice for developing nations*. Honolulu: The University Press of Hawaii, pp. 157—178.

Geerts, G. , J. van den Broeck, and A. Verdoodt. 1977. Successes and failures in Dutch spelling reform. In Joshua A. Fishman, (Ed.), *Advances in the Creation and Revision of Writing Systems*. The Hague: Mouton, pp. 179—245.

Germani, Gino. 1980. Industrialization and modernization. *Encyclopedia Britannica*, Macropedia 9: 520—527.

Giles, Howard. 1980. Accommodation theory: some new directions. *York Papers in Linguistics*, 9: 105—136.

(Ed.). 1984. *The Dynamics of Speech Accommodation*. Special issue, *International Journal of the Sociology of Language*, 46.

Giles, Howard, Anthony Mulac, James J. Bradac, and Patricia Johnson. 1987. Speech accommodation theory : the first decade and beyond. In M. L. McLaughlin, (Ed.), *Communication Yearbook 10*. Beverly Hills: Sage, pp. 13—48.

Giles, Howard and Philip M. Smith. 1979. Accommodation theory : optimal levels of convergence. In Howard Giles and Robert N. St. Clair, (Eds.), *Language and Social Psychology*. Oxford: Blackwell, pp. 45—65.

Gilkes, Patrick. 1975. *The Dying Lion: feudalism and modernization in Ethiopia*. London: Julian Friedmann Publishers.

Gorman, Thomas P. 1973. Language allocation and language planning in a developing nation. In Joan Rubin and Roger Shuy, (Eds.), *Language Planning: current issues and research*. Washington: Georgetown University Press, pp. 72—82.

Grossman, Allyson Sherman. 1982. More than half of all children have working mothers. *Monthly Labor Review*, 105.

Gudschinksy, Sarah C. 1957. *Handbook of Literacy*. Revised edition. Norman: Summer Institute of Linguistics.

1959. Recent trends in primer construction. *Fundamental and Adult Education*, 11: 67—96.

Gumperz, John J. 1958. Dialect differences and social stratification in a north Indian village. *American Anthropologist*, 60: 668—681.

Hall, Robert A. Jr. 1951. American linguistics, 1925—1950. *Archivum Linguisticum*, 4, (1): 1—16; (2): 41—43.

Harbeson, James W. 1979. Toward a political theory of the Ethiopian revolution. In Robert L. Hess, (Ed.), *Proceedings of the Fifth International Conference on Ethiopian Studies: Session B*, *April 13—16, Chicago, USA*, pp. 819—829.

Harding, Edith and Philip Riley. 1987. *The Bilingual Family: a handbook for parents*. Cambridge: Cambridge University Press.

Haugen, Einar. 1959. Planning for a standard language in modern Norway. *Anthropological Linguistics*, 1, (3): 8—21.

1961. Language planning in modern Norway. *Scandinavian Studies*, 33: 68—81.

1965. Construction and reconstruction in language planning: Ivar Aasen's grammar. *Word*, 21, (2): 188—207.

1966. Linguistics and language planning. In William Bright, (Ed.), *Sociolinguistics: proceedings of the UCLA Sociolinguistics Conference, 1964*. The Hague: Mouton, pp. 50—71.

1969. Language planning, theory and practice. In A. Graur, (Ed.), *Actes du Xe Congrès International des Linguistes: Bucarest, 28 Août-2 Septembre 1967*. Bucarest: Editions de L'Académie de la République Socialiste de Roumanie. Vol. 1, pp. 701—711.

1971. Instrumentalism in language planning. In Joan Rubin and Bjorn H. Jernudd, (Eds.), *Can Language Be Planned? sociolinguistic theory and practice for developing nations*. Honolulu: The University Press of Hawaii, pp. 281—289.

1983. The implementation of corpus planning: theory and practice. In Juan Cobarrubias and Joshua A. Fishman, (Eds.), *Progress in Language Planning : international perspectives*. Berlin: Mouton, pp. 269—289.

Heath, Shirley Brice and Richard Laprade. 1982. Castilian colonization and indigenous languages: the cases of Quechua and Aymara. In Robert L. Cooper, (Ed.), *Language Spread: studies in diffusion and social change*. Bloomington: Indiana University Press in cooperation with the Center for Applied Linguistics, Washington, pp. 118—147.

Henze, Paul B. 1977. Politics and alphabets in inner Asia. In Joshua A. Fishman, (Ed.), *Advances in the Creation and Revision of Writing Systems*. The Hague: Mouton, pp. 371—420.

Heyd, Uriel. 1954. *Language Reform in Modern Turkey*. Jerusalem: Israel Oriental Society.

Hofman, John E. 1974(a). The prediction of success in language planning: the case of chemists in Israel. *International Journal of the Sociology of Language*, 1:39—65.

1974(b). Predicting the use of Hebrew terms among Israeli psychologists. *International Journal of the Sociology of Language*, 3:53—65.

Hudson, Kenneth. 1978. *The Language of Modern Politics*. London: Macmillan. Huntington, Ellsworth. 1924. *Climate and Civilization*. Third edition. New Haven: Yale University Press.

International African Institute. 1962. First published in 1930. *Practical Orthography of African Languages*. Memorandum 1. Second edition. Oxford: Oxford University Press.

Irvine, Judith T. 1978. Wolof noun classification: the social setting of divergent change. *Language in Society*, 7:37—64.

Jernudd, Bjorn H. 1977(a). Linguistic sources for terminological innovation. In Joan Rubin, Bjorn H. Jernudd, Jyotirindra Das Gupta, Joshua A. Fishman, and Charles A. Ferguson, (Eds.), *Language Planning Processes*. The Hague: Mouton, pp. 215—236.

1977(b). Prerequisites for a model of language treatment. In Joan Rubin, Bjorn H. Jernudd, Jyotirindra Das Gupta, Joshua A. Fishman, and Charles A. Ferguson, (Eds.), *Language Planning Processes*. The Hague: Mouton, pp. 41—54.

1983. Evaluation of language planning — what has the last decade accomplished? In Juan Cobarrubias and Joshua A. Fishman, (Eds.), *Progress in Language Planning : international perspectives*. Berlin: Mouton, pp. 345—378.

Jernudd, Bjorn H. and Jyotirindra Das Gupta. 1971. Towards a theory of language planning. In Joan Rubin and Bjorn H. Jernudd, (Eds.), *Can Language Be Planned? Sociolinguistic theory and practice for developing nations*. The Hague: Mouton, pp. 195—215.

Jernudd, Bjorn H. and Jin V. Neustupny. 1986. Language planning: for whom? Comments presented at the International Colloquium on Language Planning in Ottowa, (Canada), May 1986.

Kachru, Braj B. 1986. *The Alchemy of English : the spread, functions and models of non-native Englishes*. Oxford: Pergamon Press.

Kapuscinski, Ryszard. 1983. *The Emperor : downfall of an autocrat*. Translated by William R. Brand and Katarzyna Mroczkowska-Brand. New York : Harcourt Brace Jovanovich. First published in Polish as *Cesarz* in 1978.

Karam, Francis X. 1974. Toward a definition of language planning. In Joshua A. Fishman, (Ed.), *Advances in Language Planning*. The Hague: Mouton, pp. 103—124.

Katz, Elihu. 1957. The two-step flow of communication: an up-to-date report on an hypothesis. *Public Opinion Quarterly*, 21 : 61—78.

Katz, Elihu, Martin L. Levin, and Herbert Hamilton. 1963. Traditions of research on the diffusion of innovation. *American Sociological Review*, 28 : 237—252.

Kloss, Heinz. 1967. "Abstand languages" and "ausbau languages". *Anthropological Linguistics*, 9, (7): 29—41.

—— 1969. *Research Possibilities on Group Bilingualism : a report*. Quebec: International Center for Research on Bilingualism.

Koeper, H. F. 1980. Sullivan, Louis. *Encyclopedia Britannica*. Macropedia Vol. 17, pp. 794—797.

Kotei, S. I. A. 1972. The West African autochthonous alphabets : an exercise in comparative palaeography. *Ghana Social Science Journal*, 2, (1): 98—110.

Kotler, Philip and Sidney J. Levy. 1969. Broadening the concept of marketing. *Journal of Marketing*, 33, (January): 10—15.

Kotler, Philip and Gerald Zaltman. 1971. Social marketing : an approach to planned social change. *Journal of Marketing*, 35, (July): 3—12.

Krapp, George Philip. 1913. Standards of speech and their values. *Modern Philology*, 11 : 57—70.

Kroch, Anthony. 1978. Toward a theory of social dialect variation. *Language in Society*, 7 : 17—36.

Kwock-Ping Tse, John. 1986. Standardization of Chinese in Taiwan. *International Journal of the Sociology of Language*, 59 : 25—32.

Labov, William. 1963. The social motivation of a sound change. *Word*, 19 : 273—309. 1966. *The Social Stratification of English in New York City*. Washington : Center for Applied Linguistics.

—— 1968. The reflection of social processes in linguistic structures. In Joshua A. Fishman, (Ed.), *Readings in the Sociology of Language*. The Hague: Mouton, pp. 240—251.

Ladefoged, Peter, Ruth Glick, and Clive Criper. 1971. *Language in Uganda*. Nairobi : Oxford University Press.

Lambert, Wallace E. and G. Richard Tucker. 1972. *Bilingual Education of Children : the St. Lambert experiment*. Rowley: Newbury House.

LaPiere, Richard T. 1965. *Social Change*. New York: McGraw-Hill.

Lasswell, Harold D. 1936. *Politics: who gets what, when, how*. New York: McGraw-Hill.

Latham, Earl. 1980. Political science. *Encyclopedia Britannica*. Macropedia. Vol. 14, pp. 702—707.

Lazarsfeld, Paul F. and Robert K. Merton. 1949. Mass communication, popular taste, and organized social action. In William Schramm, (Ed.), *Mass Communications*. Urbana: University of Illinois Press, pp. 459—480.

Legum, Colin and Bill Lee. 1977. *Conflict in the Horn of Africa*. New York: Africana Publishing Company.

Leichter, Howard. 1975. *Political Regime and Public Policy in the Philippines*. DeKalb: Center for Southeast Asian Studies.

——1979. *A Comparative Approach to Policy Analysis: health care policy in four nations*. Cambridge: Cambridge University Press.

Leonard, Sterling Andrus. 1929. *The Doctrine of Correctness in English Usage 1700—1800*. Madison: University of Wisconsin Studies in Language and Literature. No. 25.

Lévi-Strauss, Claude. 1969. A writing lesson. *Tristes Tropiques*. Translated by John Russell. New York: Atheneum, pp. 286—297. First published in French by Librairie Plon, 1955.

Lewis, E. Glyn. 1972. *Multilingualism in the Soviet Union: aspects of language policy and its implementation*. The Hague: Mouton.

——1982. Movements and agencies of language spread: Wales and the Soviet Union compared. In Robert L. Cooper, (Ed.), *Language Spread: studies in diffusion and social change*. Bloomington: Indiana University Press in cooperation with the Center for Applied Linguistics, Washington, pp. 214—259.

——1983. Implementation of language planning in the Soviet Union. In Juan Cobarrubias and Joshua A. Fishman, (Eds.), *Progress in Language Planning: international perspectives*. Berlin: Mouton, pp. 309—326.

Lieberson, Stanley. 1970. *Language and Ethnic Relations in Canada*. New York: John Wiley and Sons.

——1982. Forces affecting language spread: some basic propositions. In Robert L. Cooper, (Ed.), *Language Spread: studies in diffusion and social change*. Bloomington: Indiana University Press in cooperation with the Center for Applied Linguistics, Washington, pp. 37—62.

Lindblom, Charles. 1959. The science of muddling through. *Public Administration Review*, 19: 9—88.

Louckx, Freddy. 1978. Linguistic ambivalence of the Brussels indigenous population. *International Journal of the Sociology of Language*, 15: 53—60.

Lough, John. 1954. *An Introduction to Seventeenth Century France*. London: Longmans, Green.

Lowenberg, Peter H. 1983. Lexical modernization in Bahasa Indonesia: functional allocation and variation in borrowing. Studies in the Linguistic Sciences, 13, (2): 73—86.

MacCarthy, P. A. D. 1964. Criteria for a new orthography for English. In David Abercrombie, D. B. Fry, P. A. D. MacCarthy, N. C. Scott, and J. L. Trim, (Eds.), *In Honour of Daniel Jones: papers contributed on the occasion of his eightieth birthday 12 September 1961*. London: Longmans, Green and Co.

Mackey, William F. 1983. Language status policy and the Canadian experience. In Juan Cobarrubias and Joshua A. Fishman, (Eds.), *Progress in Language Planning: international perspectives*. Berlin: Mouton, pp. 173—206.

Macnamara, John. 1966. *Bilingualism and Primary Education: a study of Irish experience*. Edinburgh: Edinburgh University Press.

———1971. Successes and failures in the movement for the restoration of Irish. In Joan Rubin and Bjorn H. Jernudd, (Eds.), *Can Language Be Planned? Sociolinguistic theory and practice for developing nations*. Honolulu: The University Press of Hawaii, pp. 65—94.

Maland, David. 1970. *Culture and Society in Seventeenth-Century France*. New York: Charles Scribner's Sons.

Mandrou, Robert. 1975. *Introduction to Modern France 1500—1640: an essay in historical psychology*. London: Edward Arnold.

Markee, Numa Piers Philip. 1986. Unpublished prospectus for a dissertation in applied linguistics: an appropriate technology model of communicative course design. Submitted to the Applied Linguistics Program, University of California at Los Angeles.

———1988. An appropriate technology model of communicative course design. Unpublished doctoral dissertation submitted to the Program in Applied Linguistics, University of California at Los Angeles.

Mazrui, Ali A. 1975. *The Political Sociology of the English Language: an African perspective*. The Hague: Mouton.

Mazrui, Ali A. and Pio Zirimu. 1978. Church, state and marketplace in the spread of Kiswahili: comparative educational implications. In Bernard Spolsky and Robert L. Cooper, (Eds.), *Case Studies in Bilingual Education*. Rowley: Newbury House, pp. 427—453.

McAdam, E. L. Jr. and George Milne. 1963. *Johnson's Dictionary: a modern selection*. New York: Pantheon Books.

McCarthy, E. Jerome. 1968. *Basic Marketing: a managerial approach*. Third edition. Homewood: Richard D. Irwin.

McGuire, William J. 1969. The nature of attitudes and attitude change. In Gardner Lindzey and Elliot Aronson, (Eds.), *The Handbook of Social Psychology*. Second edition. Reading: Addison-Wesley. Vol. 3, pp. 136—314.

McKnight, George H. 1929. *Modern English in the Making*. New York: D. Appleton.

Mellor, Earl F. and George D. Stamas. 1982. Usual weekly earnings: another look at intergroup differences and basic trends. *Monthly Labor Review*, 105, (4): 15—24.

Miller, George A. 1950. Language engineering. *Journal of the Acoustical Society of America*, 22, (6): 720—725.

Mills, C. Wright. 1956. *The Power Elite*. New York: Oxford University Press.

——1959. *The Sociological Imagination*. New York: Oxford University Press.

Milroy, James and Lesley Milroy. 1985. *Authority in Language: investigating language prescription and standardisation*. London: Routledge and Kegan Paul.

Misra, Bal Govind. 1982. Language spread in a multilingual setting: the spread of Hindi as a case study. In Robert L. Cooper, (Ed.), *Language Spread: studies in diffusion and social change*. Bloomington: Indiana University Press in cooperation with the Center for Applied Linguistics, Washington, pp. 148—157.

Moulton, William G. 1980. Germanic languages. *Encyclopedia Britannica*. Macropedia Vol. 8, pp. 15—25.

Neustupný, Jiří V. 1970. Basic types of treatment of language problems. *Linguistic Communications*, 1: 77—98.

——1983. Towards a paradigm for language planning. *Language Planning Newsletter*, 9, (4): 1—4.

Nida, Eugene A. 1954. Practical limitations to a phonemic alphabet. *The Bible Translator*, 15, (January-April): 35—39, 58—62.

Niguse Abbebe and M. Lionel Bender. 1984. The Ethiopian Language Academy: 1943—1974. *Northeast African Studies*, 6, (3): 1—7.

Norwood, Janet L. 1985. Perspectives on comparable worth: an introduction to the numbers. *Monthly Labor Review*, 108, (12): 3—4.

Noss, Richard. 1967. *Language Policy and Higher Education*. Vol. 3, part 2 of *Higher Education and Development in Southeast Asia*. Paris: UNESCO and the International Association of Universities.

Nurullah, Syed and J. P. Naik. 1951. *A History of Education in India (during the British Period.)* With a foreword by Zakir Husain. Second edition. Bombay: Macmillan.

O'Barr, William M. and Jean F. O'Barr, (Eds.). 1976. *Language and Politics*. The Hague: Mouton.

O'Connell, Daniel Patrick. 1980. Richelieu, Cardinal de. *Encyclopedia Brittanica*. Fifteenth edition. Macropedia Vol. 15, pp. 830—834.

O'Dell, Felicity Ann. 1978. *Socialization through Children's Literature: the Soviet example*. Cambridge: Cambridge University Press.

Ohannessian, Sirarpi and Mubanga E. Kashoki, (Eds.). 1978. *Language in Zambia*. London: International African Institute.

O'Murchú, Máirtín. 1977. Successes and failures in the modernization of Irish spelling. In Joshua 200

A. Fishman, (Ed.), *Advances in the Creation and Revision of Writing Systems*. The Hague: Mouton, pp. 267—289.

O'Neill, William L. 1969. *The Woman Movement: feminism in the United States and England.* London: George Allen and Unwin.

Ottaway, Marina. 1982. *Soviet and American Influence in the Horn of Africa.* New York: Praeger.

Ottaway, Marina and David Ottaway. 1978. *Ethiopia: empire in revolution.* New York: Africana Publishing Company.

Parsons, Talcott. 1937. *The Structure of Social Action: a study in social theory with special reference to a group of recent European writers.* New York: McGraw-Hill.

—— 1951. *The Social System.* Glencoe: The Free Press.

—— 1961. Some considerations on the theory of social change. *Rural Sociology*, 26:219—239.

—— 1966. *Societies: evolutionary and comparative perspectives.* Englewood Cliffs: Prentice-Hall.

Pike, Kenneth L. 1947. *Phonemics: a technique for reducing language to writing.* Ann Arbor: University of Michigan Press.

Polome, Edgar C. and Clifford P. Hill, (Eds.). 1980. *Language in Tanzania.* London: Oxford University Press.

Pool, Ithiel de Sola. 1973. Communication systems. In Ithiel de Sola Pool, F. W. Frey, W. Schramm, N. Maccoby, and E. B. Parker, (Eds.), *Handbook of Communication.* Chicago: Rand McNally, pp. 3—26.

Rabin, Chaim. 1973. *A Short History of the Hebrew Language*, Jerusalem: The Jewish Agency.

—— 1983. The sociology of Hebrew neologisms. *International Journal of the Sociology of Language*, 41:41—56.

—— 1985. Massorah and "ad litteras". *Hebrew Studies*, 26, (1):81—91.

Rabin, Chaim and I. M. Schlesinger. 1974. The influence of different systems of Hebrew orthography on reading efficiency. In Joshua A. Fishman, (Ed.), *Advances in Language Planning.* The Hague: Mouton, pp. 555—571.

Rao, L. J. 1971. Generalizations about the diffusion of innovations. In Everett M. Rogers and F. Floyd Shoemaker, *Communication of Innovations: a crosscultural approach.* Second edition. New York: Free Press. Appendix A.

Ray, Punya Sloka. 1963. *Language Standardization: studies in prescriptive linguistics.* The Hague: Mouton.

Regev, Zina. 1983. Language cultivation in the field of registers: a case study in language planning within the school system. Unpublished doctoral dissertation presented to the Hebrew University of Jerusalem. (In Hebrew)

Reskin, Barbara F., (Ed.). 1984. *Sex Segregation in the Workplace: trends, explanations, remedies.* Washington: National Academy Press.

Reves, Thea. 1983. What makes a good language learner? Personal characteristics contributing to successful language acquisition. Unpublished doctoral dissertation submitted to The

Hebrew University of Jerusalem. (In Hebrew)

Ring, J. A. 1985. When the Buem worked together for the written word. Unpublished seminar paper, Linguistic Society of America Summer Institute, Georgetown University.

Robertson, Ian. 1981. *Sociology*. Second edition. New York: Worth.

Rogers, Everett M. 1983. *Diffusion of Innovations*. Third edition. New York: Free Press.

Rogers, Everett M. and F. Floyd Shoemaker. 1971. *Communication of Innovations : a cross-cultural approach*. Second edition. New York: Free Press.

Rogers, Everett M., Linda Williams, and Rhonda B. West. 1977. *Bibliography of the Diffusion of Innovations*. Council of Planning Librarians Exchange Bibliography 1420, 1421, and 1422. Monticello: Council of Planning Librarians.

Rostow, Walt W. 1960. *The Stages of Economic Growth : a non-communist manifesto*. Cambridge: Cambridge University Press.

Rubin, Joan. 1971. Evaluation and language planning. In Joan Rubin and Bjorn H. Jernudd, (Eds.), *Can Language Be Planned? Sociolinguistic theory and practice for developing nations*. Honolulu: The University Press of Hawaii, pp. 217—252.

1977(a). Indonesian language planning and education. In Joan Rubin, Bjorn H. Jernudd, Jyotirindra Das Gupta, Joshua A. Fishman, and Charles A. Ferguson, (Eds.), *Language Planning Processes*. The Hague: Mouton, pp. 111—129.

1977(b). Language standardization in Indonesia. In Joan Rubin, Bjorn H. Jernudd, Jyotirindra Das Gupta, Joshua A. Fishman, and Charles A. Ferguson, (Eds.), *Language Planning Processes*. The Hague: Mouton, pp. 157—179.

1983. Evaluating status planning : what has the past decade accomplished? In Juan Cobarrubias and Joshua A. Fishman, (Eds.), *Progress in Language Planning : international perspectives*. Berlin: Mouton, pp. 329—343.

1985. Review of Carol M. Eastman, Language Planning : an introduction. *Language in Society*, 14 : 137—141.

Rubin, Joan and Bjorn H. Jernudd, (Eds.). 1971 (a). *Can Language Be Planned? sociolinguistic theory and practice for developing nations*. Honolulu: The University Press of Hawaii.

1971(b). Introduction: language planning as an element in modernization. In Joan Rubin and Bjorn H. Jernudd, (Eds.), *Can Language Be Planned? sociolinguistic theory and practice for developing nations*. Honolulu: The University Press of Hawaii, pp. xiii—xxiv.

1977. *References for Students of Language Planning*. Honolulu: East-West Culture Learning Institute.

Rubin, Joan, Bjorn H. Jernudd, Jyotirindra Das Gupta, Joshua A. Fishman, and Charles A. Ferguson, (Eds.). 1977. *Language Planning Processes*. The Hague: Mouton.

Rubin, Joan and Roger Shuy, (Eds.). 1973. *Language Planning : current issues and research*. Washington: Georgetown University Press.

Rytina, Nancy F. 1982(a). Earnings of men and women: a look at specific occupations. *Monthly Labor Review*, 105, (4): 25—31.

1982(b). Tenure as a factor in the male-female earnings gap. *Monthly Labor Review*, 105, (4): 32—34.

Sanborn, Henry. 1964. Pay differences between men and women. *Industrial and Labor Relations Review*, 17: 534—550.

Schmelz, Uziel O. and Roberto Bachi. 1974. Hebrew as everyday language of the Jews in Israel-statistical appraisal. In American Academy for Jewish Research, *Salo Wittmayer Baron Jubilee Volume: on the occasion of his eightieth birthday*. New York: Columbia University Press. English section. Vol. 2, pp. 745—785.

Scotton, Carol Myers. 1972. *Choosing a Lingua Franca in an African Capital*. Edmonton and Champaign: Linguistic Research, Inc.

Scribner, Sylvia and Michael Cole. 1981. *The Psychology of Literacy*. Cambridge: Cambridge University Press.

Segers, Jan and Jef van den Broeck. 1972. Bilingual education programs in the Belgian province of Limburg. *Sociolinguistics Newsletter*, 3, (2): 15—16.

Sharkansky, Ira. 1968. *Spending in the American States*. Chicago: Rand McNally.

Sjoberg, Andree F. 1964. Writing, speech, and society. In Horace Lunt, (Ed.), *Proceedings of the Ninth International Congress of Linguists*. The Hague: Mouton, pp. 892—897.

1966. Socio-cultural and linguistic factors in the development of writing systems for preliterate peoples. In William Bright, (Ed.), *Sociolinguistics: proceedings of the UCLA Sociolinguistics Conference, 1964*. The Hague: Mouton, pp. 260—276.

Sledd, James H. and Gwin J. Kolb. 1955. *Dr. Johnson's Dictionary: essays in the biography of a book*. Chicago: The University of Chicago Press.

Smalley, William A. and others. 1964. *Orthography Studies: articles on new writing systems*. London: United Bible Societies in cooperation with the North-Holland Publishing Co., Amsterdam.

Spenser, Edmund. 1949 [1596]. A vewe of the present state of Irelande, discoursed by way of a dialogue betweene Eudoxos and Irenius. In Rudolf Gottfried, (Ed.), *Spenser's Prose Works*. Volume 9 of Edwin Greenlaw, Charles Grosvenor Osgood, Frederick Morgan Padelford, and Ray Heffner, (Eds.), *The Works of Edmund Spenser: a variorum edition*. Baltimore: The John Hopkins Press, pp. 39—231.

Spolsky, Bernard. 1977. The establishment of language education policy in multilingual societies. In Bernard Spolsky and Robert L. Cooper, (Eds.), *Frontiers of Bilingual Education*. Rowley: Newbury House, pp. 1—21.

1978. American Indian bilingual education. In Bernard Spolsky and Robert L. Cooper, (Eds.), *Case Studies in Bilingual Education*. Rowley: Newbury House, pp. 332—361.

1987. Maori bilingual education and language revitalization. Ramat-Gan: Bar-Ilan

University. Unpublished paper.

Stewart, William. 1968. A sociolinguistic typology for describing national multilingualism. In Joshua A. Fishman, (Ed.) , *Readings in the Sociology of Language*. The Hague : Mouton, pp. 531—545. Revised version of An outline of linguistic typology for describing multilingualism. In Frank A. Rice, (Ed.) , *Study of the Role of Second Languages in Asia, Africa, and Latin America*. Washington : Center for Applied Linguistics of the Modern Language Association of America, 1962, pp. 15—25.

Strachey, Lytton. 1986. *Eminent Victorians*. Harmondsworth : Penguin Books. First published in 1918 by Chatto and Windus.

Tapie, Victor-L. 1974. *France in the Age of Louis XIII and Richelieu*. Translated and edited by D. McN. Lockie. London : Macmillan. First published in French as *La France de Louis XIII et de Richelieu*. Paris : Flammarion, 1967.

Tarde, Gabriel de. 1903. *The Laws of Imitation*. New York : Holt.

Tauli, Valter. 1968. *Introduction to a Theory of Language Planning*. Uppsala : Almqvist and Wiksell.

—— 1974. The theory of language planning. In Joshua A. Fishman, (Ed.) , *Advances in Language Planning*. The Hague : Mouton, pp. 49—67.

Thorburn, Thomas. 1971. Cost-benefit analysis in language planning. In Joan Rubin and Bjorn H. Jernudd, (Eds.) , *Can Language Be Planned? sociolinguistic theory and practice for developing nations*. Honolulu : The University Press of Hawaii, pp. 251—262.

Treasure, Geoffrey R. R. 1972. *Cardinal Richelieu and the Development of Absolutism*. New York : St. Martin's Press.

Trudgill, Peter. 1972. Sex, covert prestige and linguistic change in the urban British English of Norwich. *Language in Society*, 1 : 179—195.

Ullendorff, Edward. 1965. *The Ethiopians : an introduction to country and people*. Second edition. London : Oxford University Press.

UNESCO. 1953. *The Use of Vernacular Languages in Education : the report of the UNESCO meeting of specialists, 1951*. Paris : UNESCO.

U. S. Bureau of the Census. 1974. *Statistical Abstract of the United States : 1974*. Washington : U. S. Government Printing Office.

—— 1982. *Statistical Abstract of the United States : 1982—83*. Washington : U. S. Government Printing Office.

—— 1984. *Statistical Abstract of the United States : 1985*. Washington : U. S. Government Printing Office.

Venezky, Richard L. 1977. Principles for the design of practical writing systems. In Joshua A. Fishman, (Ed.) , *Advances in the Creation and Revision of Writing Systems*. The Hague : Mouton, pp. 37—54. First published in *Anthropological Linguistics*, 1970, 12, (7) : 256—270.

Warner, Kenneth E. 1974. The need for some innovative concepts of innovation: an examination of research on the diffusion of innovation. *Policy Sciences*, 5:433—451.

Weinreich, Uriel. 1963. *Languages in Contact: findings and problems*. With a preface by Andre Martinet. The Hague: Mouton. Originally printed as Number 1 in the series Publications of the Linguistic Circle of New York. New York, 1953.

Weinstein, Brian. 1980. Language planning in Francophone Africa. *Language Problems and Language Planning*, 4, (1):55—77.

———1982. Noah Webster and the diffusion of linguistic innovations for political purposes. *International Journal of the Sociology of Language*, 38:85—108.

———1983. *The Civic Tongue: political consequences of language choices*. New York: Longman.

Welty, Eudora. 1985. *One Writer's Beginnings: the William E. Massey Sr. lectures in the history of civilization* 1983. New York: Warner Books.

Weston, Louise. 1977. *The Study of Society*. Second edition. Guilford: The Dushkin Publishing Group.

Whiteley, Wilfred H., (Ed.). 1974. *Language in Kenya*. Nairobi: Oxford University Press.

Wildavsky, Aaron. 1964. *Politics of the Budgetary Process*. Boston: Little Brown. 1979. *Speaking Truth to Power: the art and craft of policy analysis*. Boston: Little Brown.

Wiley, W. L. 1967. The French Academy. *The Formal French*. Cambridge: Harvard University Press, pp. 84—107.

Wollstonecraft, Mary. 1792. *A Vindication of the Rights of Woman*. London: Joseph Johnson. Republished: Carol H. Poston, (Ed.). 1976. New York: Norton.

Worsley, Peter. 1987. Development. In Peter Worsley, (Ed.), *Sociology*. Third edition. Harmondsworth: Penguin Books, pp. 48—83.

Wyld, Henry Cecil. 1920. *A History of Modern Colloquial English*. Oxford: Basil Blackwell.

索引

(专名及关键词)

(说明:所有页码均为原著页码,即本书边码。)

Aasen, Ivar Andreas, 31, 149	伊瓦·安德鲁·奥森
Aavik, Johannes, 31	约翰尼·奥维克
Abir, Mordechai, 21, 187	阿比尔·莫迪凯
Abstand language, 139, 142-3	距离语言
Académie française, 1, 3-11, 29, 32, 33, 34, 46, 47, 81, 82, 89, 90, 133, 164, 167, 186	法兰西学术院
Academy of the Hebrew Language, see Hebrew Language Academy	希伯来语言学院
accommodation; *see* speech-accommodation theory, 57	调节;见言语调节理论
Ackoff, Russell L., 96, 187	拉塞尔·阿科夫
acquisition planning, 2, 33-4, 119, 120, 157-63, 171, 184, 185	习得规划
Addison, Joseph, 145	约瑟夫·爱迪生
aesthetic theories of language planning, 122	建筑理念(指语言规划中的)
Afendras, Evangelos A., 59, 187	埃万盖洛斯·阿芬德拉斯
Africa, 102, 111, 142, 144, 166; eastern, 99, 117; northern, 99; southern, 141-2; sub-Saharan, 69, 143; western, 105, 129-31	非洲;东方;北方;南方;撒哈拉以南;西方
Afrikaans, 78, 93, 140, 141-2	南非荷兰语
Aksumite Empire, 21-2, 117	阿克苏米特帝国
Albanian, 148	阿尔巴尼亚语
Alcuin, 136	阿尔昆
Alexander II, 13	亚历山大二世
Alford, Robert, 93, 94, 187	罗伯特·阿尔福德
Algeria, 101	阿尔及利亚
Algerian Arabs, 86	阿尔及利亚的阿拉伯人

205

Alisjahbana, S. Takdir, 150, 187	塔克地·艾利斯贾巴纳
Allen, J. P. B., 42, 187	艾伦
Alliance française, 157	法语联盟
alphabet, 126, 127, 128	字母
Altoma, Salih J., 149, 187	沙利·艾尔托马
American English, 146-8	美国英语
American Institute for Physics, 148	美国物理研究所
American Psychological Association, 19, 60, 74	美国心理学会
American Speech, 59	美国演讲
The American Spelling Book, 147	美语拼写法
Amhara, 22, 23, 24, 25, 27	阿姆哈拉人
Amharic, 21, 22, 23, 24, 25, 26, 48, 75, 90, 159	阿姆哈拉语
Amharicization, 23-4, 28	阿姆哈拉语化
Ammon, Mary Sue, 52-4, 56, 192	玛丽·苏·艾蒙
Ammon, Paul, 52-4, 56, 192	保罗·艾蒙
Amon Andom, 26	阿芒·安多姆
Amsterdam, 141	阿姆斯特丹
anda, 153	安达
Anderson, Ned, 129, 188	内德·安德森
Androcentric generics 17-21, 34, 74, 79, 145	男性中心词的普遍性
Anglican Church, 117	英国圣公会
Anglo (Ewe dialect), 143	盎格鲁(克瓦方言)
Anthony, Susan B., 17	苏珊·安东尼
anomie, 173	失范
Ansre, Gilbert, 143, 149	吉尔伯特·安思莱
anthropology, 169, 173	人类学
antiwar movement (Vietnamese-American war), 16	反战运动(越美战争)
Antwerp, 140	安特卫普
applied linguistics, 34, 42, 43-4	应用语言学
Applied Linguistics, 42	《应用语言学》
Applied Optics, 148	《实用光学》
Apte, Mahadev L., 104, 107	马哈德夫·艾普特
Arabic, 11, 12, 14, 23, 50, 78, 99, 100, 101	阿拉伯语
Arabs, 110; *see also* Palestinians, Algerian Arabs	阿拉伯人;参见 巴勒斯坦人,阿尔及利亚的阿拉伯人
Aramaic, 124	阿拉米语

architecture as metaphor for language planning, 122-3	以建筑来打比方的语言规划
Aristotle, 79	亚里士多德
Armenian, 126	亚美尼亚
Arnold, Thomas, 111, 113	托马斯·阿诺德
Asia, 111, 166; Asia Minor, 165; central, 144; southeast, 152	亚洲;小亚细亚中(亚);东南(亚)
Assyria, 112, 129	亚述
Auchincloss, Louis, 4, 5, 186, 187	路易斯·奥金克洛斯
Ausbau language, 139-44, 147	扩展语言
Austria, 140	奥地利
authenticity, 87, 112, 153, 155	本土性
authorities, 88, 89, 95	官方
authority, 85-7, 101, 102, 143, 147, 155, 166, 174, 185	官方 206
Aymara, 117	爱玛拉语
Babylonia, 112	古巴比伦
Bachi, Roberto, 11, 13, 162, 187, 201	罗伯托·巴什
Bahasa Indonesia, 99, 150, 152-3	印尼语
Baissa, Marilyn Hall, 186, 187	玛丽莲·霍尔·贝伊莎
Balé Province, 28	巴塞尔省
Bamoun syllabary, 129	巴芒音节文字
Bangladesh, 110	孟加拉国
Bantu languages, 63	班图语
Bassa alphabet, 129	巴萨字母
Basso, Keith H., 129, 188	凯斯·巴索
Bate, Walter Jackson, 31, 113, 146, 188	沃尔特·杰克森·贝特
Bauer, Raymond A., 88, 92, 97, 188	雷蒙德·鲍尔
Baugh, Albert C., 146, 188	艾伯特·鲍
Beebe, Leslie, 57, 188	莱斯利·毕比
Belgium, 94, 120, 140-1	比利时
beliefs, 175, 176, 177, 184	信仰
belles lettres, 12, 115	纯文学
Bender, M. Lionel, ix, x, 74, 186, 188	莱昂内尔·本德
Bengali, 110	孟加拉语
Bengalis, 86	孟加拉人
Ben-Yehuda, Eliezer, 13, 31, 108, 120, 123	艾利泽·本-耶胡达

Bereket Habte Selassie,186,188	塞拉西·贝雷克特·哈布特
Berg,Marinus E. van den,158,188	马里纳斯·范·登·伯格
Berger,Brigitte,168,173,174,176,182,188	布丽奇特·伯格尔
Berger,Peter,168,173,174,176,182,188	彼得·伯格尔
Berry,Jack,126,127,188	杰克·贝利
Bete syllabary,129	贝特音节文字
Bible,63,73,116,117,118	圣经
bilingual education,50,52-6,89,92,93,94, 109-10,159,160,168	双语教育
bilingualism,37,67,92,166	双语
Bill 22("*Official Languages Act*"),104,119	《22号法案》(官方语言法)
Bill 101("*Charter of the French Language*"), 119	《101号法案》(法语宪章)
Billigmeier,Jon-Christian,129,188	乔恩-克里斯汀·比利梅尔
black,125	黑人
Black Americans,16,179	非裔美国人
Blanc,Haim,12,188	海姆·布兰克
Block,H and R Company,77	美国布洛克税务公司
Bloomfield,Leonard,126,188	伦纳德·布卢姆菲尔德
Bloomfield,Morton W.,146,188	莫顿·布卢姆菲尔德
Bohemia,31	波希米亚
Boix,Emili,75,188	埃米利·博伊克斯
Bolinger,Dwight L.,126,188	德怀特·博林格
Bombay,107	孟买
borrowing(lexical),151-2	借贷(词)
Bosnians,129	波斯尼亚人
Boswell,James,146	詹姆斯·博思维尔
Boulenger,Jacques,8,9,186,189	雅克·布兰格
Bowen,J. Donald,ix,74,186,188	唐纳德·鲍文
Brabant,140	布拉邦特公国
Bradac,James J.,57,194	詹姆斯·布拉达奇
Brazil,139	巴西
bribery,85	贿赂
Brim,O. G. Jr.,91,189	小布里姆
British Broadcasting Authority in Wales,76	英国广播局威尔士分部
British Council,82,157	英国文化委员会
British West Indies,147	英国的西印度群岛
Broeck,J. van den,120,154,194,202	范·登·布洛克

Brosnahan, L. F., 50, 189	布洛斯纳翰
Brussels, 107	布鲁塞尔
Buddhism, 51	佛教
Buem people, 76	布姆人
Bulgarian, 139	保加利亚语
Burckhardt, Carl J., 4, 186, 189	卡尔·伯克哈特
bureaucracy, 175	官僚体系
Byron, Janet, 148, 189	珍妮特·拜伦
Byzantium, 11	拜占庭
Cable, Thomas, 146, 188	托马斯·凯布尔
Caesar, Julius, 113, 167	朱利叶斯·凯撒
California, 101-2, 103	加利福尼亚
Calvet, Louis-Jean, 105, 189	路易斯-让·卡尔韦特
Calvinism, 175	加尔文主义
Cameroon, 111, 129	喀麦隆
Canada, 48, 94, 181; census data, 65, 66, 104; St. Lambert experiment, 54-6	加拿大; 人口普查数据; 圣兰伯特实验
canalization, 77	导引
Cantonese, 52-4	广东话
Cape Colony, 142	凯普殖民地
capitalism, 175, 178, 179, 180	资本主义
Carden, Maren Lockwood, 17, 186, 189	马伦·洛克伍德·卡登
Carmichael, Stokely, 17	斯托克利·卡米克尔
Carter, Penny, x	潘妮·卡特
Castilian, see Spanish	卡斯提尔语, 见 西班牙语
Catalan, 75	加泰罗尼亚语
Catalonia, 5, 75	加泰罗尼亚
Caxton, William, 137-8	威廉·卡克斯顿
center and periphery, 143, 144	中心与周边
Chafe, William H., 16, 186, 189	威廉·谢夫
charisma, 174	超凡魅力
Charlemagne, 131, 136	查理曼大帝
Chase Manhattan Bank, 94	大通曼哈顿银行
chemistry, 154; chemists, 61	化学; 化学家
Chen, Matthew Y., 20, 189	马修·陈
Chesterfield, Philip Dormer Stanhope, 4th earl of, 146	吉士菲尔伯爵

China, 110-1, 132, 158	中国
Chisholm, Lawrence James, 131, 132, 133, 134, 189	劳伦斯·詹姆斯·奇泽姆
Chomsky, Carol, 126, 189	卡罗尔·乔姆斯基
Chomsky, Noam, 126, 189	诺姆·乔姆斯基
Christian catechisms, 145	基督教的教义问答
Christian missionaries, 23-4, 36, 116-8, 126, 129, 160, 168	基督教传教士们
Christians, in Ethiopia, 22, 23	埃塞俄比亚的基督教徒
Christianity, 11, 21, 51, 111, 116, 126	基督教
Church, William F., 186, 189	威廉·丘奇
Cicero, 113	西塞罗
Cipolla, Carlo M., 171, 189	卡洛·齐波拉
civil-rights movement, 16, 168, 179	民权运动
class, 155, 169, 178, 179, 180, 181	阶层/阶级
Cobarrubias, Juan, 29, 32, 189	胡安·考巴鲁比亚斯
Code Michaud, 133	《米肖法案》
codification of language, see language codification	语言的编典, 见 语言的编典成籍
coercion, 77, 85, 178	强制力
Cole, Michael, 130, 202	迈克尔·考尔
colonial languages, 102, 106, 111, 112, 166, 181-2	殖民地语言
colonialism, 143-4, 166, 169, 180, 181	殖民主义
communication channel, 69-70	传播渠道
communication networks, 38-9, 70	沟通网络
communicative innovations, 58-72	交流创新
communism, 169, 181	共产主义
competition, see conflict, conflict theory	竞争, 见 冲突, 冲突论
Comte, Auguste, 80, 169, 173	奥古斯特·孔德
conflict, conflict theory, 173, 176, 178-80	冲突, 冲突论
Confucianism, 51, 111	儒教/儒学
Conrad, Andrew W., ix, 193	安德鲁·康拉德
Conrart, Valentin, 9-10	瓦伦丁·孔拉特
Constantinople, 164	君士坦丁堡
constituencies, 95	选举制度
consumer protection, 60, 74	消费者的保护
Cooper, Robert L., ix, x, 19-20, 39, 50, 59,	罗伯特·库珀

索　引

60,67,71,74,186,188,189,190,191,193	
corpus planning, 2, 31-2, 33, 122-56, 160, 161,171,183,184	本体规划
correctness,153,167	正确性
Coser,Lewis,173,190	路易斯·科泽
Council of Scientific and Technological Terminology,150	科技术语理事会
counterelites,69,81,82,83,85,86,87,103, 105,106,119,120,139,144,149,154, 155,178,179,183,184,185	新兴精英
Crete,164	克里特
criminality,173	犯罪行为
Criper,Clive,186,197	克莱夫·克里普
Croatian,144	克罗地亚语
Culley,W.T.,138,190	卡利
cultivation of language, see language cultivation	语言培育，见语言培育
cultural diffusion as source of social change, 164,166,169	作为社会变迁引擎的文化传播
cultural factors in decision-making,92,93,94	决策中的文化因素
Cumann na Sagart,76	牧师公会
Cyrillic script,128,129,154,157	西里尔文
Czech,139	捷克
Czechs,86	捷克人
Daggy,Patty,186	帕蒂·戴奇
Dahrendorf,Ralf,178-9,190	拉尔夫·达伦多夫
Dalby,David,129,130,190	大卫·多尔比
Danish,139	丹麦语
Daoud,Mohamed,101,190	穆罕默德·达乌德
Daoust-Blais,Denise,119,190	丹尼诗·达乌-布莱斯
Darwin,Charles,169	查尔斯·达尔文
Das Gupta,Jyotirindra,ix,29,30,40,76,80, 190,196,201	乔迪楞德拉·达斯-顾普塔
Davis,Alva L.,59,190	阿尔瓦·戴维斯
decision analysis,87,88	决策分析
decision-making,2,48,80,91-3,95,96,97, 98,164,167	决策

decision rules, 92-3	决策规则
decision theory, *see* decision analysis, 87, 88	决策理论,见 决策分析
De litteris colandis, 136	《查理曼大帝书》
dependency theory, 180-2	依存论
Derg, 21, 24, 25, 26, 27, 48, 81, 89, 90, 91	临时军事管理委员会
Descartes, René, 7	勒内·笛卡尔
Deutsch, Karl W., 143, 190	卡尔·多伊奇
Dewulf, Hilde, 186	希尔德·德沃芙
Dictionary of the English Language, 134-4, 146-7	《英语词典》
dictionaries, 29, 145, 146, 147; of the Académie française, 10, 11; Aasen's, 149; Johnson's, 133-4, 146-7; Karadzic's, 149; Webster's, 147-8	词典;法兰西学术院的;奥森的;约翰逊的;卡拉季奇的;韦伯斯特的
differentiation: of institutions, *see* specialization of institutions; of language, *see* language elaboration	机构的分化,见 机构的分工;语言的分化,见 语言的精细化
diffusion of innovation, 1, 39, 58-72, 167, 177	创新扩散/传播
Diffusion Documents Center, 59	传播文献中心
diglossia, 137	双语
discourse, forms of, 149, 150	话语形式
discovery as source of social change, 164, 165-6	作为社会变迁引擎的发现
division of labor, *see* specialization of labor	劳动分工,见 分工:劳动
Dobrovský, Josef, 31	约瑟夫·多布罗夫斯基
domain (of language), 67-8, 153	语言领域
Dorian, Nancy C., 158, 161, 162, 190	南希·道廉
Dublin, 108, 158	都柏林
Durkacz, Victor Edward, 112, 117, 118, 190	维克多·爱德华·达卡茨
Durkheim, Émile, 167, 173, 175, 176	埃米尔·涂尔干
Dutch, 99, 107, 140-1, 154	荷兰语
Dutch Reformed Church, 142	荷兰归正会
Dye, Thomas R., 88, 91, 191	托马斯·戴
Dyste, Connie Diane, 103, 191	康妮·黛安娜·达斯特
East Africa, 33	东非
Easton, David, 80, 87, 191	大卫·伊斯顿
economic development, 169-72, 180-1, 184	经济发展

economic incentives in language spread, second-language acquisition,108,110,111, 113,114,115,118-9	语言传播的经济诱因,第二语言习得
economic interests,110,112,168,178-9	经济利益
economic system,93,94	经济体系
economics,87	经济学
economy,106,118;economic apparatus,	经济;经济机构
economy (cont.) 115;economic participation, 112;economic rivalry,110,112	经济;经济参与;经济竞争　　　208
Edelman,Martin,67,191	马丁·艾德曼
educational development,171-2	教育发展
education,higher,152	高等教育
Edward,Silas John,129	赛拉斯·约翰·爱德华
Edwards,George C. III,92,93,191	乔治·爱德华兹三世
Edwards,Ward,87,191	沃德·爱德华兹
efficiency,maximization of,149,150,153	效率的最大化
Egyptians,ancient,129,131-2	古埃及人
Eire, see Ireland	爱尔兰
elaboration of language, see language elaboration	语言的精致化
elites,34,35,80-3,88,89,90,102,106,112, 113,116,117,119,120,135,136-7,138, 139,141,143,144,149,154,155,170, 176,178-9,181,183,184,185	精英
Elliott,J. H. ,5,186,191	艾略特
Ellsworth,John W. ,85,88,90-1,94,95,191	约翰·埃尔斯沃斯
Eneydos,137	《伊尼衣德》
England,94,99,111,112,113,131,140,145, 146	英格兰
Engle,Patricia,109,127,191	帕特丽夏·恩格尔
English,11,25,37,50-2,54-6,67,71-2,78, 79,84-5,100,101,102,103,104,105,106, 107,108,109,110,111-2,113,114,117, 118,125,138,139,145,146,147,152, 155,157,159,160,161,162,166,167, 177,181	英语
English system of measures,131,133	英制度量衡系统
environmental factors in decision-making,94-5	决策中的环境因素

equilibrium, 175, 178	平衡
Eritrea, 22, 23, 25, 26, 28	厄立特里亚
Erlich, Haggai, 186, 191	哈该·埃利希
Esperanto, 36	世界语
Essay on Man, 17-8	《人论》
Estonia, 31	爱沙尼亚
Ethiopia, 110, 117, 159, 160, 165, 168, 186; mass literacy campaign, 1, 21-8, 29, 32-3, 34, 47, 48, 58, 74, 81, 82, 90, 91, 93, 109, 165; soclal change, 1, 167	埃塞俄比亚；大众识字运动；社会变迁
Ethiopian Orthodox Church, 21, 22	埃塞俄比亚东正教会
Ethio-Semitic languages, 21-2. *see* Amahric, Giiz, Tigre, Tigrinya	埃塞俄-闪米特语言，见 阿姆哈拉语，吉兹语，提格雷语，蒂格里亚语
ethnicity, 155, 178, 179	种族
Etzioni-Halevy, Eva, 181, 191	伊娃·伊滋尼-哈莱维
Europe, 140, 143, 168, 171, 172; continental, 94; eastern, 11, 12; medieval, 131; western, 99, 116, 169	欧洲；欧洲大陆；东部；中世纪的；西部
European languages, 143, 152, 155, 172	欧洲语言
European settlers, 141, 142, 143	欧洲殖民者
evaluation of language planning, 66-7, 96, 153, 162-3, 185	对语言规划的评鉴
evaluation of language varieties, 119-20, 121	对语言变项的评鉴
evangelization, 115-18, 123, 126, 143	宗教事务/传道
evolution, 169	进化性
evolutionary theories of social change, 169-72, 180	社会变迁中的进化论
Ewe, 143	克瓦语
Fainberg, Yaffa Allony, 61, 64, 96, 124, 153, 191	亚法·艾罗尼·芬伯格
Faroese, 139	法罗语
fashion, 152	时尚
Fellman, Jack, 12, 31, 123, 149, 150, 151, 191	杰克·费尔曼
The Feminine Mystique, 15, 18-19, 167	《女性的神秘》
feminist movement, 14-21, 61-2, 77, 165, 168, 179	女权主义运动
feminist campaign for nonsexist language	为了非性别歧视语言用法而发起的女权主

usage,1,14-21,29,32,34,38,47,60,73, 74,76,77,79,81,82,83,89,154,164,186	义运动
Fennell,D.,161,191-2	芬奈尔
Ferguson, Charles A., ix-x,29,32-3,41,43, 74,106,109,116,123,125,126,132,134, 137,148,149,186,188,192,201	查尔斯·弗格森
feudalism,178,179	封建社会/封建主义
Fillmore,Lily Wong,52-4,56,109,192	莉莉·旺·费尔莫
films,152	电影
Fischer,John L.,59,192	约翰·费舍尔
Fisherman,Haya,100,192	哈雅·费雪曼
Fishman,Joshua A.,ix,29,30,32,42,43,50- 1,59,67,69,109,115,126,143,144,150, 151,152,154-55,189,191,192-3,201	约书亚·费什曼
Fitzgerald,C.P.,111,193	菲茨杰拉德
Flanders,141	佛兰德斯(荷兰地名)
Flemish,140,141,142	佛兰德语
Ford Foundation,38	福特基金会
force,77,85	强迫
"form ever follows function",122-5	形式是永远遵从功能的
formal elites,88-9	当权精英阶层
Foster,Philip J.,69,193	菲利普·福斯特
Foster-Carter,Aidan,170,171,172,180,181, 193	艾丹·福斯特-卡特
the four P's,72	四个P
France,3-11,34,101,105,111,132,140,167	法国
Frank,Andre Gunder,180,193	安德烈·冈德·弗兰克
Franklin,Benjamin,145	本杰明·富兰克林
French,3-11,33,54-6,75,77-8,99,101,104, 107,109,110,111,113,118,138,139, 140,141,155,157,159,160	法语
French Revolution,34,132,147,168	法国大革命
Frey,Frederick Ward,82,83,84,193	弗雷德里克·沃德·弗雷
Friedan,Betty,15,18-19,167,186,193	贝蒂·弗里丹
Frohock,Fred M.,90,194	弗雷德·弗罗霍克
Fuchs,Victor R.,20,194	维克多·福克斯
functionalism,theories of social change,172-8, 179	功能论;功能主义(作为一种社会变迁理论)

209 | functions of language, communication, 154, 171 | 语言的功能,交际
| Furnivall, F. J., 138, 190 | 弗尼瓦尔
| Fussell, Paul, 146, 194 | 保罗·福塞尔

| Gaelic(Scots Gaelic), 112, 117, 118, 139 | 盖尔语(苏格兰盖尔语)
| Gaeltacht, 158, 159, 161 | 盖尔塔科特(爱尔兰地名)
| Galla, see Oromo | 【原书正文无"Galla"一词——译者注】
| Gallagher, Charles F., 10, 154, 194 | 查尔斯·加拉格尔
| gay, 125 | 同志(即同性恋者)
| Gens, G., 154, 194 | 金斯
| Gemeinschaft, 173-4 | 礼俗社会
| gender, 17 | 性别
| genres, 149, 150, 153 | 语体
| George V, 124 | 乔治五世
| Georgian, 78 | 格鲁吉亚语
| German, 86, 109, 139, 140, 157, 168, 176 | 德语
| Germani, Gino, 149, 194 | 基诺·杰尔马尼
| Germany, 140 | 德国
| Gesellschaft, 174 | 体制社会
| Ghana, 76 | 加纳
| Gibbon, Edward, 172 | 爱德华·吉本
| Giiz, 21, 24, 117, 160; syllabary, 24 | 吉兹语;音节文字
| Giles, Howard, 57, 188, 194 | 霍华德·贾尔斯
| Gilkes, Patrick, 186, 194 | 帕特里克·吉尔克
| Glass, D. C., 91, 189 | 格拉斯
| Glick, Ruth, 186, 197 | 露丝·格利克
| Goethe Institute, 157 | 歌德学院
| Goodman, N., 91, 189 | 古德曼
| Gorman, Thomas P., 29, 30, 32, 194 | 托马斯·戈尔曼
| government administration, 152 | 政府机构
| grammar, 29, 30, 144; written, 145, 149 | 语法;书面的
| grammarians, 18th century English, 143-6 | 18世纪英语语法
| graphization, 36, 43, 117, 125-31, 154, 168 | 文字化
| Great Britain, 81, 100, 142, 147, 148, 168, 170, 173 | 大不列颠
| Greece, 31, 111, 164 | 希腊
| Greek, 8, 10, 50, 113, 115, 116, 166, 172; | 希腊语;字母

索　引

alphabet,126
Grossman,Allyson Sherman,186,194　　　　　阿利森·谢尔曼·格罗斯曼
Gudschinsky,Sarah C.,126,194　　　　　　　莎拉·古德钦斯基
Gujarat,107　　　　　　　　　　　　　　　　古吉特拉
Gujarati,107　　　　　　　　　　　　　　　　古吉特拉语
Gumperz John J.,59,68,132,192,194　　　　约翰·甘伯兹

H and R Block Company,77　　　　　　　　　美国布洛克税务公司
Habsburgs,3,140　　　　　　　　　　　　　哈布斯堡
Haile Sillase,1,21,22,23,24,25,26,28,89,　海尔·塞拉西
　　165
Hall,Robert,A. Jr.,29,194　　　　　　　　　罗伯特·小霍尔
Hamilton,Herbert,65,70,177,196　　　　　 赫伯特·汉密尔顿
Hammurabi,129　　　　　　　　　　　　　　汉穆拉比(王)
Harbeson,James W.,186,194　　　　　　　 詹姆斯·哈比森
Harding,Edith,37,195　　　　　　　　　　 伊迪丝·哈定
Haugen,Einar,ix,29,30,31-2,34,133,148,　 埃纳尔·豪根
　　149,150,153-4,195
Heath,Shirley Brice,105,117,195　　　　　雪莉·布赖斯·希思
Hebrew,36,37,61,62,64,75,77,84,99,　　　希伯来语
　　100,101,102,114,116,118,128,149,
　　150,151,153,157,159,161,162-3,164,
　　167,177-8;script,128
Hebrew, promotion of,1,11-14,29,33,34,　希伯来语的推广
　　36,72,81,82,86-7,89,99,107-8,109,
　　123,164,167,176,186
Hebrew Language Academy,61,62,150,151,　希伯来语学院
　　153
Hebrew Language Council,123-4　　　　　　希伯来语理事会
Hebrew Teachers Union,123　　　　　　　　希伯来语教师工会
The Hebrew University of Jerusalem,84　　耶路撒冷希伯来大学
Henri IV,6,9　　　　　　　　　　　　　　 亨利四世
Henze,Paul B.,144,154,195　　　　　　　　保罗·亨瑟
Heraclitus,172　　　　　　　　　　　　　　赫拉克利特
heritage,ethnic,national,113,125　　　　　传承,种族的,民族的
Heyd,Uriel,154,195　　　　　　　　　　　 乌利尔·海德
high-culture functions of language,see literary　语言的高雅文化特质,见文学功能
　　functions

Hilfsverein der Deutschen Juden, 86, 109, 168, 176	德国犹太人救济协会
Hill, Clifford P., 186, 200	克利福德·希尔
Hindi, 76, 104, 105, 106, 114, 150	印地语
Hinduism, 152	印度教
Hispanics: in bilingual education programs, 50, 52-4; in USA, 49-50, 56	西班牙语，双语教育项目；在美国
history, "great man theory", 167, 168	"伟人"历史观
Hitler, Adolph, 167	阿道夫·希特勒
Hobbes, Thomas, 178	托马斯·霍布斯
Hofman, John E., 61, 195	约翰·霍夫曼
Holocaust, 115	纳粹大屠杀
homographs, 128	同形词
homosexual, 125,	同性恋
homosexuals, 125, 179	同性恋
Hooker, Richard, 133	理查德·霍克
Hudson, Kenneth, 87, 91, 195	肯尼思·哈德逊
Humpty Dumpty, 133	汉普蒂·邓普蒂
Huntington, Ellsworth, 164	埃尔斯沃斯·亨廷顿
Ibn Khaldun, 172	伊本·赫勒敦
Icelandic, 139	冰岛语
ideas as source of social change, 164, 166-7	作为社会变迁引擎的思想
identity, 133, 142	身份/认同
ideology, 6, 115, 119, 120, 136, 137, 138, 154, 164, 166-79 179, 185	意识形态
"ideology of standardization", 135-6	"规范化的意识形态"
Illinois, 103	伊利诺伊州（美国州名）
imperialism, *see* colonialism	帝国主义，见 殖民主义
incentives to learn, 159-60	学习的诱因
India, 76, 104, 105, 106, 110, 111, 114, 117	印度
Indiana, 103	印第安纳州（美国州名）
Indonesia, 63, 99, 152-3	印尼
industrialization, 143, 171, 173	工业化进程
Industrial Revolution, 168, 171	工业革命
Industry, 152, 170	工业
influentials, 80, 88-9	富有影响力的人
information, 95	资讯

initial literacy, 127; in Ethiopia, 21-49, 32, 33, 81, 90, 109, 186; in Wales, Scotland, 117-18	识字初期;在埃塞俄比亚;在威尔士,苏格兰 210
innovation, diffusion of, 1, 39, 58-72, 167, 177	创新扩散
inorganic chemistry terminology (Hebrew), 151	无机化学术语(希伯来语)
integration, horizontal, 105, 106	横向整合
integration, vertical, 105, 106	纵向整合
intellectuals, 115	知识分子
interests, 168, 178-9, 183	利益
International African Institute, 126, 195	国际非洲学会
International Bureau of Weights and Measures, 132	国际度量衡局
internationalism, 152	国际主义
internationalism (kind of term), 155	国际主义(术语)
invention as a source of social change, 164, 165-6	作为社会变迁引擎的发明
Ireland, 100-1, 103, 107-8, 109, 111, 117, 158, 160, 161, 162, 165, 167	爱尔兰
Irish, 76, 78, 100, 101, 103, 107-8, 109, 110, 111, 112, 123, 124-5, 139, 158, 159, 160, 161, 165, 167	爱尔兰语
Irish Free State, see Ireland	爱尔兰自由邦;见爱尔兰
Irish people, 86, 107-8	爱尔兰人
Irvine, Judith T., 59, 195	朱迪思·欧文
Islam, 51, 99, 101, 110, 116, 177	伊斯兰教
Israel, 14, 36-7, 62-3, 71-2, 75, 77, 78, 84, 100, 101, 103, 106, 114, 115, 118, 128, 157, 159-60, 168, 176	以色列
Italy, 110, 111	意大利
International Telephone and Telegraph Corporation (ITT), 94	国际电话电报公司
Ivory Coast, 129	象牙海岸
Jablonskis, Jonas, 31	乔纳斯·贾布隆斯基
Jaffa, 114	雅法(以色列城市)
Japanese, 158	日语
Javanese, 63	爪哇语

Jernudd, Björn, ix, 29, 30, 40, 148, 151, 195-6, 201	比约恩·耶努德
Jesuits, 7	耶稣会士
Jews, 11-24, 72, 86, 100, 104-5, 107-8, 109, 114, 123, 124, 128, 164, 168, 176, 179;	犹太人
Jewish diaspora, 11, 13, 37	海外定居的犹太人
Johnson, Patricia, 57, 194	帕特丽夏·约翰逊
Johnson, Samuel, 11, 31, 94, 113, 133, 134, 136, 146-7, 148, 172	塞缪尔·约翰逊
Judaism, 11, 14, 36-7, 116	犹太教
Judezmo, 11, 14, 128	犹太兹摩语
Kachru, Brai B., 182, 196	布莱伊·卡奇鲁
Kampala, 114	坎帕拉
Kapuscinski, Ryszard, 1, 196	理夏德·卡普希钦斯基
Karadzic, Vuk Stefanovic, 149	武克·斯蒂芬诺维奇·卡拉季奇
Karam, Francis X., 30, 35, 196	弗朗西斯·卡拉姆
Kashoki, Mubanga E., 186, 199	穆班卡·卡肖克
Katz, Elihu, 65, 70, 177, 196	伊莱休·卡茨
Kentucky, 103	肯塔基州（美国州名）
Kenya, 186	肯尼亚
Kerala, 104	喀拉拉
kilogram and *kilogramme*, 148	千克，公斤
Kimmel, Elizabeth, 186	伊丽莎白·基梅尔
Kirk, Margaret, 186	玛格利特·柯克
Kiswahili, 33, 63, 99, 102, 103, 105-6, 117, 149	斯瓦希里语
Kloss, Heinz, ix, 31, 32, 115, 139, 196	海因茨·克洛斯
knowledge, 149, 150	知识
Koeper, H. F., 122, 196	科佩尔
kohunga reo, 158, 160	语言巢（毛利语）
Kolb, Gwin J., 31, 146, 202	格温·考尔布
Komi, 116, 123, 125	科密语
Komi people, 116, 123, 126	科密人
Korais, Admantios, 31	阿迪曼提奥斯·科拉伊斯
Korean, 157	韩语
Kotei, S. I. A., 130, 196	科泰
Kotler, Philip, 73-4, 196	菲利普·科特勒

Kpelle syllabary, 129	克佩列语音节表
Krapp, George Philip, 148, 196	乔治·菲利普·柯拉普
Kroch, Anthony, 59, 135, 196	安东尼·格罗
Kwock-Ping Tse, John, 158, 197	谢国平
Labov, William, 597 66, 135, 1797 197	威廉·拉波夫
Ladefoged, Peter, 186, 197	彼得·拉迪福吉德
Laemmle, Susan, x	苏珊·拉默尔
laissez faire, 94	放任主义
Lambert, Wallace E., 54-6, 109, 197	华莱士·兰伯特
language acquisition, 33-4, 59, 60, 63-4, 72, 157-63	语言习得
language allocation, 32-3, 43	语言配置
language and language Behavior Abstracts, 42	《语言和语言行为摘要》
language as symbol of common destiny, 86	作为共同命运象征的语言
language attitudes, 44, 54, 55, 61, 62, 63, 74, 134-5, 137	语言态度
Language borrowing, 152, 153, 155	语言借用
language change, 58, 59, 99, 116, 133-4, 140, 148, 166, 172	语言变迁
language codification, 30, 32, 64, 125, 134, 144-9	语言的编典成籍
language correction, 40-1	语言校正
language cultivation, 30, 31, 153-4	语言培育
language, developed, 153	语言的"发达"部分
language laboration, 30, 32, 125, 149-54, 177, 184; *see also* language modernization	语言实验室, 见 语言现代化
language maintenance and shift, 37, 67, 119, 120, 161-2	语言维持与迁移
language modernization, 149-54, 157, 168, 177	语言现代化
language normativism, 93; in Hebrew, 62-3, 64, 75, 77, 161	语言的规范主义;在希伯来语中
language of the home, 13, 37	家庭用语
language of wider communication, 104-6	大社区语言
language planning: accounting scheme, 96-8; as decision-making, 48, 96-8; as language correction, 40-2; as management of innovation, 58-72; as marketing, 72-9; as problem-	语言规划;解释体系;作为决策;作为语言 211 校正;作为创新管理;作为营销;作为解决问题;作为权力的获取与稳固;定义;以特定团体为对象;作为目标;初级和中

solving, 29, 30, 31, 34-5, 40, 41, 43-4; as pursuit and maintenance of power, 79-87, 119; definitions, 29-31, 45; directed at corporate bodies, 60; goals of, 34-5, 68-9, 182; primary v. intermediate targets, 60-1; relation to other spheres of inquiry, 42-5; study of, 41-2; tasks of language planning scholars, 46; terminology, 29; theory of, 182, 185 级目标；与其他研究领域的关系；研究；语言规划学者的任务；术语；理论

Language Planning Newsletter, 29 《语言规划通讯》

Language Problems and Language Planning, 29 《语言问题与语言规划》

language purification, 154, 166, 168; of French, 7-8, 9 语言纯净化；法语

language renativization, 11-14, 90, 107-8 语言的再本族化

language reform, 30, 31; Dutch spelling reform, 154; English spelling reform, 145, 146-8; Irish spelling reform, 124-5; reform of writing system, 154 语言改革；荷兰语拼写法改革；英语拼写法改革；爱尔兰语拼写法改革；书写系统改革

language renovation, 125, 154 语言革新(化)

language spread, 33, 39, 106, 115, 116; of Arabic, Greek, and Latin, 50; of English, 50-2, 71-2; of Kiswahili, 63; of Malay, 63 语言传播；阿拉伯语，希腊语，拉丁语；英语；斯瓦希里语；马来语

language standardization, 30, 31, 33, 34, 36, 64, 69, 73, 75, 90, 93, 125, 131-49, 150, 154, 166, 167, 168, 184; of English spelling, 124; of Irish spelling, 124-5 "language strategists", 148 语言标准化；英语拼写法；爱尔兰语拼写法；语言战略家

language structure (form, code), 30, 31, 59, 60, 72 语言结构(形式，语码)

Language Survey of Ethiopia, 74, 186 埃塞俄比亚语言调查

language teaching, 31, 34, 38, 43, 159-61 语言教学

language treatment, 40-1 语言处理

language uniformation, 152 语言一体化

language use (function), 30, 31, 32-3, 38, 43, 44, 45, 59, 72, 99-121 语言使用(功能)

language variability, 134, 137 语言变体

Language War (Palestine), 86-7, 109 语言战争(巴勒斯坦)

Lapiere, Richard T., 165, 172, 197 理查德·拉皮尔

索　引　　　　　　　　　　　　　　　　251

Laprade, Richard, 105, 117, 195	理查德·拉普拉德
Lasswell, Harold D., 79, 82, 86, 87, 197	哈罗德·拉斯韦尔
Latham, Earl, 80, 197	厄尔·莱瑟姆
Latin, 7, 8, 10, 33, 35, 50, 99, 113, 115, 116, 131, 136, 166, 172; alphabet, 128, 129, 130, 154	拉丁语字母
Latin America, 132, 170	拉丁美洲
Lavin, D. E., 91, 189	拉文
law, 175	法律
Lazarsfeld, Paul F., 76-7, 197	保罗·拉扎斯菲尔德
League of Nations, 100	国际联盟
Lee, Bill, 186, 197	比尔·李
legitimacy, 85-6, 87, 89, 101, 102, 103, 124, 125, 142, 143, 154, 165, 174	合法性
Legum, Colin, 186, 197	科林·利格姆
Leichter, Howard, 89, 93-4, 95-6, 197	霍华德·莱希特
Lelemi, 76	乐乐米语
Leonard, Sterling Andrus, 145, 146, 197	斯特林·安德勒斯·伦纳德
leverage, points of, 97	"杠杆"支点
Lévi-Strauss, Claude, 26, 197	克劳德·拉维-斯特劳斯
Levin, Martin L., 65, 70, 177, 196	马丁·莱文
Levy, Sidney J., 73-4, 196	西德尼·利维
Lewis, E. Glyn, 76, 152-3, 197	格林·莱维斯
lexicon (terms, terminology), 30, 36, 60, 73, 75, 93, 144, 145, 150-55; Hebrew, 14, 33, 61, 62, 64, 123, 124, 150, 151, 157	词典(术语,术语学);希伯来语
Liberal Party (Quebec), 118	自由党(魁北克)
Liberia, 129, 130	利比里亚
librarianship terminology (Hebrew), 150, 151	图书馆学术语(希伯来语)
Lieberson, Stanley, 65, 66, 71, 197	斯坦利·利伯森
Liebnitz, Gottfried Wilhelm, 172	戈特弗里德·威尔海姆·莱布尼茨
Lindblom, Charles, 91, 198	查尔斯·林德布卢姆
lingua franca: 65, 104-6, 117; English, 106; Hebrew, 14, 34, 72, 104, 108; Hindi, 106; Kiswahili, 63, 105-6; Malay, 63; pan-Turkic, 144	通用语;英语;希伯来语;印地语;斯瓦希里语;马来语;泛突厥语
linguistic repertoire, 119	语言库藏
literacy, 26, 69, 90; Ethiopian campaign, 21-	识字;埃塞尔比亚运动;俄语作为第二语

49,186;in Russian as second language, 159;spread of,143,166,171　　言;传播
literature,152,157,159　　文献/文学
Lithuania,31　　立陶宛
loan translation,151,152　　借贷翻译
loan words,152,154,155,166,177　　借贷翻译
Loma syllabary,129,130　　洛马音节文字
Loma people,130　　洛马人
London,138　　伦敦
Louckx,Freddy,141,198　　弗雷迪·洛克斯
Lough,John,8,186,198　　约翰·洛
Louis XIII,3-7,9,10,89　　路易十三
Lowenberg,Peter H.,x,150,152,198　　彼得·罗文伯格

Ma,Roxana,ix,193　　罗克珊娜·马
Macauley,Thomas,111-12　　托马斯·麦考莱
MacCarthy,P. A. D.,126,198　　麦卡锡
Macedonian,139　　马其顿语
Mackey,William F.,48,49,198　　威廉·麦基
Macnamara,John,76,109,167,198　　约翰·麦克纳马拉
Maghrib,101　　马格里布
Maharashtra,107　　马哈拉施特拉
Maland,David,10,186,198　　大卫·玛琅
Malay,63　　马来语
Malayalam,104　　马来亚拉姆语
Malherbe,François de,7-8　　弗朗索瓦·马莱布
Malinowski,Bronislaw,173　　布罗尼斯拉夫·马林诺夫斯基
Manchus,110-1　　满族人
Mandarin,158,159　　官话(汉语)
Mandingo,105　　曼丁果语
Mandingo Muslims,130　　曼丁哥穆斯林
Mandrou,Robert,186,198　　罗伯特·曼德洛
Maori,158-9,161　　毛利语
Marathi,107　　马拉提语
Markee,Numa Piers Philip,x,31,38,160,198　　纽马·皮尔斯·菲利普·马基
marketing,2,62,72-9,158　　营销
Marx,Karl,166,169,173,175,178　　卡尔·马克思
Marxism,167,175　　马克思主义

索　引

masses, 80, 83, 86, 87, 113, 115, 119, 120, 147, 155, 156, 184　　　大众/群众

mass communication, 32; mass media, 76-7, 118, 152, 153, 157, 158, 159, 160, 161; mass media propaganda campaigns, 76-7　　　大众传媒；大众媒体；大众媒体宣传运动

mass mobilization, 35, 69, 86, 102, 103, 105, 112, 143, 154, 155　　　大众动员

mass production, 132　　　批量生产

Mazrui, Ali A., 79, 99, 105-6, 117, 198　　　阿里·马兹鲁伊

McAdam, E. L. Jr., 133, 146, 198　　　小麦克亚当

McCarthy, E. Jerome, 72, 198　　　杰罗姆·麦卡锡

McDavid, Raven I., 59, 190　　　拉文·麦克戴维

McGuire, William J., 62, 198　　　威廉·麦圭尔

McLaughlin, Barry, 52-4, 56, 192　　　巴里·麦克劳林

McKnight, George H., 146, 199　　　乔治·麦克奈特

measurement, standardization of, 131-3　　　测量，标准化（规范化）

medium for initial literacy, 19, 126-7; in Ethiopia, 21-8, 32, 33, 81, 90, 109, 186　　　识字初始（阶段）的媒介语；在埃塞俄比亚；

medium of instruction, 32, 52, 92, 105, 108-12, 113, 120, 143, 161, 177, 181; Afrikaans, 142; English, 51-2; French, 54-6; Hebrew, 13, 34, 19, 123, 176; Komi, 116, 123; Japanese, 158　　　教学媒介语；南非荷兰语；英语；法语；希伯来语；科密语；日语

Mellor, Earl F., 20, 186, 199　　　厄尔·梅勒

Mende syllabary, 129　　　门德音节文字

Mengistu Haile Mariam, 27　　　门格斯图·海尔·马里亚姆

Merton, Robert K., 76, 197　　　罗伯特·莫顿

Mesopotamians, 129　　　美索不达米亚人

Mesrop, Saint, 126　　　圣梅斯罗普

meter and *metre*, 148, 150　　　米（美式拼写与英式拼写）

Methodism, 117　　　卫理会教义

metric system, 131, 132, 133, 134　　　公制单位

Mevakshei Derech, 36-7　　　探路者

Middle East, 99, 110　　　中东

might-could, 136　　　天知道

Miller, George A., 29, 199　　　乔治·米勒

Mills, C. Wright, 179, 199　　　莱特·米尔斯

Milne, George, 133, 146, 198　　　乔治·米尔恩

Milroy, James, 135, 199	詹姆斯·米耳罗伊
Milroy, Lesley, 135, 199	莱斯利·米耳罗伊
Minilik II, 22	米尼利克二世
Minoan civilization, 164	米诺斯文明
Misra, Bal Govind, 150, 199	巴尔·戈文德·米斯拉
Mistral, Frederic, 31	弗雷德里克·米斯特拉尔
modernity, 152, 153, 155	现代性
modernization, 149-53, 166, 167, 173, 174, 175, 179; modernization school, 170-1, 174, 180; modernization of language, *see* language modernization	现代化；现代化学校；语言现代化，*见* 语言现代化
modernization of language, *see* language modernization	语言的现代化，*见* 语言现代化
Moldavian, 139	摩尔达维亚语
Molière (Jean-Baptiste Poquelin), 3	莫里哀（让-巴蒂斯特·波克兰）
monopolization of the media, 76-7	媒体的垄断
Montréal, 159; *see also* St. Lambert experiment	蒙特利尔，参见圣兰伯特实验
morality, link with language, 135-7	爱国情操，与语言的联系
Morocco, 101	摩洛哥
Moulton, William G., 142, 199	威廉·莫尔顿
Mouton, Gabriel, 132	加布里埃尔·莫顿
Mulac, Anthony, 57, 194	安东尼·穆拉茨
Muslims, 128; Bosnians, 129; Ethiopians, 22, 23, 28; Mandingo Muslims, 130	穆斯林；波斯尼亚人；埃塞俄比亚人；曼丁哥穆斯林
Naik, J. P., 112, 199	奈克
Natal, 142	纳塔尔
nationalism, 69, 73, 86, 103, 105, 109, 112, 115, 143, 144, 152, 167, 168, 178; Afrikaner, 142; and the promotion of Hebrew, 12-14, 34, 86-7, 124, 161, 164; national movements in Ethiopia, 27	民族主义；南非白人；和希伯来语的推广；埃塞俄比亚民族主义运动
nationality, 155	民族
Nebraska, 103	内布拉斯加（美国州名）
Negro, 125	黑人
neologisms, *see* lexicon	新造词，*见* 词典条目
Netherlandic, 140-1, 142	荷兰语

Netherlands, 140-1, 142	荷兰
Neusupný, Jiri V., ix, 29, 31, 40-1, 153, 154, 196, 199	吉尔·诺伊斯图普尼
New England, 147	新英格兰
Newmark, Leonard, 146, 188	伦纳德·纽马克
New Zealand, 158, 160	新西兰
Nida, Eugene A., 126, 199	尤金·尼达
Nigeria, 129	尼日利亚
Niguse Abbebe, 186, 199	阿贝比·尼古斯
Nine Saints (Syrian missionaries to Ethiopia), 117	九圣人(派往埃塞俄比亚的叙利亚传教士)【原书正文并无此条——译者注】
normativism, see language normativism	规范主义;见语言规范主义
Norris, Sylvia, 186	西尔维亚·诺里斯
Norway, 31, 149	挪威
Norwood, Janet L., 20, 186, 199	珍妮特·诺伍德
Noss, Richard, 29, 199	理查德·诺斯
Nurullah, Syed, 112, 199	赛义德·努鲁拉
Nynorsk, 149	尼诺斯克语
O'Barr, Jean F., 80, 199	珍·欧贝尔
O'Barr, William M., 80, 199	威廉·欧贝尔
Ó Ceallaigh, Séan S., 125	肖恩·奥希莱
Oceania, 166	大洋洲
O'Connell, Daniel Patrick, 186	丹尼尔·帕特里克·欧康纳
O'Dell, Felicity Ann, 86, 199	费利西蒂·安·奥黛尔
Office de la Language française, 75	法语办公室
official language, 32, 100-3, 104, 105, 106, 108, 112, 113, 114, 120, 125, 127, 142, 143, 144	官方语言
Ogaden, 28	欧加登
Ohannessian, Sirarpi, 186, 199	斯拉比·奥罕尼西亚
oil-exporting states, 181	石油输出国
Ó Murchú, Máirtín, 123, 124, 125, 199-200	马尔丁·穆尔舒
O'Neill, William L., 186, 200	威廉·奥尼尔
opportunity to learn, 159-60	学习机会
Optical Society of America, 148	美国光学学会
Oromo language, 21, 22, 24, 28	奥罗莫语
Oromo people, 22, 23, 25, 27, 28	奥罗莫人

orthography, 29, 30, 33, 43, 60, 122, 144; 拼写法,正字法;荷兰语,英语;爱尔兰语
    Dutch, 154; Enlish, 145, 146-8; Irish, 123,
    124-5
Ottaway, David, 186, 200   大卫·奥塔韦
Ottaway, Marina, 186, 200   玛丽娜·奥塔韦
Ottoman Empire, 11, 13, 81, 100, 110   奥斯曼帝国

Pakistan, 110   巴基斯坦
Palestine, 11-14, 31, 33, 62, 86-7, 100, 104-5,   巴勒斯坦人
    107-8, 109, 123, 124, 164, 168, 176, 177
Palestinians, 72, 100, 101, 114, 162   巴勒斯坦
Paris, 6   巴黎
Parsons, Talcott, 168, 175-6, 200   塔尔科特·帕森斯
Parti Québécois, 118-19   魁北克人党
Peace of Utrecht, 140   《乌德勒支和平协议》
Persian, 144, 154, 155, 166, 177   波斯语
Peru, 105   佩鲁
Philadelphia, 147   费城
Philip IV, 5-6   菲利普四世
phoneme, 126, 127, 128   音位/音素
phonological variants, 60   音位变体
physical environment as source of social   作为社会变迁引擎的物理环境
    change, 164-5, 168
Pike, Kenneth L., 126, 200   肯尼思·派克
place, 72, 78-9   场所
plain language movement, 60, 74, 79, 154   语言简化运动
Plato, 172   柏拉图
Polish, 144   波兰语
political culture, 92, 94, 95   政治文化
political science, 79-80   政治科学
Politics, 79   政治
Polomé, Edgar C., 186, 200   埃德加·珀洛姆
polycentric standard language, 139, 140   多中心标准语言
Pool, Ithiel de Sola, 70, 200   伊契尔·德·索勒·普尔
Pope, Alexander, 17-18   亚历山大·薄柏
population as source of social change, 164, 165   作为社会变迁引擎的人口
Portugal, 139   葡萄牙
Portuguese, 111, 139   葡萄牙语

power, 2, 79-87, 106, 115, 118, 119, 120, 129, 143, 155, 164, 178, 179	权力/权势
power sequencing, 84-5, 87, 185	权力关系
Prator, Clifford H., ix, x, 31, 33, 38, 160, 186	克里福特·普拉特
Presbyterianism, 117, 136	长老会教义
press, use of Afrikaans in, 142	南非白人媒体
price, 72, 79	价格
printers and publishers, 137, 147	出版商
product, 72, 73-5	产品
production, means of, 178	生产资料
proletariat, 169, 178	无产者
promotion, 72, 75-8	推广
prose, non-narrative, 115	散文,非叙事体
Protestant missionaries, 117	新教传教士
Protestantism, 116, 147, 175	新教教义
protoelites, see counterelites	原型精英,见新兴精英
Provence, 31	普罗旺斯
provincial language, 103-4	地区性的语言
psychology, 87; psychologists, 61	心理学;心理学家
public policy, 80, 87-98	公共政策
Puerto Rican schoolchildren in Jersey City, 67	泽西市的波多黎各中小学生
Purcell, Rita M., 186	丽塔·珀塞尔
purification, see language purification	纯净化,见语言纯净化
Quebec Province, francization policy, 75, 77, 104, 118-19; St. Lambert experiment, 54-6	魁北克省;法语化政策;圣兰伯特实验
Quechua, 105, 117	盖楚瓦语
Quran, 129	《古兰经》
Rabin, Chaim, 12, 64, 87, 128, 136, 200	哈伊姆·拉宾
race, 178, 179	种族
Radcliffe-Brown, Alfred Reginald, 173	阿尔佛雷德·雷金纳德·拉德克利夫-布朗
Rambouillet, Catherine de Vivonne, Marquise de, 8-9, 46	朗布依埃侯爵夫人,凯瑟琳·维沃内
Rao, L. J., 70, 200	拉奥
rationality, 154-5	理性
rationalization, 174-5	理性化

Ray, Punya Sloka, 133, 200	蓬雅·斯洛卡·雷
reading, 126-8	阅读
Reformation, 116, 175	改革
Regev, Zina, 64, 200	吉娜·雷格夫
regime norms, 94, 95	体制规范
registers, 153	语域
religion, 12, 115-18, 129, 155, 168, 173, 174, 175, 176, 178, 179	宗教
Republic of South Africa, 78, 93, 141-2	南非共和国
Reskin, Barbara F., 20, 200	芭芭拉·雷斯金
Reves, Thea, 114, 162, 200	西娅·里夫斯
revolution, 178	革命
Richelieu, Armand-Jean du Plessis, Cardinal and Duc de, 3-7, 9, 10, 11, 33, 46, 83, 133, 136, 167	黎塞留枢机主教阿尔芒-让·迪普莱西
right to life movement, 77	生存权运动
Riley, Philip, 37, 195	菲利普·赖利
Ring, J. A., 76, 200	林
Robertson, Ian, 165, 166, 167, 168, 175, 179, 201	伊恩·罗伯森
Robey, John S., 88, 91, 191	约翰·罗比
Robinson, Ruby, 16	鲁比·罗宾逊
Rogers, Everett M., 59, 61, 69, 70, 177, 201	埃弗雷特·罗杰斯
Roman Catholics, 35, 128, 129	罗马天主教
Romance languages, 128, 131; Romance dialects, 140, 141	罗曼语,罗马语(罗曼语方言)
Rome: ancient Romans, 145; Roman Empire, 164; Roman Republic, 167; Roman system of measures, 131	罗马:古罗马人;罗马帝国;罗马共和国;罗马度量衡系统
Rosenbaum, Yehudit, 50-1, 193	耶胡迪·罗森鲍姆
Rostow, Walt W., 170-1, 180, 201	沃尔特·罗斯托
Rubin, Joan, ix, 29, 30, 32, 40, 108, 123, 132, 144, 148, 150, 201	琼·鲁宾
Rugby School, 111, 113	拉戈比学校
Rumanian, 139	罗马尼亚语
Russia, 13, 116, 126	俄国
Russian, 105, 151-2, 157	俄语
Russian Revolution, 154	俄国革命

Rytina, Nancy F., 20, 186, 201	南希·里蒂纳
St. Lambert experiment, 54-6, 109, 110	圣兰伯特实验
St. Simon, Henri, 80	亨利·圣西门
Sanborn, Henry, 15, 201	亨利·桑伯恩
Sanskrit, 152	梵语
scarcity, 80	短缺,稀缺
Schlesinger, I. M., 128, 200	施莱辛格
Schmelz, Uziel O., 162, 201	尤赛尔·西梅尔兹
scholarship, 152	学术
schools, 158, 159, 161	学校
Schuring, Gerard K., x	杰拉德·舒林
science, 112, 132, 152, 166, 175	科学
Scotland, 117-18	苏格兰
Scots Gaelic, see Gaelic	苏格兰盖尔语,见 盖尔语
Scotton, Carol Myers, 59, 114, 202	卡罗尔·斯科顿
Scribner, Sylvia, 130, 202	西尔维亚·斯克里布纳
scripts, see writing systems	文字,见 书写系统
Seckbach, Fern, 71, 190	弗恩·瑟克巴赫
Segers, Jan, 120, 202	简·西格斯
Semitic languages, 124	闪米特语
Seoul National Universiiy, 157	首尔国立大学
Serbian, 144	塞尔维亚语
Serbo-Croatian, 128, 149	塞尔维亚-克罗地亚语
sexist language usage, 17-19, 20, 90	含性别歧视语言用法
Sharkansky, Ira, 91, 92, 93, 191, 202	艾拉·夏坎斯基
Sheridan, Thomas, 146	托马斯·谢里丹
Shoemaker, F. Floyd, 61, 201	弗洛伊德·舒梅克
Shona, 143	修纳语
Shuy, Roger, 29, 201	罗杰·舒伊
Sierra Leone, 129	塞拉利昂
simplification as means of acquisition planning, 157, 159	以习得规划名义进行的简化
situational factors in decision-making, 93	决策中的形势因素
Sjoberg, Andree F., 126, 202	安德利·萧柏格
Slavs, 127, 128-9	斯拉夫人
Sledd, James H., 31, 146, 202	詹姆斯·施莱德
Slovak, 139	斯洛伐克语

Slovakia, 31 斯洛伐克
Smalley, William A., 126, 202 威廉·斯莫利
Smith, Philip M., 57, 194 菲利普·史密斯
social change, 72, 120, 163, 164-82; and Académie française, 164; and feminist movement, 15-17, 20-1, 164; in Ethiopia, 1, 23, 28, 164; in Palestine, 12, 164; mechanisms of, 168-9; sources of, 164-8 社会变迁;法兰西学术院;女权主义运动;在埃塞俄比亚,在巴勒斯坦;机制;来源
social change, theories of: conflict theory, 169, 178-80; cyclical theories, 169, 172; dependency theory, 169, 180-2; evolutionary theories, 169-172; functionalism, 169, 172-8; single-factor theories, 168 社会变迁,理论:冲突理论;循环理论;依存论;进化论;功能论;单因素理论
social control, 112 社会控制
social evolution, 169-72 社会进化
social mobility, 112 社会流动
social movements, 167-8, 176 社会运动
social planning, 71, 72, 163, 168, 182 社会规划
socialism, 169 社会主义
socialization, 17, 176, 177; of authorities, 94-5 社会化;当局/官方
Sociological Abstracts, 42 《社会学摘要》
sociology, 80, 167, 168, 169, 182; of language, 42, 43, 44-5 社会学;语言
solidarity, 155; mechanical and organic, 173 团结;机械的和有机的
Somalis, 28 索马里人
Sorokin, Pitirim A., 172 皮特利姆·索罗金
South African War, 142 南非战争
South America, 166 南美洲
Soviet Union, *see* Union of Soviet Socialist Republics 苏联,见 苏维埃社会主义共和国联盟
Soweto, 78, 93 索韦托
Spain, 10, 75, 105, 117, 140, 141 西班牙
Spanish, 50, 67, 75, 111 西班牙语
specialization: of labor, 149, 173, 175; of social institutions, 149, 169, 174, 175-6, 177, 184 分工;劳动;社会机构
speech-accommodation theory, 57 言语调节理论
speech community, 135 语言群体
spellers (written), 145, 147 拼写规则(书面的)

Spencer, Herbert, 169, 173	赫伯特·斯宾塞
Spengler, Oswald, 172	奥斯瓦德·斯宾格勒
Spenser, Edmund, 110, 111, 202	艾德蒙·斯宾塞
Spolsky, Bernard, 42, 109, 159, 169, 187, 202	博纳德·斯波斯基
Spolsky, Ellen, 186	艾伦·斯波斯基
Stahnke, Arthur A., 85, 88, 90, 91, 94, 95, 191	阿瑟·斯坦克
Stamas, George D., 20, 186, 199	乔治·斯塔马斯
standard language, 138, 142-3, 184	标准语言
status planning, 2, 31, 32-3, 99-121, 155, 160, 161, 184	地位规划
Stefan of Perm, Saint, 41, 116-17, 123, 126	彼尔姆东正教大主教圣·斯蒂芬
Stewart, William, 99-118, 139, 202	威廉·斯图尔特
Strachey, Lytton, 111, 113, 202	利顿·斯特雷奇
stress, 90-1	压力
structural factors in decision-making, 93-4	决策中的结构性因素
Student Non-violent Coordinating Committee (SNCC), 16	学生非暴力协调委员会
Štur, Ludovit, 31	路德维特·斯图
style, 153	语体
style manuals, 19, 76, 145	语体手册
Sullivan, Louis Henri, 122	路易斯·亨利·沙利文
Summer Institute of Linguistics, 73, 129	暑期语言学院
supplementation, 76	额外补充
surplus value, 178, 180	剩余价值
Survey of Language Use and Language Teaching in Eastern Africa, 38, 186	东非语言使用和语言教学调查
Swahili, see Kiswahili	斯瓦希里语,见斯瓦希里语
Swedish, 139	瑞典语
syllabaries, 126, 127	音节文字
Syriac, 126	叙利亚的
Syrian missionaries to Ethiopia, 117	派往埃塞俄比亚的叙利亚传教士
Système International, 134	国际单位制
Taiwan, 158, 159	台湾
Tajik, 144	塔吉克
Tanzania, 102, 103, 186	坦桑尼亚
Tapié, Victor-L., 186, 203	维克托-L.·黛比
Tarde, Gabriel de, 166, 203	加布里埃尔·德·塔蒂

Tauli, Valter, 30, 35, 40, 133, 203	瓦尔特·陶利
Technion, 86, 109, 168	以色列理工学院
technology, 112, 131, 149, 150, 152, 166, 179, 185; technological change, 93	技术；技术变迁
Tel Aviv, 114	特拉维夫（以色列城市）
Tennessee, 103	田纳西州（美国州名）
terms, terminology, *see* lexicon	术语，术语学，见 词典
Third World, 171-2, 180-2	第三世界
Thorburn, Thomas, 30, 31, 35, 203	索邦
Thoth, 129	透特神
Tigray Province, 22, 28	提格雷省
Tigré language, 22	提格雷语
Tigré people, 22, 23, 25, 27, 28	提格雷人
Tigrinya, 21, 22, 23, 24, 26, 75	蒂格里亚语
Tönnies, Ferdinand Julius, 173-4	斐迪南·朱利叶斯唐尼斯
Toynbee, Arnold, 172	阿诺德·汤因比
tradition, 87, 112, 122, 123, 131, 147, 154, 155	传统
transfer of literacy skills, 126-7, 128, 129	读写能力的转化
transitional orthography, 126-7	过渡性的字母
translation, 43, 112	翻译
Treasure, Geoffrey R. R., 7, 186, 203	杰弗里·特雷热
trekker republics, 142	拓殖者们（建立）的共和国
Trudgill, Peter, 59, 179, 203	彼得·特鲁吉尔
Tucker, G. Richard, x, 54, 109, 197	理查德·塔克
Tudors, 110	都铎王朝
Tunisia, 101, 111	突尼斯
Turkic languages, 144, 154	突厥语族
Turkish, 110, 154, 155, 177	土耳其语
Tversky, Amos, 87, 191	阿摩司·特韦尔斯基
Twelve Years' Truce, 140	停战12年协议
two-step communication flow, 70	分两步的交际流通
Uganda, 186	乌干达
Ukrainian, 144	乌克兰语
Ullendorf, Edward, 186, 203	爱德华·尤伦多夫
UNESCO, 109, 150, 151, 203	联合国教科文组织
Union of South Africa, 142	南非联盟
Union of Soviet Socialist Republics, 78, 85-6,	苏维埃社会主义共和国联盟

105, 132, 144, 151-2, 154, 157	
United Kingdom, 161	联合王国(英国)
United Provinces, 140	联合省
United States of America, 48, 71, 74, 91, 101, 103, 115, 131, 145, 147-8, 165, 167, 168, 170, 179; bilingual education, 52-4, 94, 109, 110; school attainment of ethnolinguistic minority children, 49-50, 92, 109, see also feminist campaign for nonsexist usage	美国;双语教育;少数族裔孩子们在学校的成绩,也见 不使用带有性别歧视用法的女权主义运动
United States Bureau of the Census, 15, 20, 203	美国人口普查局
United States Congress, 102	美国国会
United States National Bureau of standards, 148	美国国家标准局
University of California at Los Angeles, 157	加州大学洛杉矶分校
Urdu, 104, 110	乌尔都语
Vai, 130; syllabary, 129-30	瓦伊;音节文字
Valadez, Concepción, 109, 192	康塞普西昂·巴拉德斯
Values (ideals), 155, 166-7, 174, 175, 176-7, 179, 184	价值观(理想)
values (scarce resources), 80, 82, 87, 119, 176	价值(稀缺的资源)
variability in language, see language variability	语言变体
Venezky, Richard L., 126, 128, 203	理查德·韦内斯基
Verdoodt, A., 154, 194	费尔多特
Vietnamese-American War, 16, 168	越美战争
A Vindication of the Rights of Woman, 15, 167	《女权的辩护》
violence, 85	暴力
Virgil, 113	维吉尔
Virginia, 103	弗吉尼亚州(美国州名)
vocabulary. see lexicon	词汇,见 词典
Volta (Ghana), 76	沃尔特(加纳)
Wales, 76, 117-18	威尔士
Walters, Keith, 186	凯斯·沃尔特斯
Wang, William S-Y., 20, 189	威廉·王
Warner, Kenneth E., 65, 203	肯尼思·沃纳
Weber, Max, 85, 167, 173, 174-5	马克斯·韦伯

Webster, Noah, 147-8	诺亚·韦伯斯特
Weinreich, Uriel, 29, 59, 203	乌列·威因里希
Weinstein, Brian, x, 31, 38, 75, 78, 80, 145, 147-8, 203	布莱恩·韦恩斯坦
Welsh, 76, 112, 117, 118	威尔士语
Welsh Arts Council, 76	威尔士艺术理事会
Welty, Eudora, 136, 203	尤多拉·韦尔蒂
West, Rhonda B., 59, 201	朗达·韦斯特
West African scripts, 129-31	西非文字
Weston, Louise, 165, 173, 182, 204	路易丝·威斯顿
Whiteley, Wilfred H., 186, 204	威尔弗雷德·惠特利
Whorfian hypothesis, 18	沃尔夫假说
Widdowson, H. G., 42, 187	威多森
Wildavsky, Aaron, 91, 96, 204	艾伦·威尔达夫斯基
Wiley, W. L., 186, 204	威利
Williams, Linda, 59, 201	琳达·威廉姆斯
Wilmington, 147	威尔明顿
Wollstonecraft, Mary, 15, 167, 204	玛丽·沃斯通克拉夫特
women's liberation movement, *see* feminist movement	女权解放运动,见女权主义运动
workplace, 118-19	工作场所
world, 146	世界
World Bank, 94	世界银行
World War II, 143	第二次世界大战
Worsley, Peter, 170, 204	彼得·沃斯利
writing: function, 143; skill, 128	书写:功能;技能
writing systems, 33, 150, 125-31, 154	书写系统
Wyld, Henry Cecil, 146, 204	亨利·塞西尔·怀尔德
Yiddish, 11, 14, 115, 128, 176	意第绪语
you, 152-3	你
Yugoslavia, 149	南斯拉夫
Zaltman, Gerald, 72, 196	杰拉尔德·萨尔特曼
Zambia, 186	赞比亚
Zirimu, Pio, 99, 105-6, 117, 198	皮奥·兹利姆
Zobo, Wido, 130-1	维多·佐博

译后记

以色列裔美国学者罗伯特·库珀的著作《语言规划与社会变迁》一书，在其面世之初的20世纪八九十年代，语言规划仍在经历着从实践活动发展到一门学科的关键时期。该书致力于理论与框架的构建，作为一门新兴学科的奠基之作，它对于推动语言规划实践与政策分析研究（LPP）成为一个专门学术研究领域，具有独特的历史地位。

我们认为，就语言规划与政策分析这门学科形成的历史发展进程而言，大致可以概括为三个主要阶段。在20世纪六七十年代的草创时期，以费什曼为首的学界先驱们出版的几部奠基之作，主要侧重于对此前语言规划实践经验的描述与总结；而集中在八九十年代的第二阶段，学者们开始有意识地对这一研究领域进行学科意义上的理论构建；进入21世纪以来的第三阶段，在语言教育规划的实用导向驱动下，LPP作为一门学科终于进入著书立说的快速发展时期。其中有相当一部分学者仍然坚持最初本体规划与地位规划的政策分析范式，并在后现代理论驱动下，转向对早期实践结果的反思与批判；在这个总体的历史框架中，库珀这部著作堪称第二阶段承上启下的扛鼎之作。

近年来，语言规划与政策研究在中国学术界呈现出空前的繁荣，在这种情况下，海外最新出版的相关著作被纷纷译介进来。对比之下，学科起步之初众多经典之作的翻译却寥寥无几。考虑到在此喧嚣浮躁的时代，元典有被忽视甚至被遗忘之虞，作为译者的我们希望凭借国内顶级出版社对该书的引进，在帮助读者了解这门学科发展的完整图景和发展脉络方面有所贡献。

自从库珀这部开创性著作发表以来，语言规划这门学科已经发生了天翻地覆的变化。本书在这个领域早期的开创之功经受住了历史的考验,实践证明其取得了巨大成功。该书出版后曾在国际 LPP 学术界内产生热烈反响。我们决定翻译时的初步搜索表明,在其出版的头三年时间里,学者们就在各类相关期刊发表过至少八篇英文书评(此后仍陆续有书评发表,可惜尚未见到中文的)。

大体说,该著作是语言社会学这门学科发展到中间状态走向成熟期的产物,它既有总结与溯源,又有开拓与建设,其中首次将语言习得规划正式纳入 LPP 视野可说是本书的一大独特贡献。这不仅大大拓展了 LPP 的研究领域,使研究视野柳暗花明,豁然开朗,更促进了理论与实践的联姻,一直为所有涉足语言政策研究的学者所称道,获得国际相关研究领域的广泛认可和引用,并终于在二十年后的今天成为一个学界关注的核心和热点,在促进学科发展方面堪称功不在禹下。

特别值得一提的是,鉴于其时语言规划研究上并没有一个普遍认同的理论框架,从理论上构建一门年轻的学科,自其他学科或者分支学科中借鉴一些理论和汲取营养的做法,不仅有利于我们更好地理解语言规划,而且还有利于我们推动语言规划特有的理论框架的发展。为此,作者先以法兰西学术院的建立、巴勒斯坦希伯来语的复兴、美国女权主义者所发起的反对语言性别歧视用法的运动以及埃塞俄比亚的大众识字运动,证明了语言规划的存在,然后巧妙地借鉴创新推广、营销策略、政治发展和决策制定等领域中的理论框架,并把它们应用到语言规划中去,从革新、市场、权力和策略四个维度考察该学科的实质。这种孜孜于理论探求的努力,对于我们今天了解如何借用交叉学科领域作为资源建构新兴学科的理论大厦,仍具有重大的借鉴价值。

作为一部开拓性的奠基之作,本书的最大特色是作者对很多本学科领域最基本的概念做了缜密的推导和论证。书中考察了众多的语言规划实践案例,对现象背后本质(包容的内涵和承载的意义)的揭示可谓入木三分,信手可见充满睿智与洞见的金句。细读今天国内的文章,很多貌似独特的观察与发现都可以在这本书里找到出处和源流。国际 LPP 领域相关文献对该书的引用也俯拾皆是。谨以 LPP 研究中最核心的基本概念"规范"为例(详见"谨为百世万民"一节),作者在精辟论述中,对规范现象(不限于语言规划领域里)的来源、形成与实施追本溯源,洞微烛隐,旁征博引。作者这种对现象背后本质的深究细问,实在值得每一位探讨语言规范化问题的学者仔细阅读。*

  我们的翻译工作开始于 2012 年任职于新加坡南洋理工大学期间,后来工作出现变动,一拖就放下了,特别是第一译者功名万里忙如燕,从亚洲的热带岛国转赴北欧任教,第二译者学术兴趣转向当代华人华侨研究,不觉间前后竟经历了五六个春秋。在此,我们首先感谢博纳德·斯波斯基(Bernard Spolsky)教授,作为本书原作者的终生挚友与同事,在我们一开笔之际他就欣然同意为本书中文版撰写了感言。感谢当时的两位年轻同事蔡淑美博士(现任教于厦门大学文学院)和赵毅老师对初稿的校对和部分内容的翻译。特别感谢现执教于贵州医科大学外国语学院的赵毅老师,他为部分章节在文采方面的润饰与抛光使本书增色不少。本书原作者是一位功底深厚的语言运用大师。我们在翻译实践过程中,出于"言之无文,行而不远"的考虑,在忠实原文、保存原有风格神韵的基础上,尽量做到通顺晓畅,力避生硬牵强,以读者为第一,并照顾中文阅读习惯。我们愿意将我们的努力看作是践行钱锺书先生"化境"说的一个尝试。这样为追求优美文雅而多有意译,希望我们的注重文采不至于因雅伤信。特别高兴的是,我们有幸邀请到上海海事大学外国语学院张治国教授作为审订专家。治国教授在语言政策与规划方面涉猎广泛,功力深厚,多年来致力于向国内同行译介海外 LPP 名著,积累了丰富的经验。我们感谢治国教授于百忙中拨冗相助,对译稿逐句校读修正,为保证出版质量辛勤付出,贡献良多。当然,本书内容博大精深,学科涉及众多,而译者学力有限,译文仍难免疏漏甚至谬解,这些无疑应该由两位译者文责自负。

  最后,近几年是语言规划与政策学科的多事之秋。据我们所知,多名大

---

* 甚至我们可以说,直到今天,学者们在探讨和争论的很多问题,在某种程序上都只是对本书的注释。

师在本书译校期间相继凋零。先是终生关注中国语文现代化建设的德范克教授(John DeFrancis)于 2009 年 1 月驾鹤西去;接着本书作者库珀教授在 2012 年 10 月 19 日不幸病逝于纽约;然后又有 2014 年 6 月 LPP 领域另一位重要人物,本书第一译者的博士导师巴尔道夫教授(Richard B. Baldauf, Jr.)仙逝;最为不幸的是在 2015 年,2 月 Richard Ruiz 教授突然离世,3 月 LPP 学科开创者之一费什曼(Joshua A. Fishman)教授也永远离开了他为之奉献终生的多元语言与文化大业。可叹时隔四个月之后,另一位本领域的先驱 Jiří Neustupný 教授亦于 7 月离世。痛定思痛,最大的遗憾和惭愧是未能使原作者在有生之年看到本书中文版的面世。值此付梓之际,谨寄托我们对上述六位学科先贤宗师的无尽哀思。

译 者

2018 年 1 月 16 日

图书在版编目(CIP)数据

语言规划与社会变迁/(美)罗伯特·库珀著;赵守辉,钱立锋译.—北京:商务印书馆,2021
(应用语言学译丛)
ISBN 978-7-100-18348-2

Ⅰ.①语… Ⅱ.①罗…②赵…③钱… Ⅲ.①语言规划—研究 ②社会变迁—研究 Ⅳ.①H002 ②K02

中国版本图书馆 CIP 数据核字(2021)第 034890 号

权利保留,侵权必究。

应用语言学译丛
语言规划与社会变迁
〔美〕罗伯特·库珀 著
赵守辉 钱立锋 译
张治国 审订

商务印书馆出版
(北京王府井大街36号 邮政编码100710)
商务印书馆发行
北京虎彩文化传播有限公司印刷
ISBN 978-7-100-18348-2

2021年9月第1版 开本710×1000 1/16
2021年9月北京第1次印刷 印张 17¾
定价:68.00元